中国博士后科学基金一等资助项目（20070420056）
中国博士后科学基金首批特别资助项目（200801143）
江苏高校优势学科建设工程资助项目（PAPD）

转型期开放
经济下货币政策规则研究

A Study on Monetary Policy Rules
in Transitional and Open Economy

卞志村　著

中国金融出版社

责任编辑：张　超　刘艳华
责任校对：李俊英
责任印制：程　颖

图书在版编目（CIP）数据

转型期开放经济下货币政策规则研究（Zhuanxingqi Kaifang Jingjixia Huobi Zhengce Guize Yanjiu）/卞志村著 . —北京：中国金融出版社，2011. 12

ISBN 978 - 7 - 5049 - 6237 - 9

Ⅰ.①转…　Ⅱ.①卞…　Ⅲ.①货币政策—研究—中国　Ⅳ.①F822.0

中国版本图书馆 CIP 数据核字（2012）第 000528 号

出版
发行　中国金融出版社

社址　北京市丰台区益泽路 2 号
市场开发部　（010）63266347，63805472，63439533（传真）
网 上 书 店　http：//www. chinafph. com
　　　　　　（010）63286832，63365686（传真）
读者服务部　（010）66070833，62568380
邮编　100071
经销　新华书店
印刷　保利达印务有限公司
尺寸　169 毫米 × 239 毫米
印张　14. 5
字数　255 千
版次　2011 年 12 月第 1 版
印次　2011 年 12 月第 1 次印刷
定价　31. 00 元
ISBN 978 - 7 - 5049 - 6237 - 9/F. 5797
如出现印装错误本社负责调换　联系电话(010)63263947

序

卞志村博士的这本专著《转型期开放经济下货币政策规则研究》是他的博士后研究工作报告。在本书付梓之际，他盛情邀我作序。作为他博士后研究的指导教师，我当然责无旁贷。加之，这部专著确有诸多新的探索，值得向理论界推荐。

酝酿写序之际，正值美联储异乎寻常地公布了新的货币政策之时。本来，全世界都在等待美联储推出第三轮量化宽松政策，出人意料地，在 9 月 21 日公布的简短且格式化的货币政策表述中，已经箭在弦上的 QE3 依旧引而未发，美联储却一次性公布了三项令人瞩目的政策，即：政府债券期限延展计划，对机构抵押债券再投资计划（用到期的机构债和抵押贷款支持证券之所得），以及再次确认于 2013 年中期之前将联邦基金利率维持在 0～0.25% 的低水平之上。美联储这一套货币政策"组合拳"的密度很大，力度亦强，其中体现出的对经济继续下滑之强烈担忧，几乎等于对近来弥漫于世的经济危机"二次探底论"作了一个背书。

全世界有理由对美联储的决定感到担忧。因为，美国作为全球最主要的经济体，包括中国在内的所有新兴经济体和广大发展中国家都会受到其宏观经济政策的影响。因此，我想借此序言，对美国和中国的货币政策操作及其理念，结合美联储新的货币政策操作，谈一点研究的体会。

一

在历史上，美国联邦储备银行素来就有以利率作为货币政策中介目标的传统。在第二次世界大战期间，"钉住利率"（钉住政府国库券利率）甚至是美联储唯一的货币政策范式。1951 年在美联储和财政部的历史性协议之后，美联储虽然从钉住国库券利率的羁绊中解放出来，但仍然以调整联邦基金（美国银行间同业拆借市场）的隔夜利率为主要政策手段。直至 70 年代货币主义兴起，以及货币主义者沃尔克入主美联储以后，这种状况才得到改变。在货币主义者看来，如果货币需求在长期是稳定的，则长期货币增长率将确定一个长期的名义 GDP 增长率。所以，设定一个长期的货币增长率并努力实现之，事实上就是在实现货币政策所设定的通货膨胀率目标，因而，货币政策应该实行一个确定的货币供应增长率的"单一规则"。在货币主义影响主导下的美联储看来，货币增长率就是一个有用的货币政策目标。在一定意义上，确定并实施一个并非主观臆定的"单一规则"，也就是在实现某种程度的"货币中性"。我们看到，正是在这一货币理论的影响下，在其后十多年的时间里，以货币供应量为中介目标的货币政策操作体系被美联储奉为圭臬并被世界各国纷纷效法。

经过十多年的实践之后，货币主义的政策主张在美国的货币政策实践中遇到了越来越大的挑战，其关键在于货币供应量与物价水平之间的关系越来越不密切了。这种状况逐步发展，以至于美联储主席格林斯潘于 1993 年 7 月 22 日在参议院作证时出人意料地宣布：美联储决定放弃实行了十余年的以调控货币供应量来调控经济运行的货币政策规则，改以调整实际利率作为对经济实施宏观调控的主要手段。促使美国货币政策转变的主要原因在于，70 年代以来美国人投资方式的改变以及风起云涌的金融创新，使得社会上充满了大量的流动资金，而这些资金没有也很难被包括在货币供应量之内。因此，如果继续使用货币供应量作为判断、指导经济增长的准则，就会出现越来越大的失误。而改用实际利率作为政策工具，则可以将金融市场上的所有资金流动统统覆盖在内。

1994 年 2 月 22 日，格林斯潘在参议院作证时，又一次出人意料地指出：联邦储备委员会将以"中性"的新货币政策来取代前几年的以刺激经济为目标的货币政策。根据他的解释，所谓"中性"的货币政策，就是使利率对经济既不起刺激作用也不起抑制作用，从而使经济以其自身的潜能在低通货膨胀下持久稳定地增长。基于这一原则，美联储将其作为确定和调整实际利率的主要依据转向了实际年经济增长率。他们认为，美国劳动力的年增长率为 1.5%，生产率年均增长率约为 1%。因此，美国潜在的年经济增长率为 2.5% 左右。据此，美联储的主要任务就是通过调整利率，使年经济增长率基本稳定在 2.5% 左右的潜在增长率水平上，这样就可以同时达到稳定物价和保证经济增长的双重目标。

美联储调整联邦基金目标利率，考虑的不仅是物价这样一个简单的指标，实体经济运行的状况，例如经济增长率、劳动生产率、就业以及供给冲击等，都是调整联邦基金目标利率的重要考虑因素。更重要的是，美联储对利率调整的幅度与方向的把握，就是要保持一个较为稳定的真实利率，并且努力使联邦基金利率与实体经济中的真实利率大体相当，以使联邦基金利率的调整尽可能地保持"中性"。

90 年代中期以来的联邦基金利率的调整，基本上遵循的都是美联储货币政策的这些新准则。1997 年亚洲金融危机之后，美国的经济增长率开始逐渐下降，失业率开始上升，与此同时，美国购买力的增长率也在不断地下降，作为反映，联邦基金利率小幅度地下降了；2000 年之后，美国的经济增长率大幅度地下降，尤其是在受到"9·11 事件"的冲击之后，美国私人部门投资的信心受到沉重打击，失业率大幅度攀升，资源利用率也开始大幅度下降。在那两年里，美联储急剧地降低了联邦基金的目标利率；自 2003 年以来，美国经济虽然受到了能源和原材料价格上涨的供给冲击，其投资、经济增长率和资源利用率都在上升，各种迹象显示，美国经济逐渐恢复了正常的自主发展的态势。应对这种变动，美联储于 2004 年 6 月开始"平滑而有规则地逐步提高"了联邦基金利率的目标水平，在一段时期中，它先后五次有规则地提高了联邦基金利率的目标水平，而且每次都只提高 0.25 个百分点。这里反映的并不是对通货膨胀率上升的担心，而是对一种市场均衡状态的复归。

次贷危机发生之初，联邦基金利率和贴现率均处于 5.25%，为了刺激经济，从 2007 年 8 月开始，美联储先后 10 次大规模降息，政策利率（机构间的隔夜拆借利率）由 5.25% 降低至 0～0.25% 的目标区。12 次降低贴现利率，累计调低 525 个基点至 0.5%。随着利率下调空间的不断减小和经济的进一步恶化，美联储采用了非传统货币政策，2008 年 12 月至 2010 年 3 月间购买了价值 1.72 万亿美元资产，一方面及时拯救了一些濒临破产的金融机构和企业，有效地防范了系统性金融风险的发生；另一方面向金融市场注入了大量的流动性，提高了信贷的可得性，对缓解信贷萎缩、提振市场信心、促进金融市场正常运行发挥了重要作用。

出于阻滞危机恶性扩散的目的，美联储连续推出了两轮量化宽松货币政策。但是，由于危机实在过于深重，这些政策非但没有有效刺激美国的经济复苏，反而带来了一系列新的问题。这些问题终于在近两个月显露出狰狞面目，美国主权信用评级下调在前，欧洲主权债务危机续后，全世界又拉响了危机二次探底的警报。从先后透露出的决策信息，我们看到，美联储认为，由于美国事实上已经陷入流动性陷阱，简单的"量化宽松"已经无济于事，所以，我们于 9 月 21 日看到了出人意料的政策组合的推出。

对抵押贷款债券的再投资，体现了美联储着力维持抵押债券市场，进而阻止住房市场继续恶化的决心。这显然是美国经济恢复的关键。关于利率的表述，虽然只是对 8 月 9 日业已作出的利率政策的重申，但它表明：在美联储看来，自8月份作出了那个异乎寻常的决定以来，美国及全球严峻的经济形势并未稍有纾缓。

政府债券期限延展，因其在历史上很少采用，值得做一些探究。

所谓债券期限延展指的是，美联储拟于2012年之前，购进4 000亿美元剩余期限为6~30年的政府债券，同时售出等值的剩余期限在3年以内的债券。这一政策操作与美联储着眼于短期的惯常操作大异其趣，因此又被称为"扭曲操作"。通过这一操作，美联储持有的美国政府债券的期限，将从当下的75个月延展到2012年底的100个月。更重要的是，通过减少市场上长期政府债券的供应，长期利率将感受到向下的压力，这包括一系列与政府长期债券具有密切关联的其他金融资产的利率，如住房抵押贷款、公司债券、对住户和企业的贷款等。而长期利率的下降，无疑会使金融市场上资金供给紧张和投资成本高悬局面有所缓解，从而可产生刺激经济恢复之效。

这一政策及其效果涉及利率决定的期限结构理论。一般认为，利率的期限结构，主要由人们对未来市场上的短期利率的预期和期限溢价两大因素决定，因而，债券收益率曲线随期限延长呈凸性提高。其走势随期限之延伸而提高表明，随着期限的延长，市场的不确定性在逐渐增加；其上升路径呈凸性则表明，市场对较远期的未来的短期利率及其不确定性的预期趋于稳定，从而，期限溢价的增长速度会随期限的增加而减缓。

然而，由于危机的深化以及前期过量的"量化宽松"，目前美国国债的收益率曲线已经完全脱离了常轨，呈凹性上翘状态。这意味着，美国事实上已经陷入"流动性陷阱"；再依靠"量化宽松"来刺激经济已无济于事，且有恶化通胀之虞。百般无奈，美联储只好祭起"扭曲操作"的法宝，寄望它能刺激长期投资，助力经济恢复。

历史上，美国曾两次实施过类似的扭曲操作。第一次发生在20世纪60年代。当时，愈演愈烈的对外贸易逆差使得美元急剧贬值，黄金储备大量流失，严重削弱了美元作为国际储备货币的基础。实施扭曲操作，旨在吸引长期资本流入美国，改善其国际收支状况，强固美元地位。第二次发生在20世纪70年代末期。当时，美国经济陷入滞胀，货币当局希望通过扭曲操作，一方面提高短期利率，抑制通胀；另一方面降低长期利率，刺激长期投资，恢复经济增长。从实践看，那两次操作的确都产生了一定的效果，但是，后来的市场发展也显示：在一个市场经济中，"扭曲"不可能长久，因为市场很快就会通过"借长用短"的方式来进行期限套利，从而迫使收益率曲线回归常态。因此，我们认为，此次扭曲操作或可收效于一时，对其长期效果依然不能寄望过高。

更何况，在技术上，美联储如何能在其扭曲操作中，既将收益率曲线的长端下压，又将其短端维持在 0～0.25% 的低位，我们还须拭目以待。

值得注意的是，由于美国仍然居于全球金融中心的地位，美元仍然是国际货币体系中的主要储备货币，美联储的这一政策，势必产生吸引国际资本流入的结果，最近美元汇率上扬便是明证。因此，在其他国际储备货币均被其国内经济拖累而自顾不暇的背景下，美联储这一政策操作对国际金融格局的影响值得关注。

就中国而言，美联储决定再投资于机构抵押债券，将使得投资于美国中长期国债产生一定的资本增益。这对于持有大量美国中长期国债的我国外汇储备而言，至少可暂时缓上一口气。就利率政策影响而言，其再次确认联邦基金利率于 2013 年中之前保持低位，固然依然不利于我国的货币政策操作，但其"扭曲操作"，总体上还不能算是坏消息。

二

自 1996 年正式编制并公布货币统计口径计算以来，我国正规的货币政策只有 14 年历史。然而，市场化改革使得大量国民储蓄集中于金融体系，货币政策一向就为人们广泛关注，近年来更成为世人瞩目的焦点。

我国货币政策的历史虽短，但无论是从政策体系框架的完善程度、货币政策的操作理念，还是从具体的操作艺术、从业人员的素质来衡量，其发展、进步都是有目共睹的。正因为如此，货币政策对于保证近年来国民经济持续较快增长，发挥了不可磨灭的作用。

然而，也应看到，面对极其复杂的我国经济，货币政策的调控效果似乎不佳，政策效力有日渐衰退之势。这一点，已经逐渐成为社会共识。货币政策效果不佳是由多方面因素造成的。

其中，货币政策自身需要改进。随着经济的增长、经济对外开放程度不断加深、金融市场渗透的领域逐步扩大、金融创新不断深入，货币政策实施的环境发生了根本性变化，从而造成货币政策的传导机制发生了重大变化。如上所有变化，都使得目前以调控货币供应量为主的货币政策范式逐渐失去了有效发挥作用的条件，面临越来越大的挑战，因而必须认真考虑进行调整。

其一，货币供应量的统计口径越来越模糊，其"可测性"和"可控性"逐步降低。近年来，虽然央行在控制基础货币供应量方面日趋娴熟且成效显著，但货币供应量的计划指标与实际达到的指标之间的差异有增大之势。其中的重要原因在于，由于金融市场发展和金融创新的深入，金融资产的整体流动性在不断提高。这一方面使得货币供应易变性增强、货币乘数不稳定，另一方面则使得能够发挥货币功能的金融资产不断增多。

其二，货币供应量与 GDP 以及物价水平走势的"相关性"降低，以至于即便对货币供应量实施了有效控制，亦难以实现货币政策的最终目标。这种状况还是由金融市场发展和金融创新带来的。在此，我愿特别对近年来在中国迅速发展的"影子银行体系"多说几句。据中国社科院金融所估计，中国以各类理财产品为主的影子银行体系的规模在 2011 年可能达到 10 万亿元之巨。如果认定理财产品的 40% ~ 60% 是替代银行信贷的，则本年通过影子银行体系放出的信贷大致上可与计划中的 7.5 万亿元旗鼓相当了。显然，诸如此类的发展和创新，不仅增加了可以发挥货币功能的金融资产的系列，而且使得这些货币供应的流通速度不断提高，从而更加加剧了流动性膨胀的局面，致使社会上可贷资金充斥。

其三，主要商业银行的公司化改造，改变了货币政策的传导机制。虽然理论上可以概括出很多货币政策的传导渠道，但通过银行机构的信贷渠道始终都占关键地位。在我国这种以银行为主导的金融体系中，这种现象尤其显著。信贷是银行机构的行为，因此银行体系的改革就不能不对货币政策信贷传导产生影响。总的趋向是，由于利润目标受到强调，商业银行应对央行调控的"对策"层出不穷，央行的宏观调控政策因而也遇到新的挑战。

三

就货币政策规则而言，货币政策操作一般可分为"单一规则"和"相机抉择"。弗里德曼主张实行"单一规则"的货币政策，即把货币存量作为唯一的政策工具，由货币当局公开宣布一个在长期固定不变的货币增长率；"相机抉择"则指中央银行在操作政策工具过程中不受任何固定程序或原则的束缚，依据经济运行态势，灵活操作，最终达成货币政策目标。自从 1984 年中国人民银行正式履行中央银行职能以来，在摸索进步的过程中，我国的货币政策操作方式具有浓重的相机抉择色彩。1993 年金融体制改革，中央银行开始按季度公布 M_1 和 M_2 的增长率，并于 1996 年正式将货币供应量作为中介目标，这是我国货币政策操作规则上的一个显著进步。然而，货币供应量作为中介目标，在实际运行中也出现了较多问题，如货币供应量的可测性和可控性逐步降低，货币供应量与宏观经济指标的相关性降低等。面对这种问题，单一规则和相机抉择之间的灵活性和可信性的冲突尤为明显。这意味着，选择正确的政策操作规则，对于宏观调控决策十分重要。从这个意义上说，面对错综复杂的国际形势，卞志村博士对转型期开放经济下货币政策规则问题的研究，具有重要的现实意义。

卞志村博士的这本专著运用大量宏观经济学的理论模型及计量分析方法，对转型期开放经济下中国货币政策操作规则问题进行了广泛深入系统的研究，实证检验了现阶段货币政策的操作规范，并对转型期开放经济下我国货币政策规则的选择提出了对策建议。该书的研究挑战的是货币经济学的前沿问题，提出的问题是中国提高宏观金融调控效率必须解决的。作者阅读分析了大量的相关文献，紧密结合中国实际，对中国货币政策规则进行了系统研究，其学术价值自不待言，其实践意义更为重大。

这部专著主题鲜明，方法科学，思路清晰，逻辑严密，分析透彻，文笔流畅，体现了作者具有扎实的经济学、金融学理论基础和良好的背景知识，也反映了作者严谨的治学态度。值此全球金融危机深化之际，金融理论界正酝酿着新的理论创新。作为新一代金融理论研究者，卞志村博士显然遇到了可遇不可求的"好时光"。我希望卞志村博士抓住机遇，在今后的研究工作中再接再厉，认真研究此次金融危机中暴露出的新问题和新趋向，跟踪各国货币当局在应对危机中所采取的新举措，并将之上升到理论层面进行认真思考，进而为发展中国的金融理论，为推动中国金融理论走向世界，作出新的贡献。

中国社会科学院

李扬

2011 年 11 月 1 日于北京

摘　要

　　货币政策的功能在于通过货币政策工具的操作有可能实现中央银行特定的货币政策目标，无论这一目标是物价稳定还是经济增长或是其他，其最终效果均与货币政策的操作方式密不可分。货币政策操作能否有效发挥作用依赖于所处的经济环境。我国经济目前正处在转型期，经济的开放度也越来越高，没有现成的货币政策理论能够完全指导中国转型期开放经济下的货币政策操作实践，故针对转型期开放经济下的货币政策操作及货币政策规则问题进行研究具有重要的理论与现实意义，本书的研究从货币政策操作规范、货币政策工具、货币政策传导机制和货币政策目标等四个方面展开。

　　本书第二章首先回顾了货币政策规则的一般设计和历史演进，然后比较分析了用于研究开放经济下货币政策研究的两个理论框架：蒙代尔—弗莱明模型和新开放经济宏观经济学范式。新开放经济宏观经济学的优点在于能够进行福利分析，明确的效用函数形式使我们能通过模型来考察宏观经济政策及经济冲击对居民效用的影响，当然我们更应该关注的是研究方法而不是结论。

　　第三章在卞志村（2006）的研究基础上进行了拓展，验证在开放经济条件下，即在充分考虑到汇率因素时，转型期中国的货币政策操作究竟应遵循规则还是相机抉择。我们对开放经济下中国货币政策操作中的规则性和相机抉择性成分进行了分离，发现从1996年至今，我国基本上实行的是以相机抉择性成分为主的货币政策。在此期间，规则性货币政策成分只对经济运行产生很小影响或基本没有影响。在真实GDP增长率和通货膨胀率的波动方面，引入开放经济因素的分析与卞志村（2007）在封闭经济下分析所得出的结论基本一致。而且我们还发现，中国货币政策的相机抉择成分加剧了人民币有效汇率的波动。我国的经济波动主要是由相机抉择性货币政策成分引起的。动态模拟的结果表明，如果中国在开放经济下采用规则型货币政策操作，我国经济的波动程度将会大大降低。规则型货币政策不仅能够减少实际经济的波动，稳定通货膨胀预期，而且能大大减少人民币名义有效汇率波动。

　　第四章在国内有关泰勒型规则研究的基础上，采用了反应函数法对开放经济下泰勒规则进行了比较分析，在传统泰勒规则只对本国通胀缺口和产出缺口作出反应的基础上，引入了汇率及外国经济波动。GMM 估计结果显示，传统泰勒规则中直接引入汇率会降低模型解释能力，而且引入汇率项后我国利率对产出缺口的反应系数为 -0.1263，与现实情况不符。但在泰勒规则原式中加入外国经济波动项不会降低模型对我国银行间同业拆借利率的解释能力，利率关于通胀缺口和产出缺口的反应系数分别为 0.5936 和 0.3253，与封闭经济下的估计系数区别不大。外国经济波动对本国经济的影响主要是通过影响长期均衡实际利率和潜在产出。卞志村（2006）在封闭经济下对泰勒规则的研究已证明，泰勒规则不适合在中国运用，主要原因在于我国利率对通胀缺口反应不足，泰勒规则在我国很可能是一种不稳定的规则。本书将分析扩展到开放经济下，发现这一现象仍然存在。

　　第五章首先对有关货币政策传导研究的文献进行了回顾，货币政策传导渠道主要表现在四个方面：一是利率渠道，二是信贷渠道，三是汇率渠道，四是资产价格渠道。我们使用包含 11 个变量的 VAR 模型对中国的货币政策传导机制进行了研究，以研究利率渠道、信贷渠道、汇率渠道及资产价格渠道在货币政策传导中的相对大小。实证结果表明，我国利率传导作用依然十分微弱，汇率传导渠道和资产价格传导渠道的作用则更加微弱。虽然我国转型期的货币政策急需向规则转型，但我国尚不完善的政策传导机制可能会削弱规则型货币政策的效果。因此，要继续推进利率、汇率及金融市场改革，才能实现我国经济转型和货币政策操作范式转型的目标。

　　第六章首先通过对通货膨胀目标与汇率目标性质的分析，指出二者是无法共存的，因为汇率目标会降低中央银行通货膨胀目标的可信度，而中央银行有关通货膨胀承诺的可信程度是通货膨胀目标制的最关键部分。所以对实行通货膨胀目标制的开放经济体来说，固定汇率制不是一个好的选择。我们使用了开放经济下的新凯恩斯模型，对不同政策体系下的社会福利进行比较，比较的目标体系包含四种组合，即严格通货膨胀目标制下资本自由流动，严格通货膨胀下限制资本流动，灵活通胀目标、资本自由流动和完全浮动汇率制，灵活通胀目标、限制资本流动和管制汇率浮动。通过模型参数的校准，我们实证分析了当小型开放经济体面临冲击时，不同目标体系下本国各经济变量的反应程度。实证结果表明，灵活通胀目标、资本自由流动和完全浮动汇率制构成的政策目标体系能够更好地吸收冲击。此外，严格通货膨胀目标制无法组成吸收国内外冲击的最优政策体系。这说明，我国中央银行遵循最优货币政策规则选择货币政策目标时，并不一定要选择严格通货膨胀目标制。目前情况下，产出因素和通货膨胀因素都应是我国中央银行执行货币政策的重要权衡因素。故我们可以选择一些灵活通货膨胀目标的政策框架，如混合名义收入目标框架（卞志村，2005）作为向通货膨胀目标制转型的过渡安排。此外，灵活通胀目标、资本自由流动和完全浮动汇率制政策体系的优点也为我国货币政策和汇率制度改革提供了方向。

　　本书第七章论述了转型期开放经济下我国货币政策规则框架的选择问题。浮动汇率制是实现经济转型和货币政策转型的必要条件，如果我国实行以通货膨胀目标制及泰勒规则为主体的货币政策框架，就必须实现向浮动汇率制的转型。从我国现实国情来看，流行于发达国家的泰勒规则可能暂时还无法在中国使用，在当前情况下，我们还需一些辅助性的工具规则作为过渡，如基础货币规则、单一规则等。虽然这些辅助性的规则最终将成为历史，但其仍是当前实现平稳转型的必要条件。我国当前处在转型期和开放进程中，这种双重背景使通货膨胀目标制暂时也不适合在中国实施，但我国中央银行应尽快明确宣布货币政策操作规范向规则型转型，以更好地稳定公众预期，努力让规则型货币政策成分在经济运行中发挥主导作用，在降低经济波动的同时，积极创造实行通货膨胀目标制的各方面条件。为了提高中国经济运行质量，我们应该寻找一种过渡安排。这种过渡安排可以包括混合名义收入目标框架（卞志村，2006）、有管理的浮动汇率制度、基础货币规则等，作为向货币政策新框架转型的过渡期安排，既重视产出，也重视通货膨胀，同时兼顾汇率波动，促进我国经济的协调健康稳定发展。

　　关键词：转型　开放经济　货币政策　货币政策规则

Abstract

Through the implementing of monetary policy instruments, the function of monetary policy is to achieve central bank's specific monetary target, whether which is price stability, economic growth or else, and the final effect has an inseparable connection with the operation mode of monetary policy. Whether the monetary policy can act effectively depends on the overall economic circumstances. As China has been in the transition period and its open – up degree has been growing, no existing monetary policy theory can be used to guide the monetary policy practice in this transition and open – up economic situations of China, thus research on the monetary policy operation and monetary policy rules under the transition and open – up economic circumstances carries an important significance both in theory and reality. This thesis extends in a fourfold way as follows: monetary policy operational guidelines, monetary policy instruments, monetary policy transmission mechanisms, and monetary policy targets.

After reviewing on the devising and historical evolution of monetary policy rules, chapter two at first makes a comparative analysis on two theoretical framework of monetary policy research in open economy— Mundell – Fleming model and new open economy macroeconomics paradigm. New open economy macroeconomics does better in welfare analysis. Explicit form of utility function facilitates us to model those effects on individuals' utility of certain macroeconomic policies and economic shocks; however we should rather focus on the research method than these conclusions.

Chapter three is based on the research of Bian Zhicun (2006) to test whether monetary policy should follow the rules or the discretion in an open and transition economy of China when considering the exchange rate. After separating those factors from rules and discretions in China's monetary policy practices in open economy, we find that since 1996 till now China basically has implemented discretion – dominating monetary policy. During that time, rule – based monetary policy has little if any effect on the economic performances. After introducing open economic factor, results about the volatility of real GDP growth and inflation rate are basically consist with the research of Bian Zhicun (2007) in a closed economy. Moreover, we discover that those discretional factors in China's monetary policy increased RMB efficient exchange rate volatility. China's economic fluctuation was mainly caused by discretional monetary policy factors. Results from our dynamic simulation indicate that if China implements a rule – based monetary policy, the economic volatility can be reduced greatly. Rule – based monetary policy not only can reduce real economy's fluctuations and stable inflation expectations, but also can reduce RMB nominal efficient exchange rate volatilities.

Based on reviewing domestic literatures about Taylor rules in chapter four, this thesis adopts a response function to comparatively analyze Taylor rules in an open economy. As original Taylor rules emphasize the interest rate response to domestic inflation gap and output gap, this research makes advancement by introducing exchange rate and foreign economic fluctuation. The estimation results of GMM show that the direct introduction of exchange rate in traditional Taylor rule model will reduce the explanatory capacity and after the introduction of exchange rate, the response coefficient of the interest rate to the output gap is − 0. 1263. This matter does not conform to the actual fact. However, introducing foreign economic fluctuations to the original Taylor rule type will not reduce the model's explanatory power for China's inter – bank interest rate. The response coefficients of interest rate on the inflation gap and output gap were 0. 5936 and 0. 3253; with the closed economy estimates coefficients are not much different. Foreign economic fluctuations may influence the national economy mainly through the impact of long – term equilibrium real interest rates and potential outputs. It had showed that in a closed economy the Taylor rule is not suitable for using in China (Bian zhicun, 2006). The main reason is that the interest rate responds little to inflation gap so the Taylor rule in China is likely to be an unstable rule. This article analyzes this issue in an open economy, and the phenomenon still exists.

In chapter five, we first review the articles for monetary policy transmission research. Monetary policy transmission channels are usually in four aspects: the interest rate channel, the credit channel, the exchange rate channel, and asset price channel. We research on China's monetary policy transmission mechanism by using the VAR model which includes 11 variables to examine the relative size in monetary policy transmission mechanism in the interest rate channel, credit channel, exchange rate channel and asset price channel. The empirical results show that in China, the role of interest rate transmission mechanism is still very weak, while the effect of exchange rate transmission channel and asset price transmission channel is weaker. Although China's monetary policy rules need to transform, but China's not yet complete policy transmission mechanism may weaken the effect of the rule – based monetary policy. Therefore, it's necessary to continue to push interest rates, exchange rates and financial market reforms to achieve objectives of our economic transition and monetary policy paradigm shift.

In chapter six, we analyze the nature of inflation target and exchange rate target at first. It is pointed out that the two can not coexist, because the exchange rate target will reduce the credibility of central bank's inflation target, while the central bank's credibility on inflation commitment is the most critical part of inflation target. Therefore, the fixed exchange rate system is not a good choice for the open economies which adopt inflation targeting. We use the New Keynesian model in an open economy to compare the social welfare under different policy systems. Comparison of target systems contains four combinations: strict inflation targeting with free capital flow, strict inflation targeting with capital flow restrict, flexible inflation targeting with free capital flow and complete floating exchange rate, flexible inflation targeting with restricted capital flow and managed floating exchange rate. After parameter calibration, we empirically analyze the response of domestic economic variables to shocks for a small open economy under different targeting systems. Empirical results indicate that targeting system consisting of flexible inflation targeting, free capital flow and complete floating exchange rate does better in absorbing shocks. Besides, strict inflation targeting can not match others to form an optimal policy system to absorb shocks from home and abroad. This shows that when China's central bank follows the optimal monetary policy rules to choose the monetary policy goals, it's not necessary to choose strict inflation targeting. Under the present circumstances, production and inflation factors should be important trade – off factors for China's central bank to carry out the monetary policy. Therefore we can choose some policy framework of flexible inflation targeting, such as the hybrid nominal income targeting framework (Bian Zhicun, 2005) as the transition to inflation targeting. In addition, the advantages of policy system consisting of flexible inflation targeting, free capital flow and complete floating exchange rate offer a direction for our country's monetary policy and exchange rate system reforms.

Chapter seven discusses the choice of our country's monetary policy rules paradigm under economic transition and open – up circumstances. Floating exchange rate system is the necessary conditions for achieving economic transition and monetary policy transition. If our country adopts inflation targeting and Taylor rules dominated monetary policy framework, it is necessary to achieve the transition to a floating exchange rate system. View from the actual situation in China, the Taylor rule which is popular in developed countries may not be used in China for the time being, in the current circumstances, we also need some supplementary rules as transition tools, such as base monetary rule and single rule. Although these supplementary rules will eventually become history, they still present a necessary condition for a smooth transition. China is currently in the process of transition and open – up, these dual backgrounds make the inflation targeting not suitable for being implemented in China, but China's central bank should clearly announce as soon as possible the transition to a rule – based monetary policy operation mode. Only in this way, can we make the rule – based components play a leading role in reducing economic fluctuations. Also, it's necessary to actively create the implementation conditions for inflation targeting in all aspects. To improve the quality of economic operation in China, we should look for a transitional arrangement. This transitional arrangement may include hybrid nominal income targeting framework (Bian Zhicun, 2006), manage floating exchange rate system and base monetary rules as a transition to a new monetary policy framework. The transitional arrangements should not only emphasize output, but also give attentions to inflation and take into account of exchange rate fluctuations. Only by doing this, the transitional arrangement can promote the coordinating, healthy and stable development of our economy.

Key words: transition; open economy; monetary policy; monetary policy rules

目　录

图表目录

1

导　论

1.1　问题的提出

　　货币政策是"中央银行采取的，影响货币和其他金融条件的，由以寻求实现持久的真实产出增长、高就业和物价稳定等广泛目标的行动"（《新帕尔格雷夫经济学大辞典》）。货币政策的功能在于通过货币政策工具的操作有可能实现中央银行特定的货币政策目标，无论这一目标是物价稳定还是经济增长或是其他，其最终效果均与货币政策的操作方式密不可分。货币政策操作能否有效发挥作用依赖于所处的经济环境。我国经济目前正处在转型期，经济特点集中体现为经济体制由计划向市场转型，即经济市场化；发展阶段由传统向现代转型，即现代化；经济结构转型，即国民经济重大比例关系进行战略调整。但时至今日中国体制转型尚未完成，所有制结构、经济运行方式、经济调控方式均处在转型过程中，经济、金融结构的一些方面尚处于扭曲状态，金融体制改革滞后于经济体制的改革，利率等重要的金融变量尚未完全市场化。转型过程中存在的这些问题使得中国经济与发达市场经济国家既有共性，又有很大的不同；同时在转型期的经济环境里，许多经济变量关系还处于变动之中，没有现成的货币政策理论能够完全指导我国的货币政策操作，这无疑对我国货币政策理论与实践提出了挑战，需要我们结合中国的转型实际进行探索。

　　根据萨克斯—瓦格纳的"开放命题"，封闭经济应至少满足以下五项指标中的一项：（1）非关税壁垒覆盖贸易额的40%以上；（2）平均关税率超过40%；（3）黑市汇率与官方汇率的差价超过20%；（4）社会主义经济体制；（5）对主要出口实行国家垄断。对比上述标准，除含义模糊的第四点外，其他标准目前中国均已不满足。经济全球化进程不断推进，我国经济对外开放程度也不断提高，国外经济状况变化对我国经济造成的冲击以及各国货币政策之间的协调需要等都将成为我国货币政策操作中必须考虑的因素。这些现实在客观上要求我国货币政策适应新的经济金融环境，建立和完善与开放经济相适应的货币政策操作方式，否则货币政策调控的有效性就会大大降低。本书的研究将突破封闭经济的分析框架，在开放经济条件下对中国的货币政策操作方式进行系统研究。我们的研究致力于建立起在中国转型期和开放经济双重约束条件下的货币政策操作方式，以进一步提高开放经济条件下我国货币政策的有效性，这对于完善我国开放经济条件下的宏观调控有着重要的理论意义和现实意义。

货币政策操作方式理论具有丰富的内涵。虽然不少经济学家对货币政策操作方式的各部分内容均有过论述，但是我们对货币政策的研究不是孤立地分别研究这些内容，而是在中国经济转型的大框架下，对有关货币政策操作方式的各个方面进行系统研究。随着中国经济市场化改革的深入，经济开放度的提高，利率市场化进程的加快，汇率决定方式弹性的增加，货币政策赖以发挥作用的经济环境正处在深刻的变化之中。因此，系统地研究转型期开放经济条件下中国货币政策操作方式无疑具有重要意义。具体而言，本书的研究将从货币政策操作规范、货币政策工具、货币政策传导机制和货币政策目标四个方面展开。

1.1.1　货币政策操作规范

货币政策操作规范中"单一规则还是相机抉择"的争论可以追溯到 19 世纪初期"银行学派"的追随者与"通货学派"之间关于英格兰银行法的讨论。在 20 世纪初，维克塞尔、费雪、弗里德曼等货币经济学家分别提出了货币当局应按"规则"行事的货币政策。1983 年以前的货币政策规则常被称为"古典货币政策规则"。货币政策规则理论在现代货币主义和理性预期学派那里得到了充足的继承和发展。不断发展的动态非一致（dynamic inconsistency）模型为单一规则提供了理论依据，"相机抉择政策在既定的情况下，不会导致社会目标函数最大化"（Kydland & Prescott，1977）。最优的货币政策具有动态非一致性，而动态一致的货币政策却带来次优的结果。单一规则可以避免相机抉择带来的通货膨胀倾向，"按规则行事"是解决动态非一致性问题的一种有效策略。泰勒规则即是在这样的背景下提出的，并逐渐取代了稳定货币供给增长率规则。泰勒规则之后，很多经济学家从不同角度提出了关于货币政策规则的模型。

不足的是，大多数关于货币政策规则的研究都忽视了对开放程度因素的考虑。例如泰勒规则原式就是针对封闭经济而言的，其原式可能造成中央银行的过度反应。麦卡勒姆规则和通货膨胀目标制的分析同样存在着封闭经济的假定。这显然与现实是不相符的，实际上当今世界的开放度是不断提高的，这不仅是指成熟的市场经济国家，也包括像中国和俄罗斯这样的转型经济体。开放经济与封闭经济相比，经济变量的传导渠道已经发生巨大变化。货币政策不仅通过利率渠道和货币供应渠道影响经济，也会通过汇率渠道影响经济，因为汇率会通过影响进出口商品的价格进而影响产出和通胀水平。事实上，在开放经济中，通胀目标制和泰勒规则都是次优的，除非对它们进行一些重要的修正（Ball，1999）。

已有的货币政策工具规则大致沿着两种不同的思路构建理论模型。一种是利率规则的思路，另一种是货币供应量规则的思路。研究开放经济条件下的货币政策规则也可以沿着这两种不同的思路。波尔（Ball，1999）就是根据第一种思路构造了开放经济条件下的货币政策规则模型，该模型由开放经济条件下的三个宏观经济方程推导而来。向祥华等（2004）沿着第二种思路对开放经济条件下货币政策规则的构建进行了探索和尝试，提出了开放经济条件下的麦卡勒姆规则。袁鹰（2006）对我国开放经济条件下货币政策规则的选择与运用问题作了进一步分析，认为开放经济条件下的麦卡勒姆规则更适合我国现阶段的国情。王胜、邹恒甫（2006）在 Clarida 等（2001，2002）理论结论的基础上，发展了标准泰勒法则的内涵，他们通过将外国产出波动引入泰勒规则，提出了扩展型泰勒规则的具体形式。

对于中国货币政策操作规范研究，国内大多数学者并没有从实证角度对中国货币政策操作应该遵循规则还是相机抉择给出证明。卞志村（2006）通过动态模拟的方法证明了在封闭经济条件下，如果中国货币政策操作转变为遵循规则，将有助于减少经济波动，提高国民福利。本书的研究将在卞志村（2006）的研究基础上进行拓展，验证在开放经济条件下，即在充分考虑到汇率因素时，转型期中国的货币政策操作究竟应遵循规则还是相机抉择。

1.1.2 货币政策工具

货币政策工具的选择关系到货币政策宏观调控的效率。传统的货币政策工具主要有三种：存款准备金政策、再贴现政策和公开市场操作。经济比较封闭并且以商业银行为主要金融机构的国家，其主要货币控制手段有法定存款准备金要求以及再贴现率政策。而在开放经济条件下，新兴市场经济体国家则更多地选择市场化的货币政策工具。目前货币政策工具的运用在发展中国家也具有趋同性，即不同的国家都采取类似的货币政策工具。其中主要原因在于，不同的国家都面临着金融市场与工具的快速发展、金融机构的多元化以及金融中介的全球化，这使得货币总量的可控性下降而波动性提高。这样便迫使各国货币当局纷纷从对国内货币的数量限制转向对"市场价格"即利率水平的调节，通过公开市场业务来调节短期市场利率已成为各国共同的货币政策操作方式。

货币政策工具能否有效发挥作用还依赖于一国的经济环境。例如在开放经济条件下，货币政策工具无法在单一封闭的经济系统中操作，必须考虑到本国的汇率制度、外汇储备及其他国际因素。由于我国目前外汇储备的快速增加逼迫央行的国外资产也同样快速增加，造成我国基础货币主要由央行外汇储备的增长内生决定，中央银行已经很难合理调控货币供给量。针对这种状况，谢多（2000）认为央行不宜继续采用收回再贷款作为对冲外汇占款的工具，而应该加快公开市场业务操作，以平衡外汇占款对货币供给的冲击。胡乃武、刘睿（2006）比较了央行几种货币政策工具的实施效果后认为法定存款准备金率可以有效控制货币乘数，但并不能有效地约束央行外汇储备和国外资产过快增长；利息率的提高只能约束货币需求，不能控制货币供给，因此提高利率非但不能有效约束通货膨胀，反而会扩大货币供求失衡。曾辉、刘洋（2005）认为中央银行发行的价格指数类期货合约作为货币政策的一种新工具，具有易操作性、独立性和内在稳定性，可以设计成为一种供中央银行选择的货币政策新型工具。

中国转型期开放经济的现实使得货币政策工具发挥作用的环境与其他国家有很大的不同，此外，我国货币政策目标的选择和货币政策传导机制的特点也对传统货币政策工具发挥作用提出了挑战。传统的货币政策工具在我国适用性如何？这是本书需要研究的重要内容。

1.1.3 货币政策传导机制

货币政策传导机制研究货币政策及其工具如何通过各种金融变量对实体经济产生作用的问题。西方关于货币政策传导机制理论的研究内容十分丰富。凯恩斯主义提出利率传导机制，泰勒（John B. Taylor）进一步发展了凯恩斯的传统利率途径，用模型证明了如果扩张的货币政策使短期名义利率下降，那么在价格黏性和理性预期共同作用下实际的长期利率也将下降。自20世纪90年代以来，利率途径在实践中受到普遍重视，同时学者一直围绕利率水平和期限结构等问题展开讨论，有代表性的如伯南克和布林德（Bernanke and Blinder, 1992），他们的研究表明联邦基金利率是明显优于其他利率的指标，弗里德曼和卡特纳（Friedman and K. N. Kuttner, 1992）的研究却发现商业票据利率和国库券利率之间的差异是信息量最丰富的指标。托宾（Tobin, 1969）的 q 效应理论强调股票价格是货币政策影响经济的传导机制之一，阿倍尔和埃伯勒（Andrew B. Abel and J. Eberly，1994）的论述是托宾 q 理论的新发展，他们在模型中探讨了资本购买与出售价格之间的差异以及 q 值变化对投资的影响等问题。信贷渠道是新凯恩斯主义发展出的货币政策传导机制，具体包括均衡信贷配给和资产负债表渠道。20 世纪 60 年代后，经济学家将信息不对称用于分析信贷市场的信贷配给现象，主要的研究成果有斯蒂格利茨和韦斯（Stiglitz and Weiss，1981）建立的信贷配给模型，该模型说明市场经济中将长期存在配给现象。这个结论表明对于借款需求者来说，信贷的扩张并不是通过利率降低导致货币需求增加的结果，而是通过信贷供给曲线右移增加信贷的可得性，从而降低超额信贷需求，提高投资水平的结果。资产负债表渠道的代表人物伯南克和格特勒（Bernanke and Gertler，1989）提出了"净值"（net worth）和"金融加速器"（financial acceler-ator）的概念。格特勒（Gertler，1992）把"金融加速器"模型由两期扩展到多期并提出企业未来收益贴现值对于多期连续债务合同也存在限制作用。

西方各理论学派围绕"货币是否中性"及"货币非中性时影响实际经济的途径"的争论使西方货币政策传导机制理论研究呈现出丰富的形态，随着理论间相互吸收与融合，经济学家已就传导原理取得了基本一致的意见。米什金（Mishkin，1995）对此作出了总结，即在市场经济条件下货币政策主要通过四条途径传导：（1）利率传导机制；（2）非货币资产价格机制；（3）信用传导机制；（4）汇率传导机制。在其《货币金融学》教科书中，又将货币政策传导机制加以细化，概括起来，根据货币与其他资产之间不同的替代性，所有这些传导机制可以被分为两大类：一是货币渠道，包括利率途径、托宾的 q 效应、居民的财富效应和汇率传导途径；二是信贷渠道，包括信贷配给渠道和资产负债表渠道。

传统上关于货币政策传导机制的研究中，汇率渠道只是作为货币渠道的组成部分而被论及。早期关于汇率波动的价格转移机制研究大多集中于微观经济层面，随着新开放经济宏观经济学理论框架的建立，对货币政策在汇率波动价格转移机制中的作用，以及汇率波动价格转移机制对货币政策传导机制的影响的研究进一步深入。随着世界各国经济联系的加强、国际金融全球化的深入和我国经济开放程度的进一步提高，汇率在我国货币政策传导机制中的作用也将日益重要，因此有必要深入研究汇率在我国货币政策传导机制中的作用，正是基于此原因，本书将进行一些新的探索。

1.1.4 货币政策目标

货币政策目标可分为最终目标、中介目标和操作目标。货币政策的最终目标是货币政策运行机制所包含的首要内容，是中央银行实施货币政策所要达到的最终目的，也是货币政策运行的起点。从货币政策最终目标的演变过程来看，货币政策有稳定物价、实现充分就业、促进经济增长和平衡国际收支四个最终目标。由于这四个目标之间并不是完全统一的，有的目标之间存在冲突，货币政策不可能同时实现相互冲突的最终目标。因此，如果把实现货币政策的最终目标作为判断货币政策是否有效的标准，那么货币政策最终目标的选择必然会影响到对货币政策有效性的判断。在大国经济中，货币政策最终目标的争论焦点是控制通货膨胀与充分就业的优先顺序与权衡问题。极端的古典学派和真实经济周期理论认为货币政策在短期内无效，但货币学派依据适应性预期理论和自然失业率假说，提出了"货币短期非中性，长期中性"的观点。卢卡斯货币错觉模型和新凯恩斯主义经济学对此给出了不同的理论解释。前者以经济当事人的货币错觉作为货币影响实际产出的基础；后者则从不完全竞争、交错定价、不完全信息、协调失灵等角度说明货币政策可能对产出产生影响。在短期内，这些因素决定了价格具有黏性，但在长期内，由于价格会缓慢地调整，从而使货币供给的变化对产出的影响最终消失，最后只能影响价格。

中国转型期经济的系统性和复杂性以及政府宏观调控的特征，与西方发达国家成熟的市场经济有着很大的不同。谢平、刘锡良（2001）认为中国人民银行的货币政策最终目标存在着多目标约束。戴根有（2000）指出转型期中国的实际情况决定了货币政策的多目标是一个现实的选择。陈涛（2006）认为中国渐进式改革的特征和转型期政府宏观调控的特征决定了我国不能像发达国家那样将币值稳定作为货币政策的单一目标，而事实上中国的货币政策实践始终在追求多目标。同时，随着我国经济开放度不断提高，加入世界贸易组织后也使得开放经济对我国货币政策有效运行的影响更为显著了。这样，在开放经济条件下"保持货币币值的稳定"本身就意味着对内币值（物价）和对外币值（汇率）的稳定。经济开放度的增加使得国外货币政策对我国经济的影响越来越大，因此必须将其他国家的政策工具变量纳入我国货币政策调控的分析视野，这样一来，我国货币政策的目标数量将会进一步增加。根据丁伯根法则，为同时实现多个独立的政策目标，政府至少需要拥有与政策目标相等的独立政策工具，而中国人民银行却很难拥有如此多的货币政策工具来实现这些目标。实际上，丁伯根法则之所以要求货币政策工具大于或等于货币政策目标，是因为假定政策变量之间存在线性关系，也就是说货币政策目标是确定的数量值。盛松成、刘斌（2004）指出，这一要求并非必须，央行可以将货币政策目标由点值放松为区间值，而且在现实经济中许多货币政策目标也应该是区间值。同时，将点值放松为区间值也有助于增加解的稳定性。

1995 年 3 月 18 日八届全国人大三次会议通过的《中华人民共和国中国人民银行法》（2003 年 12 月 27 日十届全国人大常委会六次会议修订）以立法的形式规定我国中央银行"货币政策目标是保持货币币值的稳定，并以此促进经济增长"。这一货币政策最终目标的立法规定至今已有十五年，在这十五年中我国的经济金融状况已经发生了很大变化。在转型期开放经济条件下，我国的货币政策最终目标是否应进行适当调整？如果需要调整，又应该如何调整？这是我们首先要研究的基础问题。

货币政策中介目标连接着最终目标与操作目标。根据普尔（Poole，1970）的经典分析，货币政策中介目标选择货币供应量还是利率应取决于哪种中介目标能使产出扰动最小化。梅尔泽（Meltzer，1999）对 1914—1950 年美国的货币政策进行了研究，发现基础货币是比短期利率更好的政策状态指标。对英国的货币历史分析也可以得到类似的结果，即基础货币增长对产出增长要比实际利率所产生的影响更大（Nelson，1999b）。麦卡勒姆（McCallum，1997）提出，许多学术研究成果认为要使用基础货币或储备总量工具，但是几乎所有的中央银行目前都使用短期利率。一些中央银行使用短期利率工具的主要原因在于，使用基础货币作为工具会使短期利率具有更大的易变性。利率工具和利率平滑比较容易接受，因为公众不太喜欢利率变化。综合而言，可以使用利率工具，如利率平滑促使基础货币增长接近于其目标范围。

中国货币政策中介目标在人民银行行使中央银行职能后经历了较大变化，从现金控制到信贷规模控制，再到目前的货币供应量控制。以货币供应量为中介目标时，M_2 增长目标曾从 28% 下降到 14% 左右，因此弗里德曼提出的货币数量增长的 K% 法则对中国来说适应性较差（钱小安，2002）。中国经济正处在转型过程之中，货币需求函数不稳定，货币供给又具有内生性，这些实际问题都降低了货币供应量作为中介目标的有效性（汪红驹，2003）。夏斌、廖强（2001）指出货币供应量已不宜作为我国的货币政策中介目标。范从来（2004）认为，现阶段货币供应量作为货币政策中间目标的局限性并不能否认其作为货币政策中间目标的重要性，关键是要创造出有利于货币供应量发挥中间目标功能的货币控制机制。我国经济和金融的对外开放程度不断提高，国内金融机构和工具的创新将不断加快，银行体系的重要性降低，国内货币需求的稳定性被破坏，货币供应量作为中介目标会受到越来越多的局限。从 20 世纪 80 年代中后期开始，越来越多的国家转向采用利率作为货币政策的中介目标。在开放经济条件下我国与国外主要国家货币政策中介目标的不一致可能成为国际套利活动的诱因，并影响汇率稳定。因此，有学者认为我国货币政策的中介目标应该逐步由货币供应量转向利率（盛松成，刘斌，2004）。

　　货币政策的操作是以操作目标为导向的。发达国家市场化程度高，大都以市场利率作为操作目标。20世纪80年代末，加拿大中央银行提出了货币状况指数（monetary condition index），将汇率因素纳入到货币政策操作目标中，引起了国际清算银行以及越来越多中央银行的关注。弗里德曼（Charles Freedman，2004）集中讨论了MCI作为加拿大中央银行操作目标代替短期利率后的使用情况。Ball（1999）的研究结果表明，在开放经济下，中央银行应使用基于MCI的货币政策规则，用MCI指数来校正通货膨胀率与目标通货膨胀率、经济增长率与潜在经济增长率之间的偏差，以实现经济运行的最佳状态。陈建斌、龙翠红（2006）利用VAR模型估算各变量在计算货币状况指数时的权重基础上，得出了1990年以来中国扩展的货币状况指数。他们认为货币状况指数变化是中国货币环境"松紧"的一个良好指示器。随着我国金融开放步伐的加快，汇率作为货币政策决策的重要金融变量之一，作用日益凸现。卜永祥、周晴（2004）认为货币状况指数应成为中国制定货币政策时的重要参考指标，对于中国经济来说，实际货币状况指数也比名义货币状况指数更有意义。陈雨露、边卫红（2003）认为应当适时考虑将MCI作为货币政策操作的参考指标，并且应该充分利用MCI的信息内涵，但在使用时应避免追求精确MCI。

　　综上所述，开放经济条件下的货币政策是目前货币经济学界迫切需要研究的一个重大问题。货币政策操作方式理论的不断发展与演化，以及20世纪90年代西方国家货币当局在执行货币政策实践中所遇到的问题，为我国货币政策的制定与执行提供了极有价值的借鉴。为了使货币政策在转型期开放经济条件的大背景下更好地发挥作用，本书的研究将对我国今后的货币政策在政策目标、操作工具、操作规范和政策传导机制等方面如何进行必要的调整和改革提出政策建议。以往的国内外学术界对封闭经济条件下的货币政策研究较多，而对开放经济下的货币政策论及较少，选择这样一个难度很大的现实经济问题进行研究，无疑具有重大的学术价值和现实意义。

1.2　本研究的基本思路与方法

1.2.1　研究的基本思路

　　本书的研究思路如图1-1所示。

第一，回顾西方理论界关于货币政策规则与相机抉择的争论，对动态非一致性理论进行归纳总结；同时结合开放经济下货币政策研究的前沿，介绍开放经济下货币政策规则理论与实践的最新进展。

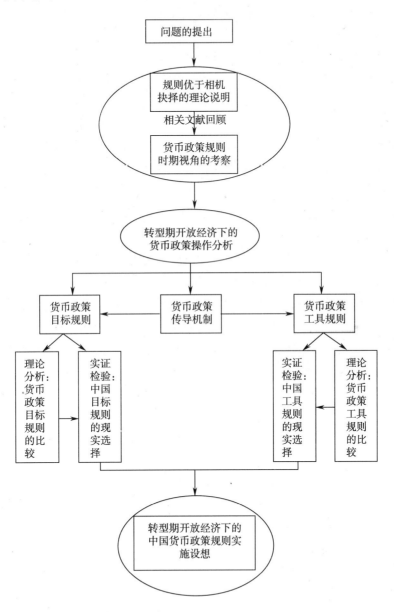

图1-1 本书的研究技术路线图

第二，对我国转型期开放经济下的经济运行环境进行深入分析，对我国货币政策实践与经济波动关系的历史进行分析，并与目前的经济环境进行比较，为进一步探讨我国货币政策规则的选择问题打下基础。并在此基础上，对开放经济下我国的货币政策操作实践进行动态模拟，以此论证开放经济条件下，我国货币政策是否需要转型。

第三，构建一个比较分析转型期开放经济下货币政策工具规则的框架，并在此基础上，针对中国目前经济、金融结构的特殊性和货币政策的传导机制对理论模型进行修正，之后对中国货币政策工具规则的选择进行实证分析和动态模拟，并对中国货币政策工具规则的发展趋势和相关问题进行分析和预测。

第四，研究开放经济下的中国货币政策传导机制，重点论述汇率在货币政策传导机制中的作用。固定汇率制下汇率难以在货币政策传导过程中发挥作用，但由于中国汇率决定的弹性逐步增强，汇率在经济转型过程中对中国宏观经济运行的影响必将越来越大，因此对汇率在转型期中国的货币政策传导机制中发挥作用的途径、程度进行深入研究是必要的。

第五，在对货币政策操作中的各种目标规则进行比较基础上选择中国目前的货币政策目标规则。我们将在前人研究的基础上构建一个比较货币政策目标规则的结构框架，即从转型期开放经济下宏观经济运行可能面临冲击的角度，结合开放经济下的损失函数，比较不同的货币政策目标规则。

第六，运用新开放经济宏观经济学框架对选取的货币政策目标规则和工具规则进行福利效应分析，并对比西方发达国家和一些新兴市场国家的货币政策经验，探讨货币政策操作规范的国际趋势，完善我国转型期开放经济下的货币政策规则。

1.2.2　研究方法

1.2.2.1　分析模型的选择

进行开放经济下的货币政策规则研究需要适当的理论模型，本书尝试在奥博斯特弗尔德和若戈夫（Obstfeld & Rogoff，1995）建立的新开放经济宏观经济学框架下进行货币政策规则的分析。新开放经济宏观经济学的主要研究方法是动态线性和对数线性近似，他们采用两国经济模型，所有居民在 $[0, 1]$ 上连续分布，其中 $[0, n]$ 在本国，其他在外国。模型采用货币效用函数（MIU）的方法将货币直接整合进模型，由于休闲和产出负相关，所以产出以负效用的形式纳入个体偏好，于是个体的终身效用函数和个体消费指数、持有的货币余额、产出相关，具体形式为：

$$U_t = \sum_{s=t}^{\infty} \beta^{s-t} \left[\frac{C_s^{1-\rho}}{1-\rho} + \frac{x}{1-\varepsilon} \left(\frac{M_s}{P_s} \right)^{1-\varepsilon} - \frac{\kappa}{\nu} y_s(z)^{\nu} \right], 0 < \beta < 1 \quad (1.1)$$

其中，C_t 为 t 期的常替代弹性（CES）消费指数，具体形式为 $C_t^j = \left[\int_0^1 C_t^j(z)^{\frac{\theta-1}{\theta}} dz \right]^{\frac{\theta}{\theta-1}}$，两国各种有差异的商品完全对称地进入居民偏好，不同商品之间的替代弹性都为 θ；对应的价格指数 $P = \left[\int_0^1 p(z)^{1-\theta} dz \right]^{\frac{1}{1-\theta}}$，$M_t$ 代表 t 期个体持有的名义货币余额；$y_t(z)$ 代表个体产出。从消费指数和价格指数的定义，可以得出居民面临的向下倾斜的需求曲线：$y(z) = \left(\frac{p(z)}{P} \right)^{-\theta} C^{\omega}$，$C^{\omega}$ 为世界总消费。在这个模型中不含有资本，居民可以在世界债券市场上进行借贷，r_t 为从 t 期到 $t+1$ 期的债券实际利率，F_t 表示个体进入 $t+1$ 期时所持有的债券数量。这样个体 z 所受到的预算约束条件为：

$$P_t + M_t = P_t(1 + r_{t-1})F_{t-1} + M_{t-1} + p_t(z)y_t(z) - P_tC_t - P_tT_t \quad (1.2)$$

为了实现效用最大化目标，居民个体必须选择每一期最优的消费量、货币余额和劳动供给，并且设定最优产品价格。价格黏性的假定要求价格要提前一期设定，并在一期之后才能调整。这样外生冲击就会造成不同的短期效应和长期影响，使经济呈现出动态调整的过程，福利效应是短期冲击和长期影响对效用函数共同作用的结果。并且在这个模型中，货币在长期不是中性的，因为短期的经常账户盈余会使国内居民的外国净资产出现长期的上升。这样在新的均衡状态下，国内居民的相对消费长期内会保持在较高水平；外国净资产增加的财富效应使国内产出反而下降，因此造成了本国贸易的永久改善（王胜、邹恒甫，2006）。

1.2.2.2 实证计量分析方法

本书研究的最终目的是根据货币政策操作方式的理论研究结果，探求中国转型期开放经济下的货币政策规则，以提高我国货币政策操作和宏观金融调控的有效性。本书将采用大量计量分析方法研究我国的现实货币政策问题，如协整分析法、VAR 分析法、广义矩分析法（GMM）等。

1.2.2.3 数值模拟

数值模拟也叫计算机模拟，它以电子计算机为手段，通过数值计算和图像显示的方法，达到对各类问题研究的目的。数值模拟包含以下几个步骤：首先要建立反映问题本质的数学模型，具体说就是要建立反映问题各量之间的微分方程及相应的定解条件，这是数值模拟的出发点。没有正确完善的数学模型，数值模拟就无从谈起。数学模型建立之后,需要解决的问题是寻求高效率、高准确度的计算方法,目前已发展出许多数值计算方法。计算方法不仅包括微分方程的离散化方法及求解方法,还包括贴体坐标的建立、边界条件的处理等。在确定了计算方法和坐标系后,就可以开始编制程序和进行计算。

1.2.2.4 校准法

校准法是通过参数的设置生成一些模拟结果(比如变量的周期性和变化幅度),并将模拟结果与经济周期的特征事实相比较的评价方法。参数设置是校准法的基础,在实际研究中有些参数根据经验研究设置,如消费的跨期替代弹性;有些参数是理论推导的必然结果,如整个经济的劳动跨期替代弹性;也有一些参数取决于经济在稳态中的表现,如消费与劳动的相对权值。除了那些由理论推导获得的参数外,还需要对其他参数予以调整,以使模型模拟的结果尽量与实际经济相吻合,以便能够捕捉经济时间序列的众多周期性特征。

校准法一般主要包括以下三部分内容:第一,确定分析框架,构建理论模型;第二,设置一组与实际经济度量相一致的指标;第三,设置一组与模型均衡条件相一致的参数。

1.2.2.5 动态模拟方法

在本书的研究过程中,由于缺少相关时间序列数据,为了分析各种货币政策规则或货币政策操作方式的经济效果,只能根据模型演算结果利用相关数学分析软件进行动态模拟,得出的研究结论具有一定的可信度。

1.2.2.6 德尔菲法

德尔菲法(Delphi)主要依靠专家的直观能力对风险进行识别,即通过调查意见逐步集中,直至在某种程度上达到一致,故又称专家意见集中法(专家调查法)。由于货币政策工具的有效性也就是货币政策工具所达到的效果,是由定义中的多个目标共同决定,而这其中便存在最终判断时多个变量的权重问题。于是我们在本课题研究中选择德尔菲法对货币政策工具的执行效果进行分析,为多个最终目标的效果选择加权系数,以便得到一个统一的最终目标的效果参数。

1.2.2.7 模糊判断法

模糊判断法,也称数理统计法,是用于定性到定量转换的方法之一。处理所采集的数据由于从多方面对事物进行评价难免带有模糊性和主观性,采用模糊数学的方法进行综合评判,将使结果尽量客观从而取得更好的实际效果。在对货币政策工具有效性的判断中,由于所选择的几个最终目标分别代表经济生活的某个方面,为了能够给后续的分析得到更加明确的数值变量,我们将选择模糊判断的方法，从主观上对最终目标所达到的数值进行统一量化的效果打分，然后用德尔菲法取得的权数进行加总，以得出最终目标的加权分数。

1.3 本书的创新之处

通过本书的研究，我们可能的特色与创新之处在于：

第一，本研究采用问题导向的研究思路。我国自 1988 年开始有独立的货币政策概念以来，中央银行充分利用各种货币政策工具进行货币政策操作，特别是 1998 年以来，间接宏观调控体系日趋成熟。但是，许多学者认为，我国货币政策的有效性程度并不高，还有许多地方值得改进和完善。本书正是试图从分析我国货币政策的实际调控效果出发，研究在转型期开放经济的背景下如何改进我国货币政策的操作方式，以提高我国货币政策的有效性。

第二，本研究将对涉及转型期开放经济下的中国货币政策操作方式的诸多方面进行系统研究。中国当前的货币政策操作方式是否有效？如何改进货币政策操作方式？提出并研究这样的问题是具有理论和现实意义的。对中国货币政策最终目标、中介目标和政策工具的研究已经大量涌现，另一些研究则分析了中国的货币政策传导机制，但系统性地研究中国货币政策操作方式并不多见。我们对货币政策操作方式的研究不是孤立地分别研究政策目标、政策传导机制、政策规范及政策工具等，而是在中国经济转型和开放经济的大背景下，系统研究货币政策的操作方式。

第三，本研究认为规则与相机抉择作为两种货币政策操作思路，应是各有千秋的。尽管规则比相机抉择拥有时间一致性的优势，但墨守成规，片面追求遵循固定的政策规则也会导致全社会的福利损失。因此，在研究我国开放经济下货币政策操作规则的同时，应不忘发挥相机抉择型货币政策的优点，尽量在规则中融入相机抉择的成分，基本的原则和目标是逐步建立起具有规则特征的货币政策框架，并且在这个框架之下能融合相机抉择和规则各自的优点，即研究推广"相机抉择型规则"（discretionary rules）。

第四，如果我国货币政策操作实现由相机抉择型向规则型的转型，我国的经济波动（我们将用产出增长率和通货膨胀率衡量）是否会大大减小？我们将通过对规则型货币政策操作的动态模拟对这一问题进行回答，而这种动态模拟的方法在国内学术界是不多见的。

第五，考虑到我国在经济转型的同时，经济的开放度越来越高，在分析最优货币政策操作方式时，应将开放经济因素纳入分析框架。经典的货币政策理论往往有封闭经济的隐含约束，而本书的研究则打破了这种封闭经济的桎梏，将开放经济的研究视角贯穿始终。

但是，本书研究还面临以下不足与困难：

第一，对转型期货币金融环境的认识不够。由于转型经济学是一门新兴的经济学分支，对转型期货币金融特征的研究文献还不多见。本书对货币政策规则的研究背景是转型期开放经济下的中国，由于本人学术水平所限，对我国转型期的货币金融环境及特点的认识难免缺乏深度。

第二，对货币政策规则进行研究和模拟需要扎实的数理功底和熟练的计量经济方法，这对本人来说是最大的障碍和困难，还需要花大力气加强对线性优化、动态最优化、数值模拟等知识的学习。

第三，对怎样测算潜在产出水平和通胀预期感到困惑。估算潜在产出的方法总体来说有两类：一类是借助计量分析工具对现实产出的时间序列性质直接进行处理从而给出潜在产出的估算值，如消除趋势法、增长率推算法；另一类是生产函数法。第一类方法估算过程简便，考虑的因素较少，但主要缺点是没有体现潜在产出的供给面特征；而生产函数法则较为全面地考虑了生产要素利用率和技术进步的影响，但估算过程较为复杂。

第四，处于转型期和开放进程的中国市场化程度不高，特别是金融市场发展相对滞后，这无疑对数据的收集造成了相当大的困难。由于数据的因素，可能会对本身研究结果的科学性和可靠性造成一定影响。

2

开放经济下的
货币政策规则：理论框架

近年来，一些国家（或地区）的货币政策发生了剧烈变化，如英国、加拿大、欧盟和美国等。除美国外，这些国家（或地区）都基本实行了所谓的通胀目标制。1992 年，英国财政大臣明确宣布采用以获得长期价格稳定为目标的通货膨胀率目标（1%～4%），并要求英格兰银行公布季度"通货膨胀报告"（inflation report）。1999 年，英国最终形成由政府确定货币政策目标，英格兰银行具体制订货币政策实施方案的目标独立性和操作独立性相分离的体制（这种体制明显不同于加拿大和美国，它们的中央银行同时具备两种独立性）。加拿大银行的主要目标是实现价格稳定，也就是把通货膨胀率控制在 1%～3% 的区间内，并用货币状况指数（MCI）作为政策准则，将隔夜贷款利率（在 50 个基点的范围内）设定为达到 MCI 理想值的操作目标。欧洲中央银行体系（ESCB）的许多方面仿照了德意志联邦银行，也就是说，ESCB 的最高目标是稳定价格，这部分地反映了对 20 世纪 90 年代初主流经济理论的接受和对德国及德意志联邦银行出色经济记录的尊崇。同时，许多条例又赋予了 ESCB 对政治压力的完全独立性，但要通过定期出版各种报告以防 ESCB 责任感的降低。美国联邦储备委员会于 1971 年采用货币目标设定法，将 M_1 作为货币政策中介目标，1987 年改用 M_2，1993 年又改以实际利率作为主要的中介目标，其后美国开始实施一种不明确公布名义目标的货币政策，一些学者将其描述为"隐蔽的通货膨胀目标法"（Mankiw，2002，中译本）。这些货币政策的转变产生了体现在众多文献中的对货币政策规则问题的浓厚兴趣。但是，正如 McCallum（1999）所言，对货币政策规则的研究由来已久，这一工作可以追溯至 Thornton（1802）、Bagehot（1873）、Wicksell（1907）、Fisher（1920）以及 Friedman（1948，1960）。人们为什么更加倾向于规则而不是相机抉择？对这一问题至今仍有许多争议。以前，人们一般将经济政策划分为所谓的积极（activist）政策和非积极（non – activist）政策两类。前者是指政策制定者对当前经济状况的变化反应积极，而后者一般没有反应。典型的非积极政策就是按规则行事，积极政策往往就是指相机抉择，即所谓的"逆经济风向而动"。由于按规则行事的预期成本可能会抵消其收益，直到 1983 年中央银行都未主动采用这种非积极的政策。Barro 与 Gordon（1983）的论文将 Kydland 与 Prescott（1977）有关规则和相机抉择问题的开创性工作引入了一个令经济政策制定者深信不疑的框架。中央银行仍然可以执行一种货币政策规则，即预先确定根据信息变量的变化而作出的反应。只要规则是可信的、透明的且易于操作，中央银行拥有敏感的声誉，Barro – Gordon 通胀偏差（inflation – bias）就完全可以避免。这样一来，传统的积极与非积极政策之争就被规则和相机抉择之争取代了（McCallum, 1999）。有关规则优于相机抉择的两个主要论点是：第一，Friedman（1948）提出的工具非稳定性问题。经济政策实施后，漫长且易变的滞后效应可能导致积极的反周期政策出现不稳定现象。第二，更主要的论据来源于 Kydland 与 Prescott（1977）开创的有关动态非一致性问题的研究。Friedman 的分析仍然说明相机抉择优于规则，而动态非一致性问题的研究文献表明如对规则进行预承诺，就可以实现社会更优均衡。在理性预期机制下，私人部门知道中央银行存在制造短期通货膨胀的诱惑，这样私人部门就会调整他们的通胀预期从而使得通胀偏差成为纳什均衡结果。因此，消除通胀非一致性升水（inconsistency premium）的唯一办法就是实施货币政策规则。本章主要对开放经济下货币政策规则分析的范式进行综述。

2.1　货币政策规则的一般设计

在对我们拟分析的规则进行详细讨论之前，先来对货币政策规则的设计作一简要介绍。我们借用 Taylor（1999）提出的概念对货币政策规则设计进行一般描述，假设我们有如下形式的宏观经济模型：

$$y_t = A(L,g)y_t + B(L,g)i_t + u_t \tag{2.1}$$

其中，y_t 是一个内生变量向量，i_t 是工具向量，u_t 是独立分布的误差项，$A(L, g)$ 和 $B(L,g)$ 均是包括滞后算子 $L(L(y_t) = y_{t-1})$ 和政策规则参数 g 的多项式。政策规则的一般形式可以写成：

$$i_t = G(L)y_t \tag{2.2}$$

其中，$G(L)$ 仍然是一个滞后算子 L 的多项式。有些模型可以是前瞻性的，在那种情况下需要总体上解决模型的简化形式。这类模型的主要优势在于它们满足了卢卡斯批判的要求，模型参数不随货币政策的变化而改变（Batini & Haldane，1999）。另外一些模型可通过替换结构模型中的一般政策规则而轻易得到，这样一来可得到考虑稳定性分析的向量自回归形式（vector - autoregressive form）。如果改变工具，内生变量的波动可能会被放大，因而工具的使用就显得没有必要。如果对基本宏观计量经济模型拥有充分的知识，就可以通过最优控制试验来求得最优货币政策规则 $i_t = G^*(L)y_t$。但是对基本模型的定义是见仁见智的，许多研究者提倡运用对大量模型检验具有稳健性（robust）的规则（Bryant et al.，1993）。McCallum 定义了货币政策的最终目标，但通常没有操作变量。政策目标可以是社会福利，或是产出的稳定增长和低失业等。货币政策的作用对象是货币政策传导过程中的先行（操作）变量，这些对象可以是价格水平指数、名义收入或者汇率等。我们也可以区分出中介指标，这些变量就货币政策传导的有效性发出相关信息。这里可以将总货币量看做未来实际经济增长的信号。由于 GDP 的相关数据获取较慢，而金融和货币数据能较快获得，因此它们可以作为信号变量。货币政策工具实际上就是中央银行实际经常操作的变量，如利率，或者是中央银行可以控制的某个货币变量。在有些情况下，这些变量并不能被直接控制，因此将这些变量定义成操作目标会更好。货币目标选择过程中最基本的问题也许就是应否执行固定汇率。这是一个涉及最优货币区（optimum currency area，参见 Mundell，1961）的问题。而封闭经济中，典型目标是比较容易定义的，如通货膨胀、名义收入增长或者是所谓的将通胀和实际产出按某种趋势或参考值加总的混合变量（hybrid variable）。目标选择中的另一个重要问题就是设定所谓的增长率目标是否比设定增长水平目标更好？这里我们可以考虑通胀目标和价格水平目标，定义一个增长率目标或增长水平目标是否明智？正如 McCallum 所解释，这一问题实际上就是一种目标究竟是趋势平稳（trend stationary）还是差分平稳（difference stationary）。工具的选择也是有争议的。最基本的选择就是用基础货币或总准备工具，还是用短期利率工具。McCallum 认为这里存在对可行性的基本讨论。最著名的论点就是针对运用利率工具所提出的萨金特—华莱士批判（Sargent and Wallace，1975），在这种情况下，物价水平可能是不确定的。McCallum（1986）为不确定性给出了一个更加精确的定义，他区分了名义不确定性和非唯一结果。在第一种情况下，模型不能稳定所有名义变量的值，名义不确定性与所有名义变量（如货币存量）的不确定性相关；在第二种情况下，泡沫或太阳黑子等失常行为会影响价格水平，模型的求解路径有多条，非唯一均衡与价格水平的泡沫决定有关。除非为规则的参数（或权重）设定限制条件，工具变化的最终传导效应将不能确定。在设计货币政策规则时还有其他一些重要问题。首先，工具规则与目标规则必须进行区分（Svensson，2002）。工具规则一般是根据特定的货币政策工具设计的（如泰勒规则就关注短期利率）；目标规则一般由最优化模型导出，该模型使中央银行预先确定的损失函数最小化（Walsh，1998）。因此，目标规则较为普遍，因为中央银行不需要将降低总损失时刻记在心上。工具规则最主要的优势在于，对公众来说，它非常清楚并易于交流。但有些工具规则也会导致实际均衡的不确定性（Sargent & Wallace，1975）。其次，必须区分严格的和有弹性的规则。严格的规则避免向新的所需路径进行微调，而有弹性的规则则允许"依靠经济风向"（leaning against the wind）或更加灵活的政策。最后，工具规则与目标规则之间的区别在于对信息的运用。多数货币政策规则使用事后数据（ex - post date）校准（calibrate）规则，正如 Orphanides（2001）指出，如使用实时数据（real - time date）将会得到不同的结论。实时数据是政策制定者在决策时所观测到的数据（没有进行统计纠正）。我们在讨论泰勒规则时还要回到这一点。

2.2 货币政策规则的历史演进

现在我们来简要讨论货币政策规则的历史演进过程。这里对货币政策规则历史演进的分析从早期金本位制时期运行的价格—铸币流动机制（price - specie - flow model）开始。尽管我们力争全面，但要对货币政策（规则）的思想作一全面的历史回顾几乎是不可能的。

表 2 - 1 　　　　货币政策规则的历史回顾

提出时间	规 则 名 称
1875	金铸币流通规则（gold - specie flow rule）（Viner，1955）
1920	费雪的补偿美元计划（compensated dollar proposal）（Fisher，1920）
1933	狭义银行：100% 储备（Fisher，1945）
1945	费雪—西蒙斯价格水平规则（Fisher，1945）
1960	固定货币增长率规则（Friedman，1960）
1983	名义 GNP 目标规则（Taylor，1985）

续表

提出时间	规 则 名 称
1988	麦克勒姆—梅茨勒基础货币规则（McCallum，1988）
1993	泰勒规则（Taylor，1993）
1996	通胀目标制①（Svensson，2002）

回顾自然要从古典框架开始，那时人们始终认为货币仅是一层面纱，货币数量论公式 MV = PY 成立，货币政策关注的主要焦点是通过货币供给政策来控制价格水平。早期的货币理论家主要研究银行部门和银行利率，如桑顿（Thornton，1802）和维克塞尔（Wicksell，1898）。这些学者强调所谓的间接货币传导机制：货币供给的变化影响借贷利率，并进而影响支出和通货膨胀。在规则方面，货币政策的中介目标就是借贷利率。维克塞尔于 1898 年提出了一个简单的利率规则：如果价格低于目标水平，就降低利率，反之亦然。这些观点就是凯恩斯主义货币理论（Keynesian monetary theory）的基础。

20 世纪后半期，有关货币政策规则的研究获得了长足发展。费希尔（Fischer，1990）在西蒙斯（Simons，1948）的基础上对货币政策规则进行了回顾。然而，人们一般可以从对金本位的讨论开始对规则进行历史回顾（见表 2-1）。

完全的金本位制可以看做一个完全自动的系统（Fischer，1990），一个有效的规则是保证在任何时候通货可以兑换成金。这样一来，一般价格水平就可以和金价保持均衡。如果一国的经常项目出现了逆差，金（铸币）就会流出国外，对国内支出形成压力，这会导致产出的自动稳定。只要金价保持相对稳定，在控制通胀方面，严格盯住金的机制就会起作用。但这种形式的货币政策规则是否对稳定经济有所贡献，至今尚无定论。

费雪（Fisher，1920）建议的补偿美元规则也与金本位有关：通货可以和金兑换，但金的价值是通过实际条款（由 CPI 定义）固定的。这一规则的主要优点是总价格水平对金价的波动不敏感了，有效地解决了金本位制存在的一个问题。中央银行可以执行一个非常简单的规则：保持可兑换性，即意味着可以稳定价格。这个规则的一个主要缺点是它对通过买卖金的远期合约而对金本位的投机行为相当敏感。

在美国大萧条后，芝加哥学派提出了几种形式的货币政策规则。最著名的

---

① 通胀目标制的具体实践一般认为是从新西兰 1990 年 11 月实行新的货币政策框架开始的，但在理论上明确提出"通货膨胀目标制"应是 1996 年，这是一个理论滞后于实践的典型例证。

就是狭义银行（narrow banking）的观点：银行必须保持100%的储备[①]。这个规则显然是针对大萧条时期金融部门所遇到的问题而提出的。这个规则的设计也启发了芝加哥学派的经济学家们思考其他形式的规则。欧文·费雪（Fisher，1945）提出了人均货币存量保持不变和价格稳定规则。在价格水平低于目标水平时中央银行应扩张货币存量，而在价格高于目标水平时就应紧缩货币量。由于西蒙斯也提出了相似的规则，故这种价格水平目标就被称为费雪—西蒙斯价格水平规则（Fisher – Simons price level rule）。该规则会引起实际 GDP 的大幅波动，这就带来了时机选择的难度。于是，弗里德曼提出了固定增长率规则，并特别强调工具的不稳定问题：如果运用工具的时机选错，就会造成严重的实际后果。

弗里德曼提出的固定货币增长率规则可以看成是工具不稳定问题的解决方案。如果货币当局坚持货币量按常数增长，同时货币的收入流通速度保持不变，那么就存在一个对 GDP 的名义锚。货币增长率固定的最终目的是为了使通货膨胀率等于0。货币当局不必试图减轻周期波动，但要争取让每天的货币增长保持不变。弗里德曼起初推测4%的年增长率就足够了，即3%的实际产出增长和1%的流通速度下降。固定货币增长率的基本前提就是工具的不稳定性假设。假定：

$$Y_t = \sum_1^n \alpha_{i,t} Y_{t-i} + \sum_0^k \beta_{j,t} m_{t-j} + \varepsilon_t \qquad (2.3)$$

其中，Y_t 是名义 GDP（目标水平），m_t 是货币存量。假设货币政策的目标是在 $t-1$ 期前的信息都可获得的条件下，最小化 Y_t 的方差。参数 $\alpha_{i,t}$ 和 $\beta_{j,t}$ 是随机系数，ε_t 是白噪声误差项。式（2.3）可以重新写成：

$$m_t = -\frac{1}{\beta_0}\left[\sum_0^n \alpha_{i,t} Y_{t-i} + \sum_1^k \beta_{j,t} m_{t-j}\right] \qquad (2.4)$$

如果我们假定系数是可确定的，式（2.4）就给出了最优货币政策。如果 β_0 很小且系数是随机的，政策滞后较长就会导致工具的不稳定问题，尤其是滞后本身如果也是随机的话，名义 GDP 方差的最小化就会相当困难。这一点就是固定名义货币增长规则的核心思想所在。

固定货币增长规则的主要缺陷是假定货币的收入流通速度保持不变。支付系统的改进，如 ATM（automatic teller machine）的使用，会造成收入流通速度

---

① 实行100%储备金制度尽管消除了因为信心丧失可能引发的银行挤兑风险，但从20世纪70年代金融管制的命运当中可以看到，对所有其他金融中介性债务用作支付手段的限制几乎是不可能的，相反还会增加货币的不确定性，并且100%储备金制度也无法避免货币流通速度的剧烈变动。

可预见的改变。在许多西方国家，货币的收入流通速度都显示出可预见的下降趋势。我们可以认为货币收入流通速度的变化是由政策引起的，但并不能完全解释这一现象。另外一个不足之处就是货币存量本身并不是一个可控工具，更可能的是中央银行只能间接影响货币的增长。

　　考虑到这一点，麦克勒姆—梅茨勒基础货币规则的提出就是自然而然的了。这个规则是建立在基础货币的可控性基础之上的，即基础货币是通货和储备的总和。早在 1987 年，麦克勒姆（McCallum, 1987）就提出，货币政策的执行要以名义收入为预定目标，同时以基础货币规划进行操作。名义收入目标规则旨在最小化名义 GNP 的方差。令 b_t 为基础货币的对数值，v_t 是基础货币收入速度的对数值，基础货币可由下式表示：

$$\Delta b_t = \Delta y^T - \Delta v^A + \lambda(\Delta y^T - \Delta y_t) \qquad (2.5)$$

其中，Δy^T 是名义 GNP 的目标增长率①（麦克勒姆的建议值为 4.5%），Δv^A 是平均的基础货币流通速度增长率（麦克勒姆用滞后四期的平均值），右边第三项是误差修正项，麦克勒姆令其中的 $\lambda = 0.5$。这个规则中的所有变量都较易测量（这与泰勒规则中的一些参数是不同的）。该规则的主要缺陷就是基础货币变量本身：在美国，由于基础货币的不稳定性，这个变量只使用了很短的时间（1979—1982 年）。因此，麦克勒姆和尼尔森（McCallum & Nelson, 1999）建议从基础货币规则转向利率（联邦基金利率）规则，利率规则与上文所述的误差修正机制非常相似（Henderson & McKibbin, 1993）：

$$i_t = r^* + \Delta p^T + \lambda'(\Delta y_t - \Delta y^T) \qquad (2.6)$$

　　在式（2.6）中，i_t 是名义利率，p^T 是一般价格水平的对数值。运用这个方程的理由就是基础货币流通速度和联邦基金利率（FFR）之间存在稳定的联系。参数 λ' 大于 λ（大约是 1.5 而不是 0.5）。这一点可能从以下事实中看出，即 $\Delta b_t = \Delta y_t - \Delta v_t$ 和 $\Delta v_t = \kappa \Delta i_t$（流通速度和利率之间的稳定关系），从而有：

$$\Delta y_t - \kappa \Delta i_t = \Delta y^T - \Delta v^A + \lambda(\Delta y^T - \Delta y_t) \qquad (2.7)$$

重新整理得到：

$$\Delta i_t = [\Delta v^A + (1 + \lambda)(\Delta y_t - \Delta y^T)]/\kappa \qquad (2.8)$$

式（2.8）即是联邦基金利率的变化规则。

　　麦克勒姆—梅茨勒规则是一个典型的工具规则，它引出了目前最流行的规

---

① 这一增长率常被看做是通货膨胀与真实 GDP 长期实际增长率（不受货币政策的影响）之和。

则：泰勒规则和通胀目标制。

2.3 开放经济下货币政策分析的理论框架

开放经济下的宏观经济学又称国际金融学或国际宏观经济学，最初发展于蒙代尔和弗莱明在 20 世纪 60 年代初建立的蒙代尔—弗莱明模型，蒙代尔—弗莱明模型是以凯恩斯主义为基础的开放经济分析框架。20 世纪 70 年代，新古典主义的兴起，越来越多的经济学家开始寻找开放经济分析中的微观基础。1995 年，Obstfeld 和 Rogoff（1995）在考虑个人效用最大化的基础上，将垄断竞争和名义价格黏性纳入动态一般均衡模型中，建立了新开放经济宏观经济学范式（new open economy macroeconomics）。开放经济下有关货币政策的分析大多集中于这两个理论框架之下，我们先对这两种理论框架和在这两种框架下进行分析货币政策的文献进行回顾总结。

2.3.1 蒙代尔—弗莱明模型

蒙代尔—弗莱明模型是对封闭经济下的 IS – LM 或 IS – LM – AS 的拓展，该框架引入了国际贸易和资本流动因素，对开放经济下的货币政策和财政政策的作用进行了分析。该模型最初是静态的，假设资本完全自由流动，短期内价格保持不变，主要思想表现在以下三个式子中：

IS 曲线：$Y = G + P(Y,i,e)$，$P_1 > 0, P_2 < 0, P_3 < 0$ (2.9)

LM 曲线：$M^s = L(Y,i)$，$L_1 > 0, L_2 < 0$ (2.10)

BP 曲线：$i = i^*$ (2.11)

其中，Y、G、P、i、e 分别表示本国产出、政府支出、私人需求、本国利率、实际汇率（采用间接标价法）；M^s、L 分别表示本国的货币供给、货币需求；i^* 表示国外利率。

在这个模型中，汇率制度的设定决定了 M^s 的外生性，因而可以用来分析货币政策和财政政策在不同汇率制度下的表现，同时还能够分析开放经济下本国的货币政策工具和最终目标的选择等。但由于国际资本完全自由流动和价格刚性的假设，静态的蒙代尔—弗莱明模型逐步被不确定条件下的动态随机模型所取代。

多恩布什（Dornbusch，1976）首先在蒙代尔—弗莱明模型中引入了适应性预期，考虑到价格渐进调整的特征，开始了对蒙代尔—弗莱明模型的动态分析，并解释了汇率超调现象。Obstfeld 和 Stockman（1985）又对蒙代尔—弗莱明模型进行了进一步的扩展，引入了随机因素和理性预期。至此，扩展后的蒙代尔—弗莱明模型可由以下四个式子表示：

IS 曲线：$y_t = a_1(s_t + p_t - p_t^*) - a_2 r_t + u_t$ （2.12）

LM 曲线：$m_t - p_t = h y_t - k i_t + v_t$ （2.13）

总供给曲线：$y_t = b_1(s_t + p_t - p_t^*) + b_2(p_t - E_{t-1}p_t) + \psi_t$ （2.14）

无抛补利率平价：$i_t = s_t - E_t s_{t+1} + i_t^*$ （2.15）

费雪方程：$r_t = i_t - E_t p_{t+1} + p_t$ （2.16）

其中，y_t、s_t、p_t、r_t、u_t 分别表示 t 期的本国产出、名义汇率（间接标价法）、价格水平、实际利率、产品市场冲击；m_t、i_t、v_t 分别表示 t 期的本国货币供给、名义利率、货币需求冲击；ψ_t 表示本国的供给冲击，上标 $*$ 均表示国外的变量。此外，E_{t+i-1} 代表期望算子，表示根据 $t+i-1$ 期所能获得的全部信息对 $t+i$ 期形成的理性预期。

（2.12）式到（2.16）式给出了从 20 世纪 60 年代到 90 年代在开放经济下进行货币政策分析最重要的基本框架，当然对于不同的时期和国家，很多学者都根据需要对模型进行了一定程度的修改。

2.3.2 新开放经济宏观经济学

虽然蒙代尔—弗莱明模型在解释开放经济下的各国活动取得了很大成功，但由于其缺乏微观基础成为被攻击的主要理由。卢卡斯认为，宏观经济变量变动时会影响微观经济个体的决策行为，从而改变宏观经济变量之间原有的固定关系，使宏观经济分析的参数发生变化，进而丧失预测性和解释能力，这就是著名的卢卡斯批判。20 世纪 90 年代，新开放经济宏观经济学的兴起成功地摆脱了这个困境。1995 年，Obstfeld 和 Rogoff（1995）在考虑个人效用最大化的基础上，将垄断竞争和名义价格黏性纳入动态一般均衡模型中，建立了新开放经济宏观经济学范式。Obstfeld 和 Rogoff（1995）采用的是一个两国经济模型，所有居民在 $[0, 1]$ 上连续分布，其中 $[0, n]$ 分布在本国，其余分布在国外。模型采用货币效用函数（MIU）的方法将货币直接整合进模型，具体形式为：

$$\max U_t$$

$$U_t = \sum_{s=t}^{\infty} \beta^{s-t} \left[\frac{C_s^{1-\rho}}{1-\rho} + \frac{x}{1-\varepsilon} \left(\frac{M_s}{P_s} \right)^{1-\varepsilon} - \frac{\kappa}{\nu} y_s(z)^\nu \right],$$

$$0 < \beta < 1 \tag{2.17}$$

$$s.\,t.\,P_t + M_t = P_t(1 + r_{t-1})F_{t-1} + M_{t-1} + p_t(z)y_t(z)$$

$$- P_t C_t - P_t T_t \tag{2.18}$$

其中，C_t 为 t 期的常替代弹性（CES）消费指数，具体形式为 $C_t^j = \left[\int_0^1 C_t^j(z)^{\frac{\theta-1}{\theta}}\mathrm{d}z\right]^{\frac{\theta-1}{\theta}}$，两国各种有差异的商品完全对称地进入居民偏好，不同商品之间的替代弹性都为 θ。对应的价格指数 $P = \left[\int_0^1 p(z)^{1-\theta}\mathrm{d}z\right]^{\frac{1}{1-\theta}}$，$M_t$ 代表 t 期个体持有的名义货币余额，$y_t(z)$ 代表个体产出。从消费指数和价格指数的定义，可以得出居民面临的向下倾斜的需求曲线：$y(z) = \left(\frac{p(z)}{P}\right)^{-\theta}C^\omega$，$C^\omega$ 为世界总消费。在这个模型中不含有资本，居民可以在世界债券市场上进行借贷。r_t 为从 t 期到 $t+1$ 期的债券实际利率，F_t 表示个体进入 $t+1$ 期时所持有的债券数量。为了实现效用最大化目标，居民个体必须选择每一期最优的消费量、货币余额和劳动供给，并且设定最优产品价格。价格黏性的假定要求价格要提前一期设定，并在一期之后才能调整。这样外生冲击就会造成不同的短期效应和长期影响，使经济呈现出动态调整的过程，福利效应是短期冲击和长期影响对效用函数共同作用的结果。并且在这个模型中，货币在长期不是中性的，因为短期的经常账户盈余会使国内居民的外国净资产出现长期的上升。这样在新的均衡状态下，国内居民的相对消费长期内会保持在较高水平；外国净资产增加的财富效应使国内产出反而下降，因此造成了本国贸易的永久改善。

2.3.3 两种分析框架的比较

蒙代尔—弗莱明模型及后来发展出的蒙代尔—弗莱明—多恩布什模型，已经弥补了最初没有考虑到价格黏性和理性预期的缺陷。但无论是最初的静态模型，还是最终形成的动态随机模型，这一分析范式中各行为方程都是研究者人为规定的，而不是从经济行为人最优化行为中推导出的，因此属于 ad hoc 模型①，并不具备坚实的微观基础，经不起卢卡斯批判，因而也难以用于严格的福利分析。然而，目前理论已证明，在效用函数中的货币分析框架下，从代表

---

① ad hoc 是指行为方程由研究者人为规定，不是从经济行为主体最优化行为中推导出的，因此没有微观基础。前文所述的 IS – LM 和 IS – LM – AS 模型也是 ad hoc 模型。宏观经济学中的 ad hoc 一词一般指模型中的行为关系是研究者直接规定的（如 IS 曲线等），而不是从经济个体最优化行为推导出的。

性经济人效用最大化模型中是能够推导出 IS – LM – AS 模型的行为关系式的①，而开放经济宏观经济学的研究也发现，从代表性经济人效用最大化行为中也能推导出蒙代尔—弗莱明模型的基本行为方程。新开放经济宏观经济学分析框架的主要目的之一就是在一个随机一般均衡框架下，建立融入名义刚性的模型，并试图得到模型的解析解，无论是闭式解，还是近似解。从这个意义来看，新的模型或分析框架可以被理解为是蒙代尔—弗莱明模型带有微观基础的版本，因此，其主要缺陷，即缺乏坚实的微观基础，就显得并不那么重要了。

新开放经济宏观经济学的优点在于能够进行福利分析，明确的效用函数形式使我们能通过模型来考察宏观经济政策及经济冲击对居民效用的影响。但其缺点也很明显，由于引入微观基础，模型的求解非常复杂，很多研究必须规定一个具体的效用函数以得到具体的闭式解或解析解，从而导致模型的结论过分依赖于模型的参数设定，所以我们更应该关注的是研究方法而不是结论（范从来、刘晓辉，2008）。

---

① 蒙代尔—弗莱明模型在封闭经济下的对应模型 IS – LM 模型也缺乏坚实的微观基础，McCallum 和 Nelson（1999）在效用函数中的货币分析框架中为 IS – LM 模型找到了微观基础。在开放经济下，新开放经济宏观经济学框架和蒙代尔—弗莱明分析框架也能得到理论上的支持。

3

转型期开放经济下
中国货币政策操作规范

3.1 引言

　　货币政策操作规范是指中央银行制定和实施货币政策时所遵循的行为准则和模式，它是决定货币政策作用效果的重要因素之一。相机抉择是指中央银行在操作货币政策过程中，不受任何固定程度或原则的束缚，依照经济态势进行"逆经济风向"调节，以实现货币政策目标。按规则行事是指央行在制定和实施货币政策之前，事先确定并据以操作政策工具的程度或原则。"规则与相机抉择"之争最早可追溯到 19 世纪中叶通货学派与银行学派的学术争论。之后，有关规则与相机抉择的争论就从未停息。从芝加哥学派的价格稳定论，到凯恩斯学派与货币学派之争，规则与相机抉择交替着占据理论的主导地位。但由于相机抉择在逻辑上总能达到规则型货币政策的效果，且兼具灵活性，故规则型货币政策的说服力始终稍逊一筹。直到 20 世纪 70 年代，基德兰德和普雷斯科特（Kydlland & Prescott, 1977）将"动态非一致性"（dynamic inconsistency）的概念引入宏观经济学。巴罗和戈登（Barro & Gordon, 1983）最早将这一概念引入货币政策的研究，在他们的模型中，采用规则型货币政策会得到"最优解"或"承诺解"，而采用相机抉择却只能得到"非一致解"和"欺骗解"。此后罗格夫（Rogoff, 1985）又提出了按规则行事与相机抉择之间可信性和灵活性的差异及其替换（trade – off）问题，并得到了坎佐奈瑞（Canzoneri, 1985）、洛曼（Lohmann, 1992）等人的发展。随着"动态非一致性"理论的发展，越来越多的经济学家主张通过实行货币政策规则来约束货币政策行为，从而提高货币政策效果，至此国外有关相机抉择与规则之争已基本达成共识，并提出了麦卡勒姆规则（McCallum's rule）、泰勒规则（Taylor's rule）和通货膨胀目标制（inflation targeting）等一系列的货币政策规则。

但泰勒规则和通货膨胀目标制规则等都以封闭条件为研究背景。Ball（1999）认为，在封闭经济中，依据产出和通胀对利率进行调整的泰勒规则是最优的，但在开放经济中，最优规则在两个方面发生了变化：第一，政策工具变成了货币状况指数 MCI（monetary conditions index）[①]；第二，规则表达式中的通胀水平由长期通胀指标（long - run inflation）所替代，这一长期通胀指标滤出了汇率波动的暂时影响。Ball 运用一个简单宏观经济模型，说明了通胀目标制在开放经济中是相当危险的，因为这一规则体系会导致汇率和产出的较大波动。Clarida 等（2001，2002）利用"新开放经济宏观经济学"（Obstfeld & Rogoff，1995）框架，并结合交错价格调整的定价方式（Calvo，1983），通过福利分析推导出了最优货币政策反应规则。Cover 等（2002）利用中国台湾从 1971 年到 1997 年的季度数据进行了实证分析，在开放经济下使用两种工具规则和四种目标规则与台湾在该期间实行的货币政策对比，得出台湾在这个阶段实施的相机抉择型货币政策接近于最优货币政策的结论。Laxton 和 Pesenti（2003）发展了 IMF 的全球经济模型（IMF's global economic model）用于分析开放经济下宏观经济动态变化，并用这一模型比较了泰勒规则和通胀预期（Inflation - forecast - based，IFB）规则对稳定产出和通胀方差的有效性，结果发现简单的 IFB 规则在小国开放经济中要优于泰勒规则。Batini、Harrison 和 Millard（2003）认为基于 MCI 的 Ball 规则在面对特殊的汇率冲击时表现欠佳，因此并不能作为货币政策每日行动（day - to - day conduct）的向导。他们采用一个两部门开放经济动态随机一般均衡模型（two - sector open - economy dynamic stochastic general equilibrium model）分析了各种规则的表现，也发现 IFB 规则是最优的，并且这一规则对各种冲击都表现出了稳健性（robust）特征。Berger（2008）在两部门开放经济动态随机一般均衡模型中对最优货币政策目标规则进行了福利分析，得出 PPI、CPI 和汇率目标制规则要明显优于收入和货币供应量目标制。

我国自 2006 年以来也出现了一批在开放经济下检验各种货币政策规则的文献。王胜和邹恒甫（2006）在 Clarida 等（2001，2002）的结论基础上，对

---

① MCI 是一种利率水平和汇率水平的加权平均值。

封闭条件下的泰勒规则进行扩展，选定美、日、欧作为影响中国的外部因素，利用中国的数据对泰勒规则的扩展型进行实证检验，一方面验证了谢平与罗雄（2002）在封闭条件下得出的结论，另一方面也检验了 Clarida 等（2002）的理论结论。袁鹰（2006）利用中国数据分别对 Ball（1999）模型和开放经济下的麦卡勒姆规则进行检验，得出开放经济条件下的麦卡勒姆规则更适合我国现阶段的国情。王晓天和张淑娟（2007）建立了一个开放经济下两国模型，对各种货币政策目标规则进行比较，并在此基础上对中国双重隐性名义锚的情况进行了分析，他们认为我国在汇率改革后，通货膨胀目标作为名义锚将是我国货币政策的正确选择。可以看出，以上有关我国开放经济下货币政策规则分析的文献都是在开放环境中对各种规则进行检验和分析，并没有说明开放进程中的转型期中国到底适不适合采用规则型的货币政策。虽然"动态非一致"理论奠定了规则型货币政策的理论基础，但 Cover 等（2002）对开放经济下的中国台湾进行实证分析的结果表明，台湾在样本期间采用的相机抉择型货币政策也已接近了最优的货币政策。因此，我们有必要对开放经济下的中国货币政策实践进行检验，并对目前的货币政策是否应该转型进行模拟分析。

卞志村（2007）在封闭经济的条件下将中国货币政策的相机抉择性成分和规则性成分分离，发现了我国经济波动的很大部分是由相机抉择性成分引起的，并采用动态模拟的方法，得出规则性货币政策可以减少转型期中国经济波动的结论。本章将以卞志村（2007）在封闭经济下对中国货币政策进行的实证分析为基础，引入开放经济因素进一步进行实证研究。

3.2 规则还是相机抉择：理论分析

3.2.1 规则与相机抉择：时间非一致性的分析

对于按规则行事与相机抉择这两种货币政策操作规范，中央银行究竟应该用哪一种方式进行操作呢？中央银行是应当一次性地决定最优货币政策规则并加以坚持，还是应当在每个时期都重新作出最优决定？弗里德曼的货币规则明显属于前一类型，他主要在不同的时期操作固定的参数值。一般来说，凯恩斯主义者支持货币当局随时间变动政策实施规则（函数和/或其参数值）。为了考察这一问题，我们需要在跨时背景下分析一致性政策和相机抉择政策。

一个跨时或具有时间一致性的政策，是一种保持政策预定时间格局的政策，也就是指按货币政策规则行事。即使预定的政策会在不同的时期变化，但这组政策在第一时期开始时就已经被决定，并在以后一直得以坚持，它们是跨时的固定政策集。而相机抉择政策集却是为未来时期所预定的政策，会随时间的推移而改变①。

具有预定的长期政策格局的时间一致性政策，要求在时期 1 的开始，就根据对所有时期的跨时优化，对政策集进行推导，并随时间推移对其加以保持。按照这一政策安排，当前能够预料到的对经济的未来冲击都不会导致对这一预定政策的偏离。而相机抉择的政策却只要求根据当前和未来时期的跨时优化，对每个时期的最优政策路径都进行重新推导，即使在没有出现未预期冲击的情况下也是如此。可以看出，相机抉择的方法在随时间推移而进行的连续优化操作中，逐期消除了过去时期中与之有关的信息。区别规则型政策与相机抉择型政策的一种简单方法是，规则型政策对未来的政策路径作出一次性的决定，而相机抉择政策却在每个时期都要制定新的政策路径。

直观来看，相机抉择型政策应该更可取，因为它保持了连续的政策灵活性，中央银行可以根据每个时期出现的未预期冲击进行稳定化操作，并在每个时期都是最优的。而时间一致性（规则型）政策由于在第 1 期就确定了未来所有时期的政策路径，难免有政策僵硬之嫌，不能充分应对未来的不确定性。但是，这种直观的看法自 1977 年基德兰德和普雷斯科特的经典论文问世后，受到了充分的挑战和怀疑。

这里我们采用基德兰德和普雷斯科特（Kydland and Prescott，1977）的理论框架，考察对于经济的既定跨时结构，时间一致性政策和相机抉择型政策的优劣。

假定决策者赖以决策的社会目标函数为：

$$S(x_1,x_2,\cdots,x_T,\pi_1,\pi_2,\cdots,\pi_T) \tag{3.1}$$

其中，$\pi=(\pi_1,\pi_2,\cdots,\pi_T)$ 是从时期 1 到 T（可以无限）的政策序列；$x=(x_1,x_2,\cdots,x_T)$ 是经济个体的决策序列。

假设经济个体在 t 期的决策取决于所有的政策序列和他自己过去的决策，即：

$$x_t=x_t(x_1,\cdots,x_{t-1},\pi_1,\cdots,\pi_t),t=1,\cdots,T \tag{3.2}$$

注意，由于我们没有考虑不确定性，所以变量的未来值在时期 1 开始时即为已知。同时，我们假定不必再考虑其他约束条件。

---

① 参见［加拿大］杰格迪什·汉达：《货币经济学》，332～335 页，北京，中国人民大学出版社，2005。

最优政策是指满足约束条件（3.2）式且最大化社会目标函数的政策序列 π ，即有：

$$\max_{\pi_1,\pi_2,\cdots,\pi_T} S(x_1,x_2,\cdots,x_T,\pi_1,\pi_2,\cdots,\pi_T)$$

$$s.t.\ x_t = x_t(x_1,\cdots,x_{t-1},\pi_1,\cdots,\pi_T),t = 1,\cdots,T \tag{3.3}$$

为了简化分析，我们可以令 $T = 2$ ，此时的社会目标函数和经济个体的决策函数分别为：

$$S = S(x_1,x_2,\pi_1,\pi_2) \tag{3.4}$$

$$x_1 = x_1(\pi_1,\pi_2) \tag{3.5}$$

$$x_2 = x_2(x_1,\pi_1,\pi_2) \tag{3.6}$$

我们先来分析一致性政策路径的跨时优化。在时期 1 要作出两项政策决定 π_1 和 π_2 ，为了推导这些决定，我们将（3.5）式和（3.6）式代入（3.4）式，得到：

$$S = S(x_1(\pi_1,\pi_2),x_2(x_1(\pi_1,\pi_2),\pi_1,\pi_2),\pi_1,\pi_2) \tag{3.7}$$

为得到 π_1 和 π_2 的最优值 π_1^* 和 π_2^* ，决策者使（3.7）式的 S 关于 π_1 和 π_2 最大化，从而可以解出两个欧拉条件，求得最优值。不过，对于下列论点，我们只需考察关于 π_2 的一阶条件，即：

$$\frac{\partial S}{\partial x_1}\cdot\frac{\partial x_1}{\partial \pi_2} + \frac{\partial S}{\partial x_2}\cdot\frac{\partial x_2}{\partial x_1}\cdot\frac{\partial x_1}{\partial \pi_2} + \frac{\partial S}{\partial x_2}\cdot\frac{\partial x_2}{\partial \pi_2} + \frac{\partial S}{\partial \pi_2} = 0 \tag{3.8}$$

上式可以变形为：

$$\frac{\partial S}{\partial x_2}\cdot\frac{\partial x_2}{\partial \pi_2} + \frac{\partial S}{\partial \pi_2} + \frac{\partial x_1}{\partial \pi_2}\left[\frac{\partial S}{\partial x_1} + \frac{\partial S}{\partial x_2}\cdot\frac{\partial x_2}{\partial x_1}\right] = 0 \tag{3.9}$$

对于相机抉择的政策路径，在时期 1，决策者仍按一致性政策的方法选择 π_1^* 和 π_2^* ；但在时期 2，π_1 和 x_1 已成为过去，决策者在时期 2 作出的决定基于对（3.4）式只关于 π_2 的最大化，但要满足：

$$x_2 = x_2(x_1,\pi_1,\pi_2) \tag{3.10}$$

$$x_1 = \overline{x_1} \tag{3.11}$$

$$\pi_1 = \overline{\pi_1^*} \tag{3.12}$$

其中，上划线表明给定值与约束（3.5）式不再相关。将（3.10）式至（3.12）式代入（3.4）式，可将优化问题变为下式的最大化：

$$S = S(\overline{x_1},x_2(\overline{x_1},\overline{\pi_1^*},\pi_2),\overline{\pi_1^*},\pi_2) \tag{3.13}$$

（3.13）式的一阶最大化条件为：

$$\frac{\partial S}{\partial x_2}\cdot\frac{\partial x_2}{\partial \pi_2} + \frac{\partial S}{\partial \pi_2} = 0 \tag{3.14}$$

我们令（3.14）式的解为 π_2^{**}。方程（3.14）将不同于（3.9）式，除非：

$$\frac{\partial x_1}{\partial \pi_2}\left[\frac{\partial S}{\partial x_1} + \frac{\partial S}{\partial x_2} \cdot \frac{\partial x_2}{\partial x_1}\right] = 0 \tag{3.15}$$

如果（3.15）式没有得到满足[①]，π_2^{**} 将不同于 π_2^*。由于一致性货币政策路径（π_1^*, π_2^*）是跨时效用最大化的解，故（π_1^*, π_2^{**}）只能产生一个较低的效用水平。因此，从先验观点来看，相机抉择政策不是跨时最优的。为了获得跨时最优的效用水平，决策者应该执行时间一致性的货币政策规则。

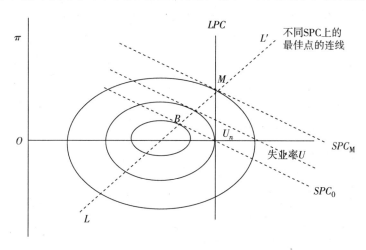

图3-1 时间非一致性与最优均衡

我们也可以通过图3-1得到上述分析的直观感觉。如图3-1所示，SPC表示短期菲利普斯曲线，LPC 是长期菲利普斯曲线，椭圆表示中央银行的损失函数。假定实际低通胀是一个最优选择，则当公众形成了较低的通货膨胀预期时（如 SPC_0 反映的零通胀预期），中央银行就将面对某种现实的通胀激励——通过制造意外的高通胀率以获得产出的额外收益（点 B 所反映的情况）；但如果社会公众的预期是理性的，他们确信政策制定者会屈从于这种激励，这样就会在博弈的一开始就会有较高的通胀预期。最终的博弈结果是货币当局的政策

---

① 只有两种情况能使（3.15）式得到满足：一种是 $\frac{\partial x_1}{\partial \pi_2} = 0$，即意味着将来政策对经济个体现在的决策没有影响；另一种是 $\frac{\partial S}{\partial x_1} + \frac{\partial S}{\partial x_2} \cdot \frac{\partial x_1}{\partial x_2} = 0$，即指经济个体现在的决策对社会目标函数的直接和间接影响总和为零。显而易见，以理性经济人来说，这两种情况都是不大可能出现的。

造成了高通货膨胀，却并没有得到任何产出上的好处（点 M）。这就证明了如果中央银行拥有相机抉择的权力，就更可能出现短视行为，也更容易导致货币政策的时间非一致性。

3.2.2 规则与相机抉择：通胀偏差的分析

3.2.2.1 模型的设定

如果说通货膨胀是有成本的（即使成本很低），那为什么自 20 世纪 70 年代以来人们观测到的平均通货膨胀率总是正的呢？近些年来，对正平均通货膨胀率的解释大多都建立在基德兰德和普雷斯科特（Kydland & Prescott，1977）以及卡尔沃（Calvo，1978）等人的非一致性分析基础上[①]。其基本见解是，尽管实现低水平的平均通货膨胀率可能是最优的，但这样的政策却不是一致的。如果社会公众预期了一个较低的通货膨胀率，那么中央银行就将面对较高通货膨胀率的激励。由于确信中央银行会屈服于这种激励，故公众就能对较高的通货膨胀率作出准确的预期。

为了分析中央银行的政策选择过程，首先需要对中央银行的行为偏好进行规定。标准的做法是假定中央银行的目标函数包括产出（或者就业）与通货膨胀两个变量，产出项进入目标函数的具体方式有两种。一种方式是由巴罗和戈登（Barro & Gordon，1983b）首先使用的，他们认为中央银行的目标是使预期效用函数值最大化，其效用函数为：

$$U^{cb} = \lambda(y - y_n) - \frac{1}{2}\pi^2 \qquad (3.16)$$

其中，y 为产出，y_n 为经济的自然率产出水平，π 为通货膨胀率。边际效用不变时，产出当然是越多越好，所以产出以线性方式进入目标函数；而当假定通货膨胀会产生递增的边际负效用时，则以二次项的方式进入目标函数。参数 λ 控制的是中央银行设置在产出扩张与持久性通货膨胀之上的相对权重。通常来讲，增加产出的愿望都是受到了施加在货币政策之上的政治压力的刺激，这种压力往往是由于政治家们旨在再度当选的经济扩张愿望[②]。此外，由于税收、

---

① 关于货币政策与财政政策设计方面非一致性问题的综述，可参见佩森和塔贝里尼（Persson & Tabellini，1990）的著作。库克曼（Cukierman，1992）和德里菲尔（Driffill，1988）对这些强调非一致性的模型中有关通货膨胀分析的理论问题做了深入探讨。也可参见阿伦·德雷泽（Allan Drazen）的著作：《宏观经济学中的政治经济学》（中译本，经济科学出版社，2003）。

② 弗拉蒂安尼、冯·哈根和沃勒尔（Fratianni，Von Hagen and Waller，1997），以及赫伦道夫和纽曼（1997）等都就再度当选对中央银行政策选择的影响问题进行了研究。

垄断工会或是垄断竞争而产生的经济扭曲行为，也可能会使 y_n 处于低效率水平。

关于中央银行偏好的另一种标准规定是假定中央银行希望最小化其预期损失函数值，这个函数由产出及通货膨胀的波动决定。即无论损失函数中的产出项还是通货膨胀项都是二次的，其形式为：

$$V^{cb} = \frac{1}{2}\lambda \left[y - (y_n + k)\right]^2 + \frac{1}{2}\pi^2 \qquad (3.17)$$

形如（3.17）式的损失函数，最关键的是参数 k。假定中央银行希望同时稳定产出与通货膨胀，使通货膨胀维持在零水平附近[①]，使产出维持在 $y_n + k$ 水平附近，这个值比经济的自然率产出水平 y_n 超出一个常数 k[②]。由于（3.17）式中包括了产出的方差，所以损失函数（3.17）式也暗示了中央银行稳定化政策的作用，这一点在中央银行只关注产出水平的（3.16）式中是不存在的。由于本书强调中央银行的稳定产出义务，故我们将一直采用形如（3.17）式的二次损失函数进行分析。

其实，（3.16）式与（3.17）式的联系是相当紧密的。将二次损失函数（3.17）式中的产出项展开可以得到：

$$V^{cb} = -\lambda k(y - y_n) + \frac{1}{2}\pi^2 + \frac{1}{2}\lambda (y - y_n)^2 + \frac{1}{2}\lambda k^2$$

前两项与线性效用函数（3.16）式是一致的（由于 V 是损失函数，故正负号恰好相反），这表明如果假定 k 是正值，也就等于承认从高于 y_n 的产出扩张中可以获得效用收益。所不同的是，V 函数中还包括了偏离 y_n 而发生的损失项 $\frac{1}{2}\lambda (y - y_n)^2$，这就引入了稳定化政策的作用。最后一项是一个常数，对中央银行的决策不会产生任何影响。

本书关于经济整体的规定遵循巴罗和戈登（1983a，1983b）的分析。总

---

① 注意，如果中央银行确定了一个非零的最优通货膨胀 π^*，那么，（3.16）式和（3.17）式中的通货膨胀项都要替换成 $\frac{1}{2}(\pi - \pi^*)^2$。本书以后的部分会采用这种形式。

② 关于 $k > 0$ 的假设有几种常见的解释，这些解释与线性偏好函数（3.16）式中产出项的论据是相似的。大多数情况下人们将这一问题的存在归于劳动市场上扭曲（比如工资税）的存在，认为这些扭曲使经济的均衡产出率陷入无效率的低水平；也可以认为是垄断竞争部门的存在使均衡产出水平变得效率低下。这样，试图运用货币政策使产出水平稳定在 $y_n + k$ 附近的做法只能是一种次优选择（最优办法应当包括消除那些初始扭曲）。另一种解释认为，k 产生于对中央银行施加的政治压力，这种政治压力是指由选举产生的当政者具有一种经济扩张的倾向，因为扩张看起来似乎可以提高他们再度当选的可能性。

产出由卢卡斯总供给函数[①]给定，其形式为：

$$y = y_n + a(\pi - \pi^e) + u \tag{3.18}$$

另外，我们假定通货膨胀与货币当局的实际政策工具之间存在线性关系：

$$\pi = \Delta m + v \tag{3.19}$$

其中，Δm 为货币供给增长率（名义货币供给对数值的一阶差分），假定这是中央银行使用的政策工具[②]；v 为货币流通速度干扰。本书假设私人部门的预期在中央银行选择名义货币供给增长率之前确定，因此，中央银行在设定 Δm 时就可以将 π^e 看做给定的。此外，我们还假定中央银行在设定 Δm 之前可以观测到 u 值，但不能观测到 v 值[③]，并且 u 和 v 不相关。

本模型的博弈顺序如下：首先是私人部门在各自预期基础上确定名义工资，其后是设定 π^e，接下来是实现了供给冲击 u。由于预期早已确定，故预期并不会由于 u 的实现而发生变化，但中央银行的政策可以对此作出反应，而且政策工具 Δm 是在中央银行观察到 u 值之后确定的。接下来就是实现了货币流通速度冲击 v，最后是实际通货膨胀水平和产出水平被确定。

3.2.2.2　均衡通货膨胀水平的确定

我们将（3.18）式和（3.19）式代入（3.17）式，可以得到：

$$V^{cb} = \frac{1}{2}\lambda\left[a(\Delta m + v - \pi^e) + u - k\right]^2 + \frac{1}{2}(\Delta m + v)^2 \tag{3.20}$$

中央银行在观测到供给冲击 u 之后（但在观测到货币流通速度冲击 v 之前），设定一个可以使预期损失函数值最小化的 Δm。在已知 u 和给定 π^e 的条件下，选择最优 Δm 的一阶条件为：

$$a\lambda\left[a(\Delta m - \pi^e) + u - k\right] + \Delta m = 0 \tag{3.21}$$

进一步可得到：

$$\Delta m = \frac{a^2\lambda\pi^e + a\lambda(k - u)}{1 + a^2\lambda} \tag{3.22}$$

---

① 我们假定刺激产出的原动力在于一期名义工资合约的存在，这些建立在公众预期通胀基础上的合约在每一期间开始时签订。如果实际通胀水平超出了预期水平，实际工资就会降低，厂商就会增加雇用工人；反之亦然。假定产出符合柯布—道格拉斯生产函数，产出是劳动投入的函数，名义工资在期初确定，设定值与劳动市场均衡保持一致（给定通货膨胀预期），而厂商则根据实现的实际工资水平来确定实际雇用人数，这样我们就可以推导出公式（3.18）。

② 尽管事实上，很多时候中央银行是将短期利率作为政策工具的，但我们这里分析的主要目的是解释平均通货膨胀率的决定因素，那么以货币供给量或是利率作为政策工具的差别就是无关紧要的。况且我们还试图用这一模型解释中央银行的稳定化政策，故我们选用货币量作为政策工具。

③ 之所以作这样的假定，是为了引入中央银行根据随机供给冲击 u 实施稳定化政策的作用。

假定私人经济主体了解中央银行面临的激励情况，他们就会利用（3.22）式来形成自己的通胀预期，但私人经济主体并不会认为他们自己的个体行为会对中央银行的决策产生任何影响。由于预期是在观测在总供给冲击 u 之前形成的，所以（3.19）式和（3.22）式暗示有：

$$\pi^e = E[\Delta m] = \frac{a^2 \lambda \pi^e + a\lambda k}{1 + a^2 \lambda} \tag{3.23}$$

根据（3.23）式，可求得 $\pi^e = a\lambda k > 0$。将该式代回（3.22）式，并利用（3.19）式，可以得到相机抉择下的均衡通货膨胀率为：

$$\pi^d = \Delta m + v = a\lambda k - \left(\frac{a\lambda}{1 + a^2 \lambda}\right)u + v \tag{3.24}$$

其中，上标 d 表示相机抉择。由于 $E(\pi^d) = a\lambda k$，故当中央银行采取相机抉择的货币政策时，会产生一个正的均衡通货膨胀水平（通胀偏差），其值为 $a\lambda k$。如果我们忽略随机干扰 u 和 v，则二次损失函数的均衡状态可以由图 3 - 2 表示。（3.22）式给出了中央银行相机抉择的反应函数，央行选择的最优通货膨胀水平是一个社会公众通胀预期 π^e 的函数，当 $u=0$ 时，该式可以表示为最优政策线 OP。OP 线的斜率为 $a^2 \lambda / (1 + a^2 \lambda) < 1$，截距为 $a\lambda k / (1 + a^2 \lambda) > 0$。在均衡状态下，公众预期必须与中央银行的行为保持一致，即要求有 $\pi^e = \pi^d$，故最终的均衡点一定会在 45° 线上。由于私人部门能完全预期到均衡的通货膨胀水平，由（3.18）式可知，最终的产出不会发生变化。这种通胀偏差的程度，将随着产出扭曲 k、货币意外对产出的效应 a，以及中央银行对产出目标的权重 λ 的增加而提高。

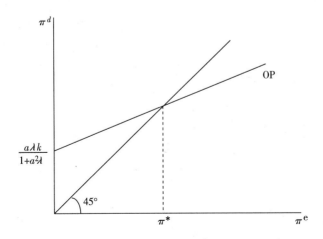

图 3 - 2　相机抉择下的均衡通货膨胀水平

由式（3.24）可知，正的供给冲击 u 会引起货币增长与通货膨胀的降低，中央银行的这种反应可以减少 u 对产出的影响[①]，这就是稳定化政策的效果。

将（3.18）式和（3.24）式代入二次损失函数（3.17）式，可以得到相机抉择情况下中央银行的损失函数为：

$$V^d = \frac{1}{2}\lambda \left[\left(\frac{1}{1+a^2\lambda} \right)u + av - k \right]^2$$

$$+ \frac{1}{2}\left[a\lambda k - \left(\frac{a\lambda}{1+a^2\lambda} \right)u + v \right]^2 \qquad (3.25)$$

该损失函数的无条件期望值为：

$$E[V^d] = \frac{1}{2}\lambda(1+a^2\lambda)k^2$$

$$+ \frac{1}{2}\left[\left(\frac{\lambda}{1+a^2\lambda} \right)\sigma_u^2 + (1+a^2\lambda)\sigma_v^2 \right] \qquad (3.26)$$

如果中央银行在公众预期形成之前承诺实施某种货币政策规则，假设这种规则能对供给冲击作出反应，形式如下：

$$\Delta m^c = b_1 + b_2 u \qquad (3.27)$$

其中，上标 c 表示货币政策规则。由（3.27）可知，$\pi^e = E(\Delta m^c) = b_1$，将这一条件代入损失函数（3.17）式有：

$$V^c = \frac{1}{2}\lambda[a(b_2 u + v) + u - k]^2 + \frac{1}{2}(b_1 + b_2 u + v)^2 \qquad (3.28)$$

（3.28）式的无条件期望值为：

$$E[V^c] = \frac{1}{2}\lambda[(1+ab_2)^2\sigma_u^2 + a^2\sigma_v^2 + k^2]$$

$$+ \frac{1}{2}(b_1^2 + b_2^2\sigma_u^2 + \sigma_v^2) \qquad (3.29)$$

中央银行在实施货币政策规则时，需要在公众预期形成之前，以及在观测到供给冲击 u 之前，为自己确定好参数 b_1 和 b_2 的值。选择 b_1 和 b_2 的值就是为了最小化损失函数（3.28）式的无条件期望（3.29）式，易求得 $b_1 = 0$，$b_2 = -\dfrac{a\lambda}{1+a^2\lambda}$。也就是说，中央银行如果按照事先承诺的货币政策规则行事，平均通货膨胀水平就为 0，即货币政策规则能很好地解释通胀偏差问题。

[①] 由（3.22）式可知，$\pi - \pi^e = -\dfrac{a\lambda}{1+a^2\lambda}u + v$，将这一结果代入方程（3.18）有 $y = y_n + \dfrac{1}{1+a^2\lambda}u + av$，由于 u 的系数小于 1，故供给冲击对产出的影响程度降低了。

但对供给冲击的反应仍与相机抉择情形下一样。将 b_1 和 b_2 的值代入（3.29）式有：

$$E[V^c] = \frac{1}{2}\lambda k^2 + \frac{1}{2}\Big[\Big(\frac{\lambda}{1+a^2\lambda}\Big)\sigma_u^2 + (1+a^2\lambda)\sigma_v^2\Big]$$

$$(3.30)$$

比较（3.30）式和（3.26）式，有：

$$E[V^d] - E[V^c] = \frac{1}{2}(a\lambda k)^2 \qquad (3.31)$$

由（3.31）式可知，中央银行如果执行货币政策规则，不但可以有效地解决通胀偏差问题，还可以比实行相机抉择的货币政策减少损失 $(a\lambda k)^2/2$，这个社会成本正好是非零通货膨胀（通胀偏差）带来的损失。

通过对时间非一致性和通胀偏差的理论分析，我们可以发现规则一般来说是优于相机抉择的。但要回答"中国的货币政策操作究竟应以规则为主还是应以相机抉择为主"这一问题，首先需要对转型期开放经济下中国货币政策的实践进行经验分析，在此基础上，再比较规则型货币政策和相机抉择型货币政策的相对优劣情况，以对转型期开放经济下的中国货币政策操作规范进行选择。

3.3 转型期中国货币政策操作实践回顾

3.3.1 中国经济的转型

中国 1978 年以前实行的是高度集中的计划经济体制，但随着经济的发展，这种经济体制越来越不能适应经济发展的需要。在 1978 年 12 月召开的十一届三中全会上，中共中央系统地纠正了经济指导思想中存在的错误，开始了经济体制的改革。其后，国务院正式提出了"调整、改革、整顿、提高"八字方针，在 1978 年到 1984 年这一期间，中国就在这八字方针中开始了对高度集中的计划经济体制的改革探索。但这个时期我国的体制改革并没有取得实质性的进展。在 1984 年 10 月的十二届三中全会上，中共中央明确提出将有计划的商品经济作为中国经济改革的模式。在 1984 年到 1992 年这一阶段，中国经济改革最突出的特征是价格开始由市场形成，作为中国市场经济的微观运行基础的价格双轨制已基本确立。价格双轨制是个结合了市场经济层次性和改革次序性要求的科学转轨范式，当然，价格双轨制在 20 世纪 80 年代后期形成了严重的官倒、私倒、回扣等不良社会现象和腐败问题，形成了中国经济改革中第一批既得利益者（张建君，2008）。1992 年，我国明确提出了向社会主义市场经济转轨的改革目标，虽然价格机制已经形成，但完善市场法规、整顿经济金融秩序、改革国有企业等都是这一阶段的需要解决的任务。从以上中国经济转型的历史轨迹可以看出，从 1978 年改革开放战略的提出到 1992 年经济转型目标的明确，可以说中国经济的转型从 1992 年才正式开始。

从上述分析可以看出，自 1978 年以来，中国经济由计划经济体制向市场经济体制的转型主要经历了以下三个阶段。

第一，1982 年，党的十二大报告中确认，这个社会主义时期经济必须分两个部分：计划经济部分和市场调节部分。第一部分是基本的、主要的，第二部分是从属的、次要的，但又是必需的。我国进入以计划经济为主、市场调节为辅的阶段。

第二，1984 年，《中共中央关于经济体制改革的决定》中提到：改革计划体制，首先要突破把计划经济和商品经济对立起来的传统观念，明确认识社会主义计划经济必须自觉依据和利用价值规律，是在公有制基础上的有计划商品经济，经济体制改革的目标是建立具有中国特色的、充满生机和活力的社会主义经济体制。1987 年 10 月，中国共产党第十三次全国代表大会进一步提出"社会主义有计划商品经济的体制，应该是计划和市场内在的统一的体制"，"新的经济运行机制，总体上来说是国家调节市场，市场引导企业"的机制，确立了市场机制的基础性作用，为下一步改革指明了方向。这一时期我国经济明显处于有计划的商品经济时代。

第三，1992 年，党的十四大明确提出了向社会主义市场经济转轨的改革目标，要使市场在社会主义国家宏观调控下对资源配置起基础性作用。

在中国经济由计划向市场的转型中，秉持的基本战略是渐进式改革，中央政府在具体的转型路径选择上，会根据不同时期的社会经济发展状况，逐步调整经济转型的战略性安排，从而中国的经济转型体现出鲜明的阶段性特征，在 1994 年之前主要是增量转型阶段，1994 年至今可看做整体推进阶段。

增量转型的最初突破口来自于农村改革，从 1980 年开始全面推行的家庭承包制极大地促进了农村经济的发展，而以集体所有制为主的乡镇企业的异军突起，给中国的经济开创了一条增量式改革的途径，即把改革的推动力放在

"体制外"的非国有经济部门,通过非国有经济部门的增长,带动体制内的国有经济部门的转型和发展。

在1992年中国确立社会主义市场经济的战略目标后,1993年11月中共十四届三中全会明确提出"整体推进,重点突破"的改革战略,并在各经济领域展开了全方位的经济体制改革。这一系列于1994年正式实施的改革方案基本构建了与社会主义初级阶段市场经济发展相适应的制度基础,1994年也因此成为中国市场化进程全面推进的一个标志性年份(沈坤荣、耿强、付文林,2008)。

3.3.2 中国经济的开放进程

1978年中共十一届三中全会除了提出了经济体制改革外,还确立了对外开放的基本方针,从此中国正式开始了对外开放的历史进程。但由于我国实行严格的外汇管制和固定汇率制度,当时的中国经济仍然可以说是处在封闭环境中,这一阶段的特点是汇率双轨制,即人民币官方利率和外汇市场调剂汇率并存的汇率制度。随着社会主义市场经济建设的不断深入,这种汇率制度日益成为阻碍我国经济发展的主要因素,比如投机的盛行、国家外汇的不断流失等。一直到1994年,我国对外汇体制进行重大改革,实现了官方汇率和外汇市场调剂汇率并轨,开始实行以市场供求为基础的、单一的、有管理的浮动汇率制度,并采用银行结售汇制,可以说我国开放经济的进程从1994年才正式开始。紧接着,1996年12月1日,中国开始接受《国际货币基金组织协定》第八款,成为第八条款国,实现了经常项目下的人民币可兑换。2001年12月11日,中国在经历了漫长的时间和艰难的谈判之后,终于成功地加入了WTO(世界贸易组织),它标志着中国政府在对外开放的进程中进入了一个新的阶段。2006年12月11日,中国结束了加入世界贸易组织过渡期。这不仅是一个终点,同时也是一个新的起点。此外,通过对外开放度的测量指标,我们可以更加清晰地看出中国对外开放程度的不断提高。对外开放度是指一国经济的国际化程度和国内准入的总和,反映与世界经济联系的密切程度以及受国际市场波动影响的可能。如图3-3所示,本文选用贸易开放度和金融开放度来反映我国的开放经济进程。从图中我们可以清楚地看出,我国的贸易开放度和金融开放度一直在逐步上升,尤其是2001年加入世界贸易组织,使得我国对外开放的进程进一步加速,2006年我国的商品和服务贸易开放度为72.85%,相比1985年的24.55%提高了2.97倍,我国的金融开放度在1985年时只有9.93%,2006年提高到了48.35%,上升了4.87倍。

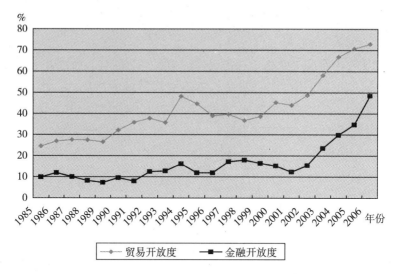

注：贸易开放度 = （商品贸易总额 + 服务贸易总额）/GDP，金融开放度 =
金融账户/GDP。

资料来源：IMF、中国金融年鉴、中国国际收支平衡表、人民银行统计季报
相关各期。

图 3 – 3   中国的贸易开放度与金融开放度

3.3.3   转型期开放经济下中国货币政策操作实践回顾

改革开放以前，中国实行高度集中的计划经济体制，宏观经济调控主要依
靠计划和财政手段，货币、信贷手段处于从属地位。在"大一统"的金融格
局下，中国人民银行集中中央银行与专业银行、银行与非银行金融机构的诸多
职能于一身，货币政策实际上就是综合信贷政策。

20 世纪 80 年代，随着传统计划经济体制向社会主义市场经济体制的转
型，金融改革和货币政策的操作方式也有了很大的发展和变化。中国人民银行
于 1984 年开始专门履行中央银行职能，集中统一的计划管理体制逐步转变为
以国家直接调控为主的宏观调控体制。虽然信贷现金计划管理仍居主导地位，
但间接金融工具已开始启用。这一期间是我国经济高速发展时期，大量超经济
增长发行的货币导致商品供需失衡，物价持续上涨。中国人民银行针对三次货
币扩张，进行了三次货币紧缩。

进入 20 世纪 90 年代，随着中国金融体制改革的逐步深入，货币政策操作
逐步向间接调控转变。从 1993 年至今，中国货币政策操作明显分为四个阶段：
第一阶段从 1993 年到 1997 年，通过实行适度从紧的货币政策，积极治理通货
膨胀，成功实现了"软着陆"；第二阶段从 1998 年开始到 2002 年，货币政策

以适度放松为主要特征，旨在治理通货紧缩，促进经济增长；第三阶段从2003 年至 2008 年，货币政策调控的明显特征是为了防止出现新一轮的经济过热；第四阶段从 2009 年至今，为避免由国际金融危机导致的经济下滑，保增长成为货币政策调控主要目标。

3.3.3.1　1993 年至 1997 年的货币政策操作

由于 20 世纪 80 年代中后期开始对国有企业的放权让利以及软预算约束的存在，中国经济在 20 世纪 90 年代初期出现了明显的"泡沫"现象，带来了一系列问题：一是投资与消费需求同时膨胀，工业产值从 1992 年 7 月至 1993 年 5 月连续 10 个月保持 20% 以上的增长率，能源、原材料等基础产业投资比重呈下降趋势，社会商品零售额同比增长速度高达 27.3%，经济结构矛盾突出；二是通货膨胀高达两位数，1993 年为 13.2%，1994 年高达 21.7%；三是货币供应量超常增长，现金流通量 M_0 增幅超过 50%，狭义货币 M_1 增幅超过 40%；四是金融秩序混乱、乱拆借、乱提利率、乱放贷现象严重，银行备付金骤降，部分银行出现支付困难。

针对 1993 年到 1994 年出现的严重通货膨胀现象，中央开始推行从 1993 年至 1997 年长达四年之久的"软着陆"宏观调控。从治理金融秩序入手，深化金融体制改革，引导金融交易行为，完善金融法规建设，强化中央银行的宏观调控能力，并且加强宏观政策之间的协调配合。在这一时期采取的货币政策主要有：

1. 整顿金融秩序。首先是制止违规拆借资金、规范货币市场。1993 年 6 月，中国人民银行要求各商业银行清收违规拆借资金，停止新的违规拆借、停止向非银行金融机构和非金融企业拆借，停止省以下同业拆借市场的业务以及停止对银行自办经济实体的资金投入。其次是清理、整顿金融机构。从 1993 年下半年开始，中央银行严肃查处乱设金融机构和金融机构越轨从事金融业务的行为。最后是加强金融监管、规范金融行为。1995 年对金融机构的设立、业务范围、资本金来源、高级管理人员任职资格等进行清理规范；1996 年完成对非银行金融机构的再登记工作，当年撤销撤并各类金融机构及其分支机构 5 589 家；重申银行与证券、保险、信托分业经营原则，撤销了 150 家国有商业银行所办的信托投资公司；按"清算登记、核实审批、规范核算、严肃纪律"的要求，对国有商业银行围绕"规模"的资金运用以及私设账外账行为进行了严肃查处。

2. 强化了中央银行的宏观调控能力。1993 年 7 月，中央银行收回了原属省级分行 7% 的规模调剂权，将信贷规模的分配和再贷款权、准备金利率制定和调节权、货币发行权高度集中于中国人民银行总行。1994 年，中央银行停止向财政透支，停办了专项贷款。1995 年，《中华人民共和国中国人民银行法》颁布实施，并规定我国中央银行的货币政策目标是"稳定币值，并以此促进经济增长"。

3. 调整了货币政策的中介目标，采用新的货币政策工具。首先，我国金融调控目标实现由直接目标向间接目标过渡。从 1994 年开始，中国人民银行逐步缩小了信贷规模的控制范围。从 1994 年第三季度开始，中央银行正式向社会公布季度货币供应量指标，这表明在经历了 20 世纪 90 年代初金融失控局面的冲击后，中央银行意识到了利用信贷规模和现金投放作为政策工具的货币政策调控机制的缺陷，开始逐步转向以货币供应量为货币政策的中介目标。1995 年初宣布将货币供应量列为货币政策的控制目标之一，1996 年开始公布货币供应量的年度调控目标。其次，对商业银行开始实行资产负债比例管理。1994 年推行新一轮金融体制改革，强调了国有商业银行的统一法人体制和统一流动性管理，对商业银行的信贷资金实行比例管理，对四家国有独资商业银行实行增量考核，对其他商业银行实行按余额考核。再次，大力发展货币市场，开始进行公开市场操作。1995 年，财政部采取价格招标的方式发行国债，国债利率逐步实现了市场化，国债发行品种也增加了 3 个月、6 个月和 1 年期三个品种。1996 年 1 月，全国统一的银行间拆借市场开始运作。4 月，开始试办公开市场业务，为中央银行利用国债进行微调奠定了基础。最后，扩大再贴现业务。为推广商业票据的使用，鼓励商业银行开办商业票据的贴现业务，1996 年中央银行还扩大了再贴现业务，当年全国商业汇票签发额近 4 000 亿元，商业银行累计办理贴现 1 955 亿元，中央银行办理再贴现 1 160 亿元。

4. 灵活运用利率杠杆，加强利率监管。为了鼓励居民进行储蓄，中国人民银行在 1993 年 5 月和 7 月连续两次提高银行存贷款利率，同时对 3 年期、5 年期和 8 年期定期储蓄存款实行保值。1995 年 1 月 1 日和 7 月 1 日两次小幅上调中央银行的再贷款利率和商业银行的贷款利率。在通货膨胀水平明显下降后，中国人民银行宣布从 1996 年 4 月停办新的保值储蓄业务，并于当年的 5 月 1 日和 8 月 23 日连续两次大幅下调存贷款利率。1997 年 10 月 23 日，中国人民银行再次下调利率水平（见表 3 - 2）。

5. 实施汇率并轨，干预汇率形成，协调运用本外币政策。从 1994 年 3 月开始，中央银行直接介入全国统一的银行间外汇市场，并进行外汇公开市场操作，以平衡市场外汇供求，保持人民币汇率的稳定。1994 年 4 月，中国实行外汇管理体制改革，结束了汇率双轨制，实现了汇率并轨。在我国外贸进出口持续顺差的情况下，中央银行通过外汇市场买进外汇，增加国家外汇储备，保持人民币汇率的持续稳定，并及时运用外汇冲销操作，有效抵消了因购买外汇而大量被动投放基础货币的负面影响。

通过以上货币政策的综合运用以及其他政策的协调配合，从1993年下半年开始的以整顿金融秩序、治理通货膨胀为首要任务的金融宏观调控取得了明显效果。通过4年的宏观调控，我国经济也成功实现了"软着陆"，具体成果见表3-1。

表3-1　　　　　　　　　1993—1997年的货币政策调控效果

特征	指标	1993	1994	1995	1996	1997
经济增长平稳回落	GDP增长率（%）	13.5	12.6	10.5	9.6	8.8
	工业总产值增长率（%）	27.3	24.2	20.3	16.6	13.1
通胀压力逐步消除	零售价格增长率（%）	13.2	21.7	14.8	6.1	0.8
	消费价格增长率（%）	14.7	24.1	17.1	8.3	2.8
固定资产投资趋于正常	固定资产投资增长率（%）	58.6	31.4	17.5	18.2	8.9
货币供应量投放趋缓	M_2增长率（%）	37.3	34.4	29.5	25.3	19.6
	M_1增长率（%）	38.9	26.8	16.8	18.9	22.1
	M_0增长率（%）	35.3	24.3	8.2	11.6	15.6
外汇储备稳步增加	外汇储备（亿美元）	212	516.2	736	1 050	1 399

资料来源：各年《中国统计年鉴》。

3.3.3.2　1998年至2002年的货币政策操作

1998—2002年，中国人民银行针对中国面临的通货紧缩形势，积极采用各种货币政策措施，有效刺激了国内需求，遏制了消费物价指数持续负增长和企业开工不足、失业人口不断增长的势头。

1. 大幅度降低利率水平，扩大贷款利率浮动区间，稳步推进利率市场化进程。1998年中央银行共3次下调利率水平（见表3-2），1999年6月10日和2002年2月21日又2次下调利率水平后，居民储蓄存款利率为1.98%。2002年2月21日最后一次下调利率时，在利率期限结构上采取短期存贷款利率降幅大于长期存贷款利率降幅的做法，以达到长期内稳定居民利率预期，短期内增加消费和投资的目的。

表 3 - 2   1996 年以来中国利率调整情况一览表

利率	中央银行基准利率		商业银行存款利率		商业银行贷款利率	
调整时间	准备金存款利率	中央银行再贷款利率（1 年期）	居民储蓄存款利率（1 年期）	活期储蓄存款利率	短期贷款利率（1 年期）	中长期贷款利率（3 年期）
1996 - 05 - 01	8.82	10.98	9.18	2.97	10.98	13.14
1996 - 08 - 23	8.28	10.62	7.47	1.98	10.08	10.98
1997 - 10 - 23	7.56	9.36	5.67	1.71	8.64	9.36
1998 - 03 - 25	5.22	7.92	5.22	1.71	7.92	9.00
1998 - 07 - 01	3.51	5.67	4.77	1.44	6.93	7.11
1998 - 12 - 07	3.24	5.13	3.78	1.44	6.39	6.66
1999 - 06 - 10	2.07	3.78	2.25	0.99	5.85	5.94
2002 - 02 - 21	1.89	3.24	1.98	0.72	5.31	5.49
2004 - 10 - 29	1.89	3.87	2.25	0.72	5.58	5.76

资料来源：《中国人民银行统计季报》各期。

自 1998 年以来我国的利率市场化改革取得了明显进展，到 1999 年底，已经放开了银行间同业拆借利率，放开了贴现市场、债券回购及现券市场利率，政策性金融债和国债发行采取了市场化的利率招标形式。

2. 加大公开市场操作力度，灵活调控基础货币。中国人民银行于 1996 年 4 月首次开展公开市场业务，当时的操作对象是我国 1996 年发行的短期国债，交易规模小，对商业银行流动性的影响不大，只做了几笔就停止了。1998 年恢复后，公开市场业务日益成为货币政策操作的重要工具，当年共操作了 36 次，向商业银行融资 1 761 亿元，净投放基础货币 701.5 亿元；1999 年公开市场业务债券操作成交 7 076 亿元，净投放基础货币 1 919.7 亿元；2000 年为控制商银行流动性，稳定货币增长率，人民银行从前两年以投放基础货币为主转向收回商业银行过多的流动性（谢平，2004），当年 8 月 1 日起在已有逆回购操作的基础上启动了正回购操作，当年净回笼基础货币 817.14 亿元；2001 年加大了公开市场操作力度，全年共进行了 54 次交易，净回笼基础货币 296.2 亿元；2002 年净回笼了 1 021.4 亿元（见表 3 - 3）。

表 3 - 3   1998—2002 年的公开市场操作情况   单位：亿元

年份	1998	1999	2000	2001	2002
操作次数	36	60	50	54	50

续表

年份	1998	1999	2000	2001	2002
增加基础货币	718.4	2 715.7	2 335	8 227.1	1 798.3
减少基础货币	16.9	796	3 152.14	8 523.2	2 819.7
合计	701.5	1 919.7	−817.14	−296.2	−1 021.4

注：合计中负号表示减少基础货币供给，正号表示增加基础货币供给。

资料来源：谢平：《中国货币政策分析：1998—2002》，《金融研究》，2004 年第 8 期，第 4 页。

3. 取消贷款限额控制，灵活运用信贷政策，调整贷款结构。中国人民银行从 1998 年 1 月 1 日起取消了对商业银行的贷款限额控制；1999 年是信贷政策调整措施较多的一年，在消费信贷、农村信贷、对外贸易融资、中小企业贷款、住房贷款、助学贷款等方面发布了一系列政策规章；2000 年，中国人民银行继续改善金融机构的资产结构，特别是放宽了消费信贷的执行条件；2001年人民银行及时对我国消费信贷政策、农村信贷政策和国家助学贷款政策进行了调整；2002 年中国人民银行发布了开展信贷创新等 10 条指导意见，鼓励商业银行提高金融服务水平，支持中小企业特别是小企业的发展（杨丽，2004）。

4. 加强对商业银行的"窗口指导"。从 1998 年 3 月开始，中国人民银行坚持每月召开经济金融形势分析会，通报全国金融情况，同时根据形势发展预测货币政策趋势；各综合经济部门介绍各部门的经济运行情况；各商业银行介绍各行的情况，同时向中央银行提出货币信贷政策要求。"窗口指导"发挥了沟通信息、统一认识的作用，对研究制定货币政策，提高货币政策执行效果发挥了积极作用。

3.3.3.3　2003 年至 2008 年的货币政策操作

1. 逐步完善公开市场操作体系，灵活开展公开市场业务，保持基础货币的平稳增长。2003 年开始我国外汇供给持续大于需求，且每年的外汇储备持续增加。中国人民银行通过公开市场业务买入外汇数量持续上升，导致基础货币快速增长。为稳定基础货币增长，中国人民银行于 2002 年 6 月 25 日开始进行收回流动性的公开市场正回购操作。并于 2002 年 9 月 24 日发行中央银行票据这一操作工具，用于收回市场的流动性，取得了明显的成效（见表 3 - 4）。在此期间，中国人民银行通过建立健全流动性管理体系，完善公开市场业务决策制度、交易制度和一级交易商管理制度，推进了公开市场操作频率、操作品种和技术支持系统等方面的创新。2005 年，中央银行灵活安排公开市场操作工具组合和期限结构，合理把握操作力度和操作节奏，充分发挥公开市场操作预调和微调的作用，有效对冲外汇占款增长，同时引导货币市场利率平稳运行。

表 3 - 4　　　　　　　1998—2002 年的货币政策调控效果　　　　单位：亿元，%

特征	指标		1998	1999	2000	2001	2002
经济增长平稳	GDP 增长率	目标	8	7	7	7	7
		实际	7.8	7.1	8	7.3	8
通胀压力逐渐释放	物价增长率	目标	5	2	1	1 ~ 2	1 ~ 2
		实际	-2.6	-1.4	0.4	0.7	-0.8
货币供应量稳步提高	M_1 增长率	目标	17	14	15 ~ 17	13 ~ 14	13
		实际	11.9	17.7	16.0	12.65	16.82
	M_2 增长率	目标	16 ~ 18	14 ~ 15	14 ~ 15	15 ~ 16	13
		实际	15.3	14.7	12.3	14.42	16.78
贷款结构改善信贷规模增加	金融机构贷款增加额	目标	9 000 ~ 10 000	13 550	11 000	13 000	13 000
		实际	11 491	12 846	13 347	12 913	18 475

注：1998 年物价增长率为零售物价增长率，其余年份为消费物价增长率；1998 年金融机构贷款增加额目标值为国家银行贷款增加额目标值，当年国家银行贷款增加 9 100 亿元。

资料来源：各年《中国金融年鉴》。

2. 充分发挥利率的调节作用，逐步推进利率市场化改革。在 2002 年 2 月 21 日最后一次降低金融机构的存贷款利率后，随着宏观经济形势的变化，中央银行开始调高利率。为控制基础货币投放，从 2004 年 3 月 25 日起，将用于流动性支持的再贷款利率上浮 0.63 个百分点，再贴现利率上浮 0.27 个百分点。10 月 29 日，上调金融机构存贷款基准利率，1 年期存贷款利率提高了 0.27 个百分点，长期存贷款利率调整幅度大于短期。同时人民银行也采取了一些结构性调整措施。

同时中央银行在加快利率市场化改革方面也做了大量的工作。本着先放开货币市场利率和债券市场利率，再逐步推进存贷款利率的市场化的指导思想。存贷款利率市场化按照"先外币、后本币；先贷款、后存款；先长期、大额，后短期、小额"的顺序进行，我国的利率市场化改革稳步向前推进（见表 3 - 5）。

表 3-5 **1996 年以来的利率市场化改革**

市场化改革进程	改革措施
货币、债券利率市场化改革	1. 1996 年 6 月 1 日人民银行放开了银行间同业拆借利率。 2. 1997 年 6 月放开银行间债券回购利率。 3. 1998 年 8 月，国家开发银行在银行间债券市场首次进行了市场化发债。 4. 1999 年 10 月，国债发行也开始采用市场招标形式，从而实现了银行间市场利率、国债和政策性金融债发行利率的市场化。
金融机构贷款利率市场化改革	1. 1998 年、1999 年人民银行连续三次扩大金融机构贷款利率浮动幅度。 2. 2002 年初，在全国八个县农村信用社进行利率市场化改革试点，贷款利率浮动幅度由 50% 扩大到 100%，存款利率最高可上浮 50%。9 月，改革试点进一步扩大到直辖市以外的每个省、自治区，温州利率改革开始实施。 3. 2003 年，放开人民币各项贷款的计、结息方式，由借贷双方协商确定。 4. 2004 年 1 月 1 日，人民银行再次扩大金融机构贷款利率浮动区间。商业银行、城市信用社贷款利率浮动区间扩大到［0.9，1.7］，农村信用社贷款利率浮动区间扩大到［0.9，2］，贷款利率浮动区间不再根据企业所有制性质、规模大小分别制定。扩大商业银行自主定价权，提高贷款利率市场化程度，企业贷款利率最高上浮幅度扩大到 70%，下浮幅度保持 10% 不变。在扩大金融机构人民币贷款利率浮动区间的同时，推出放开人民币各项贷款的计、结息方式和 5 年期以上贷款利率的上限等其他配套措施。
存款利率市场化改革	1. 1999 年 10 月，人民银行批准中资商业银行法人对中资保险公司法人试办由双方协商确定利率的大额定期存款（最低起存金额 3 000 万元，期限在 5 年以上不含 5 年），进行了存款利率改革的初步尝试。 2. 2002 年规定存款利率最高可上浮 50%。 3. 2003 年 8 月 1 日起，邮政储蓄新增存款转存中国人民银行的部分，按照金融机构准备金存款利率（年利率为 1.89%）计息，此前的邮政储蓄转存款暂按原转存款利率计息（年利率为 4.131%），同时允许邮政储蓄新增存款由邮政储蓄机构在规定的范围内自主运用。 4. 2004 年 10 月 29 日起，建立人民币存款利率下浮制度。 5. 3 月 17 日将金融机构在中国人民银行的超额存款准备金利率下调到 0.99%，同时放开金融机构同业存款利率，允许金融机构自行确定除活期和定期整存整取存款外的其他存款种类的计结息规则。

续表

市场化改革进程	改革措施
外币利率市场化	1. 2000 年 9 月，放开外币贷款利率和 300 万美元（含 300 万）以上的大额外币存款利率；300 万美元以下的小额外币存款利率仍由人民银行统一管理。 2. 2002 年 3 月，人民银行统一了中外资金融机构外币利率管理政策，实现中外资金融机构在外币利率政策上的公平待遇。 3. 2003 年 7 月，放开了英镑、瑞士法郎和加拿大元的外币小额存款利率管理，由商业银行自主确定。 4. 2003 年 11 月，对美元、日元、港元、欧元小额存款利率实行上限管理，商业银行可根据国际金融市场利率变化，在不超过上限的前提下自主确定。 5. 五次上调境内商业银行美元、港元小额外币存款利率上限。其中 1 年期美元存款利率上限累计提高 2.125 个百分点至 3%，1 年期港元存款利率上限累计提高 1.8125 个百分点至 2.625%。

资料来源：中国人民银行网站公布的《稳步推进利率市场化报告》，http://www.pbc.gov.cn/huobizhengce/huobizhengce/huobizhengcezhixingbaogao/。

3. 发挥信贷政策在经济调整中的积极作用。加强和改进中央银行"窗口指导"，改进信贷政策的实施方式，对促进资源的合理配置以及国民经济的结构优化有很大的作用。2003 年至 2008 年间，中央银行加强了对商业银行的风险提示，及时向金融机构传达宏观调控的意图。2004 年提醒商业银行既要重视和防止货币信贷过快增长，也要防止"急刹车"和"一刀切"，坚持有保有压的原则，合理把握贷款进度和投向。引导金融机构加大对农业、非公有制经济及中小企业、扩大消费、增加就业和助学等方面的贷款支持。2005 年在这方面也采取了多项措施，如指导金融机构认真落实"区别对待、有保有压"的宏观调控方针，加大对农业、增加就业、助学、非公经济和中小企业等经济薄弱环节的信贷支持同时调整商业银行自营性个人住房贷款政策；加强了商业银行存贷期限错配、信贷资金结构和流向预警监测分析，引导商业银行合理控制中长期贷款，扩大流动资金贷款；对重点行业、重点企业、重点地区的信贷集中状况以及信贷风险进行动态评估监测，及时发布预警信息；发挥差别存款准备金率的正向激励作用，促进金融机构稳健经营。

4. 稳步推进金融企业改革重组，金融企业竞争力加强。我国的银行业随着外资银行的进入进行了大刀阔斧的改革。2003 年，中国人民银行开始对农村信用社进行改革试点。2004 年对中国银行、中国建设银行、交通银行股份制改革涉及的不良资产处置方案，按照市场化处置程序顺利完成了有关可疑类贷款处置和其他财务重组专项资金支持的有关工作，使改革试点银行资产质量得到明显改善，资本充足水平进一步提高。2005年国有商业银行股份制改革稳步推进，成效显著。通过财务重组、内部改革和不断发展，中国银行、中国建设银行、中国工商银行的财务状况显著改善，盈利能力明显提高，公司治理结构不断完善，相对独立的内控体系和完善的风险防范体制初步形成，业务创新取得成效，服务质量进一步提高。建设银行以每股2.35港元发行305亿股新股，于2005年10月27日在香港联交所成功上市。中国银行继续推进经营管理机制的转换，为上市创造条件，并于2005年底顺利完成引进战略投资者购股交易的交割。中国工商银行于2006年10月27日在上海证券交易所和香港联交所同时上市，整体改制为股份有限公司，产权主体明确，初步建立了现代公司治理结构。2010年7月中国农业银行成功上市，至此四大国有商业银行全部完成上市转制改革。

5. 人民币汇率体制改革逐步深化，汇率形成机制逐步完善，外汇储备稳步增长。近年来，中国人民银行在汇率体制改革上不断探索，采取了一系列深化外汇管理体制改革、保持人民币汇率稳定、促进国际收支平衡的措施。在汇率形成机制方面，经国务院批准，中国人民银行宣布自2005年7月21日开始实行以市场供求为基础、参考一篮子货币进行调节、有管理的浮动汇率制度。央行和外汇管理局也以此为契机，加快了外汇管理体制改革的步伐，大力发展外汇市场。

3.3.3.4 2009年以来的货币政策操作

自2009年以来，受国际金融危机影响，我国经济面临增速放缓的困境，为降低危机影响，我国采取了以保增长、调结构、惠民生为导向的一揽子经济刺激计划。中国人民银行实施适度宽松的货币政策，根据形势变化把握政策操作重点、力度和节奏，保持银行体系流动性合理充裕，引导金融机构优化信贷结构、防范信贷风险，为经济发展创造良好的货币信贷环境，发挥好货币政策在支持经济发展中的积极作用。

1. 适时适度开展公开市场操作。这一阶段，中国人民银行根据国内外经济金融形势和银行体系流动性变化情况，灵活开展公开市场操作。一是合理把握操作力度与节奏，灵活搭配央行票据和短期正回购开展对冲操作，实现了银行体系流动性的合理充裕。二是进一步丰富对冲工具组合，于2009年7月初重启1年期央票发行，优化公开市场操作期限结构，促进货币信贷合理适度增长。三是适当提高操作利率弹性，有效引导市场预期。顺应新股IPO重启以来货币市场利率波动性加大且有所上行的新变化，公开市场操作利率由小步上行到逐步企稳，既要有效引导市场预期，也要发挥市场利率调节资金供求关系的作用。四是适时开展中央国库现金管理操作，加强财政政策与货币政策的协调配合，2009年第三季度开展了3期国库现金管理商业银行定期存款业务，每期操作量均为300亿元，不仅提高了库款收益和保持操作的连续性，而且及时满足了部分中小金融机构的融资需求。

2. 加强"窗口指导"和信贷政策引导。这一阶段，中国人民银行为适应国家"保增长、调结构"的需要，引导金融机构合理把握信贷投放节奏，优化信贷结构，防范信贷风险，加强宏观信贷政策指导和对十大重点产业调整和振兴的金融支持。强化中小企业、"三农"、就业、助学、服务外包、灾后重建等改善民生类信贷支持工作，鼓励发展消费信贷。在加大对结构调整、自主创新、兼并重组、产业转移、民族区域经济协调发展的融资支持的同时，严格控制对高耗能、高污染和产能过剩行业劣质企业的贷款。引导和督促金融机构加强内部风险控制，合理把握信贷资金投放节奏，防止产生新的信贷风险。

3. 稳步推进跨境贸易人民币结算试点。为顺应国内外市场和企业要求，保持我国与周边国家和地区的贸易正常发展、为企业提供更多便利，国务院于2009年4月8日决定在上海市和广东省广州、深圳、珠海、东莞4城市开展跨境贸易人民币阶段试点工作。2009年7月，《跨境贸易人民币结算试点管理办法》和《跨境贸易人民币结算试点管理办法实施细则》正式发布，统一规范了人民币贸易结算业务活动。

4. 稳步推进金融企业改革。已改制上市的大型国家控股商业银行改革继续深化，经营业绩不断提高。中国工商银行、中国银行、中国建设银行和交通银行继续完善公司治理，改进决策机制，在认真贯彻执行国家宏观调控政策，合理增加信贷支持经济增长的同时不断强化内部控制和风险防范机制，严防不良率反弹和经营效益下滑。截至2009年第三季度末，中国工商银行、中国银行、中国建设银行和交通银行的资本充足率分别为12.6%、11.6%、12.1%和12.5%；不良贷款率分别为1.7%、1.6%、1.6%和1.4%；税前利润分别为1 288.7亿元、847.6亿元、1 116.0亿元和292.6亿元。

中国农业银行和国家开发银行股份制改革不断深化。中国农业银行稳步推进事业部制管理体制改革，制定面向"三农"的专门信贷政策，构建服务"三农"的正向激励机制，强化"三农"业务风险管控，"三农"和县域重点领域的信贷投入不断增加，农户金融服务不断改善。截至2009年9月，中国农业银行已为农户发放惠农卡2 967万张，通过惠农卡为216万农户发放小额贷款，贷款余额达568亿元。国家开发银行不断探索建立符合中长期信贷商业银行的运作机制和经营模式。2009 年 8 月，国开金融有限责任公司挂牌成立，国家开发银行将在传统业务的基础上通过国开金融公司大力发展股权投资业务。

政策性金融机构改革稳步推进。中国人民银行会同有关单位和部门成立的改革工作小组继续修改完善中国进出口银行和中国出口信用保险公司的改革方案和章程。两家机构仍定位于政策性金融机构，其业务将划分为政策性业务和自营性业务两类，以政策性业务为主，并将通过注资、完善公司治理、加强内部控制和外部约束等改革措施，不断提高其服务对外经贸和企业"走出去"的能力和水平。

农村信用社改革取得显著进展。资金支持基本落实到位，到 2009 年 9 月，已累计向 2 321 个县（市）农村信用社兑付专项票据 1 601 亿元，兑付进度达到 95% 以上；发放专项借款 15 亿元。资金支持政策实施进展顺利，对支持和推进改革发挥了重要的正向激励作用。农村信用社资产质量显著改善。2009 年第三季度末，按贷款四级分类口径统计，全国农村信用社不良贷款余额分别为 3 617 亿元和 7.7%，比 2002 年末分别下降 1 530 亿元和 29 个百分点。资金实力明显增强。全国农村信用社的各项存贷款余额分别为 6.7 万亿元、4.7 万亿元。各项贷款余额所占全国金融机构各项贷款余额的比例为 12%，比 2002 年末提高 1.4 个百分点。支农服务力度进一步加大。全国农村信用社农业贷款余额 2.1 万亿元，占其各项贷款和全国金融机构农业贷款的比例分别为 44% 和 96%，比 2002 年末分别提高 4 个和 15 个百分点。产权制度改革也稳步推进。2009 年第三季度末，全国共组建农村商业银行 29 家，农村合作银行 181 家，组建以县（市）为单位的统一法人机构 2 055 家。

5. 深化外汇管理体制改革和完善人民币汇率形成机制。外汇管理体制改革进一步得到推进。一是进一步便利出口企业收结汇。改进出口收结汇联网核查制度，在提高预收货款、延期付款及来料加工基础比例的基础上，将预付货款基础比例提高至 30%，简化预付货款注销手续，进一步便利企业外贸经营。二是积极支持服务外包产业发展。简化服务外包企业外汇收支审核手续，鼓励离岸外包业务用人民币计价结算，大力推动人民币汇率避险产品的发展，为服务外包企业提供更多的避险工具。三是大力促进投资便利化。将境外投资外汇资金来源的审核方式由事前审查改为事后登记，对资金汇出的管理由核准制调整为登记制。四是加强跨境资金均衡管理和风险防范。允许境内外汇账户纳入相关信息系统统一管理。严厉打击地下钱庄、"网络外汇"等违法违规行为。五是保障外汇储备资产的安全。加大对储备经营各环节的合规性检查力度，规范核心业务系统管理和操作流程，保障外汇储备投资平稳、有序进行。按照保障安全、合理回报的原则，参与购买国际货币基金组织债券。六是加强对金融机构外汇流动性的监测，引导金融机构合理平衡境内外投资的安全性、流动性和收益性，调整境内外资产结构，加大对进出口和"走出去"项目的支持力度。

按主动性、可控性和渐进性原则，进一步完善了以市场供求为基础、参考一篮子货币进行调节、有管理的浮动汇率制度，发挥市场供求在人民币汇率形成中的基础性作用，保持人民币汇率在合理均衡水平上的稳定。

通过对我国货币政策操作历史的回顾，我国的货币政策明显带有相机抉择色彩，在经济过热时紧缩货币政策，在经济衰退时扩张货币政策，以刺激有效需求，达到宏观调控目的。但中国的货币政策同时也存在着一些"规则性"的因素，如制定各层次货币供应量的年度增长目标等。这样看来，中国货币政策应该是一种相机抉择与规则并存的货币政策体系。但处在开放进程中的转型期中国究竟以哪种货币政策操作为主，以及各种操作的实际效果如何，本章接下来将对此进行实证判断。

3.4　中国货币政策操作的实证检验

3.4.1　检验方法的说明

我们首先给出货币政策与工具变量之间的度量方程，从中可以得出货币政策的状态指标和货币政策冲击，并识别出其中的规则性（可预期）成分和相机抉择性（不可预期）成分。一般来说，货币政策状态可以表示为货币政策工具变量的线性函数（Walsh，1998）：

$$(MPI)_t = \lambda Z_{t-1} + \varepsilon_t, t = 1, \cdots, T \qquad (3.32)$$

其中，T 是表示数据时间长度的样本容量；$(MPI)_t$ 表示 t 时的货币政策状态指标（monetary policy indication），本书将分别选取"M_1 增长率"、"M_2 增长率"作为货币政策状态指标；Z_{t-1} 是利用截至 $t-1$ 期的所有信息来预测 $(MPI)_t$ 的经济变量（向量形式）；λ 是边际系数向量（可能是弹性或半弹性系数）。假设随机残差 ε_t 序列不相关，且与解释向量 Z_{t-1} 相互独立。

一般情形下，向量 Z_{t-1} 的选取大多涉及货币政策的名义目标（利率或物价水平）、实际目标（实际收入或就业量）和政策目标（政策预算赤字融资等），由于本文目的是分析开放经济中的中国货币政策，因此还将加入反映开放经济的变量（外汇储备等）。如果选择了较为合适的解释变量，那么货币政策状态指标当中可以由 λZ_{t-1} 说明的部分就是可预期的货币政策变化，也就是由规则性货币政策形成的变化；在货币政策状态指标中除去可预期的部分，即方程（3.32）中的残差序列 ε_t，便是由于相机抉择性货币政策行为造成的，也就是货币政策变化中不可预期的成分。

如果估计出规则性货币政策系数 $\hat{\lambda}$，并且分离出方程（3.1）的随机残差 $\hat{\varepsilon}$，就可以定义规则性货币政策成分 $(MPI)^e_t = \hat{\lambda} Z_{t-1}$ 和相机抉择性货币政策成分 $(MPI)^\mu_t = \hat{\varepsilon}_t$。在相机抉择性成分中，可以定义正向相机抉择冲击成分 $(MPI)^{\mu+}_t = \max(\hat{\varepsilon}_t, 0)$ 和负向相机抉择冲击成分 $(MPI)^{\mu-}_t = \max(\hat{\varepsilon}_t, 0)$。

我们分别用狭义货币 M_1 和广义货币 M_2 的同比增长率 $g(M_1)_t$ 和 $g(M_2)_t$ 作为货币政策的状态指标，选取的规则性货币政策的解释变量包括规模变量、机会成本变量、政策变量和开放经济变量。规模变量一般是用来代表人们交易性需求的变量，本文用社会消费品零售额增长率 $g(SC)_t$ 表示；机会成本变量是用来代表人们持有货币时所放弃的持有其他资产的收益的变量，本文采用的是名义 1 年期储蓄存款利率 R_t 和预期的通货膨胀率 $(PAI)^e$[①]；政策变量选取中央银行对政府债权增长率 $g(G)_t$，表示货币的赤字融资需求[②]；考虑到我国日益开放的经济环境，加入能够开放经济的变量，在我国资本项目未完全开放的环境下，外汇储备指标能够很好地作为开放经济下对货币需求的影响变量而引入解释变量[③]，故本文采用外汇储备增长率 $g(FR)$ 作为开放经济指标。模型中我们还引入 $g(M_2)_t$ 的自回归成分，以形成变量之间的动态影响。我们采用季度数据进行分析，样本范围为 1996 年第一季度至 2008 年第四季度，所有数据均来自各期《中国人民银行统计季报》。

---

① 本文采用静态预期，即 $(PAI)^e = (PAI)^{-1}$，并用 CPI 衡量通货膨胀率。

② 尽管 2003 年 12 月 27 日第十届全国人大常委会第六次会议审议通过的《中华人民共和国中国人民银行法（修正）》第二十九条明确规定"中国人民银行不得对政府财政透支，不得直接认购、包销国债和其他政府债券"，但历史上的财政透支仍然存在。另外，如果财政部的预算赤字增加，国债发行总额就会增加，由于我国商业银行持有的国债规模增长较快，中央银行与商业银行之间的交易行为（如公开市场操作）往往也会导致中央银行持有的国债总量增加。此外，从 2007 年第三季度开始，中国人民银行为了降低回收流动性时产生的利息压力，买入特别国债以息养息也导致了对政府债权的急剧上升。

③ 由于一直以来我国实行的是强制结售汇制度，外汇储备的增加使中央银行不得不等额卖出基础货币，因此外汇储备的增长率能够解释我们选取的货币政策状态指标。

用 $g(M_1)$ 作为货币政策状态指标估计出的货币政策状态模型为（括号中的数字为标准差）：

$$g(M_1) = 2.1550 + 0.7816\,g(M_1) + 0.0114g(SC)$$
$$\qquad\;\; (3.0301)\quad\;\; (0.1141)\quad\;\;\; (0.1413)$$
$$\qquad - 0.0024g(G) + 0.2649R + 0.0275g(FR)$$
$$\qquad\;\;\; (0.0041)\quad\;\; (0.3410)\quad\;\;\; (0.0369)$$
$$\qquad - 0.2716(PAI)^e$$
$$\qquad\;\;\; (0.3368) \tag{3.33}$$

$R^2 = 0.5999$ 修正的 $R^2 = 0.5465$ $DW = 1.5235$

F 值 $= 11.2444$

用 $g(M_2)$ 作为货币政策状态指标估计出的货币政策状态模型为（括号中的数字为标准差）：

$$g(M_2) = -0.1052 + 0.8261g(M_2)(-1) + 0.0513g(SC)$$
$$\qquad\;\;\; (2.2519)\qquad (0.1335)\qquad\;\;\; (0.0971)$$
$$\qquad + 0.0035g(G) + 0.4721R + 0.0440g(FR) - 0.4626(PAI)^e$$
$$\qquad\;\;\; (0.0030)\qquad (0.2991)\qquad (0.0277)\qquad (0.2473)$$
$$\tag{3.34}$$

$R^2 = 0.7666$ 修正的 $R^2 = 0.7355$ $DW = 1.5868$

F 值 $= 24.6401$

通过比较以上两式可以看出，（3.34）式的各个统计指标全部优于（3.33）式，因此，我们选择（3.34）式作为本文的货币政策状态模型。

根据方程（3.32）表示的货币政策状态模型，我们可以得到货币政策的各种冲击成分 GM_2FIT（可预期的规则性成分（$MPI)_t^e$）、GM_2UNFIT（不可预期的相机抉择性成分（$MPI)_t^u$）、GM_2UNFIT_U（正向相机抉择冲击成分（$MPI)_t^{u+}$）、GM_2UNFIT_D（负向相机抉择冲击成分（$MPI)_t^{u-}$）。

3.4.2　规则性和相机抉择性货币政策成分的动态影响

通过前文对我国货币政策实践的简单回顾，我们并不能对中国货币政策究竟是以规则为主还是以相机抉择为主作出明确的判断，而这种判断对于分析开放经济下中国的货币政策操作规范转型问题却是至关重要的。为了明确得出中国的货币政策操作究竟以哪种货币政策成分为主的结论，我们可以通过建立分别包括产出因素（GRGDP）、通货膨胀（PAI）、汇率变化（GNER）以及各种货币政策成分的 VAR 系统来对规则性货币政策和相机抉择性货币政策的作用进行动态分析。但考虑到我国的名义汇率长期盯住美元，尽管 2005 年 7 月 21 日我国进行了汇率制度改革，IMF 仍然没有改变我国事实上盯住汇率制度的判断。因此，本文的人民币汇率将采用 BIS（国际清算银行）公布的人民币名义有效汇率[①]，并以其季度同比变化率 GNER 来反映人民币汇率的波动。

假设三个 VAR 系统的内生变量分别为：

$$X(GDP)_t = ((GRGDP)_t, (MPI)_t^e, (MPI)_t^u)^t \ 或$$

$$X(GDP)_t = ((GRGDP)_t, (MPI)_t^e, (MPI)_t^{u+}, (MPI)_t^{u-})^t$$

$$(3.35)$$

$$X(PAI)_t = ((PAI)_t, (MPI)_t^e, (MPI)_t^u)^t \ 或$$

$$X(PAI)_t = ((PAI)_t, (MPI)_t^e, (MPI)_t^{u+}, (MPI)_t^{u-})^t \qquad (3.36)$$

$$X(GNER)_t = ((GNER)_t, (MPI)_t^e, (MPI)_t^u)^t \ 或$$

$$X(GNER)_t = ((GNER)_t, (MPI)_t^e, (MPI)_t^{u+}, (MPI)_t^{u-})^t$$

$$(3.37)$$

上述 VAR 模型的简化式方程为：

$$X_t = A_0 + A_1 X_{t-1} + \cdots + A_p X_{t-p} + \varepsilon_t \qquad (3.38)$$

其中，$A_i(i = 0, 1, \cdots, p)$ 是系数矩阵，ε_t 是简化式冲击向量，表示作用在 X_t 各个分量上的复合冲击。给定上述变量顺序，我们就可以利用 Cholesky 分解得到内生变量的脉冲反应函数（刘金全等，2004）。

根据 AIC 信息准则和 SC 信息准则，我们选取包括产出的 VAR 系统自回归阶数为 $p=1$，包括通货膨胀的 VAR 系统自回归阶数为 $p=2$，包括汇率变化的 VAR 系统自回归阶数为 $p=3$。

3.4.2.1 对真实 GDP 增长率的动态分析

图 3 - 4 显示了真实 GDP 增长率分别对来自规则性货币政策成分和相机抉择性货币政策成分 1 单位标准差的冲击反应过程。在不区分正负向相机抉择冲击的情况下，规则性货币政策成分对真实 GDP 的增长率波动的影响很小，在滞后 2 个到 3 个季度时产生最大影响，并随后逐渐减弱，最终趋于中性；相机

---

① 国际清算银行采用加权几何平均来计算有效汇率指数，其采用的权数是可变权数，权重来源于制造业，包括双边贸易和第三方市场的贸易额，计算三年的平均权重为权数。国际清算银行网站：http://www.bis.org。

抉择性货币政策成分对真实 GDP 增长率迅速产生负向影响，并在滞后 4 个季度时达到最大的负向影响，其对真实 GDP 增长率影响的幅度要高于规则性成分的影响，相机抉择性货币政策成分明显加大了我国 GDP 增长率的不规则波动。

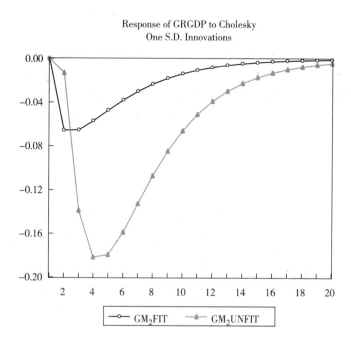

Response of GRGDP to Cholesky
One S.D. Innovations

图 3-4   规则性和相机抉择性货币政策成分对 GRGDP 的冲击

表 3-6 给出了规则性货币政策成分和相机抉择性货币政策成分对真实 GDP 增长率影响的预测方差分解结果。99% 左右的真实 GDP 增长率波动可由其本身波动解释；规则性货币政策成分在滞后 7 个季度后的解释程度基本稳定在 0.10% 左右；相机抉择性货币政策成分对真实 GDP 增长率的影响则逐期增大，在滞后 13 个季度后相机抉择性成分对 GDP 波动的解释程度就达到 0.95% 左右了。

表 3-6   规则性和相机抉择性货币政策
成分对 GRGDP 的预测方差分解

Period	S. E.	GRGDP	GM_2 FIT	GM_2 UNFIT
1	3.531201	100.0000	0.000000	0.000000
2	3.912263	99.97079	0.028076	0.001130
3	4.001785	99.82465	0.053384	0.121964

续表

Period	S. E.	GRGDP	GM₂ FIT	GM₂ UNFIT
4	4.024682	99.60308	0.072830	0.324091
5	4.032021	99.39270	0.086296	0.521005
6	4.035579	99.23007	0.094997	0.674933
7	4.037876	99.11748	0.100380	0.782142
8	4.039457	99.04446	0.103619	0.851916
9	4.040519	98.99904	0.105533	0.895429
10	4.041205	98.97154	0.106650	0.921811
11	4.041635	98.95520	0.107297	0.937503
12	4.041896	98.94562	0.107669	0.946713
13	4.042052	98.94005	0.107883	0.952067
14	4.042144	98.93684	0.108005	0.955159
15	4.042198	98.93499	0.108075	0.956936
16	4.042229	98.93393	0.108114	0.957953
17	4.042247	98.93333	0.108137	0.958534
18	4.042257	98.93298	0.108150	0.958865
19	4.042263	98.93279	0.108157	0.959054
20	4.042266	98.93268	0.108161	0.959161

如果将相机抉择性货币政策成分细分为正向冲击成分和负向冲击成分，就可以进一步分析正向相机抉择冲击和负向相机抉择冲击对 GDP 增长率波动的影响，结果见图 3-5 和表 3-7。图 3-2 中显示规则性货币政策成分的影响与图 3-4 中的结果相同，基本上不会对真实 GDP 波动产生影响。正向相机抉择冲击成分对 GRGDP 较大的负向影响，在滞后 2 个季度时负向影响达到最大，之后逐渐减弱。负向相机抉择冲击成分对 GRGDP 产生正向影响后，迅速回落，并产生轻微负向影响，造成真实 GDP 增长率不规则波动。

由表 3-7 的预测方差分解结果可以看出，仍有 79% 左右的真实 GDP 增长率波动可由其本身波动解释。规则性货币政策成分对 GRGDP 波动的贡献最终稳定在 0.39% 左右；正向相机抉择性冲击成分对真实 GDP 波动的贡献是逐期增加的，其对 GRGDP 波动的贡献最终稳定在 4.07% 左右，而负向相机抉择性冲击对 GRGDP 波动的解释能力最终是 15.68% 左右，这样正负向相机抉择性货币政策冲击对真实 GDP 波动的总贡献度就是 20% 左右。

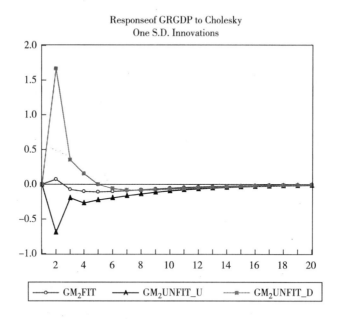

图 3 - 5   规则性和正负向相机抉择性货币政策成分对 GRGDP 的冲击

表 3 - 7   规则性和正负向相机抉择性货币政策
成分对 GRGDP 的预测方差分解

Period	S. E.	GRGDP	GM$_2$FIT	GM$_2$UNFIT_ U	GM$_2$UNFIT_ D
1	3. 425420	100. 0000	0. 000000	0. 000000	0. 000000
2	4. 176700	81. 34349	0. 029132	2. 751624	15. 87576
3	4. 266940	81. 21026	0. 059587	2. 848413	15. 88174
4	4. 300745	80. 92874	0. 116926	3. 196654	15. 75768
5	4. 314200	80. 70684	0. 182247	3. 451342	15. 65957
6	4. 322177	80. 49495	0. 239825	3. 642557	15. 62267
7	4. 327718	80. 31629	0. 285212	3. 778503	15. 62000
8	4. 331718	80. 17740	0. 318906	3. 873334	15. 63036
9	4. 334587	80. 07478	0. 343082	3. 938804	15. 64334
10	4. 336618	80. 00125	0. 360086	3. 983754	15. 65491
11	4. 338038	79. 94954	0. 371904	4. 014522	15. 66403
12	4. 339022	79. 91361	0. 380057	4. 035547	15. 67078
13	4. 339700	79. 88882	0. 385656	4. 049900	15. 67562
14	4. 340166	79. 87180	0. 389491	4. 059692	15. 67902
15	4. 340484	79. 86013	0. 392112	4. 066370	15. 68139
16	4. 340702	79. 85216	0. 393903	4. 070924	15. 68302
17	4. 340851	79. 84671	0. 395125	4. 074029	15. 68413
18	4. 340953	79. 84300	0. 395958	4. 076145	15. 68490

续表

Period	S. E.	GRGDP	GM_2FIT	GM_2UNFIT_ U	GM_2UNFIT_ D
19	4. 341022	79. 84046	0. 396526	4. 077588	15. 68543
20	4. 341069	79. 83873	0. 396914	4. 078572	15. 68578

通过对我国 GRGDP 波动的分析可以得到结论：如果不区分正负向相机抉择性冲击，规则性货币政策成分和相机抉择性货币政策成分对我国真实 GDP 增长率波动的贡献度分别为 0.10% 和 0.95% ；如果将相机抉择性货币政策成分分解为正向相机抉择性冲击和负向相机抉择性冲击，规则性货币政策成分、正向相机抉择性货币政策冲击和负向相机抉择性货币政策成分对我国真实 GDP 增长率波动的贡献度分别为 0.39% 、4.07% 和 15.68% ，正负向相机抉择性货币政策冲击的贡献度之和为 20% 。因此，我国真实 GDP 增长率波动的主要原因是相机抉择性货币政策成分。故从真实 GDP 增长率波动的角度可以判断，开放经济下中国的货币政策主要通过相机抉择性成分对 GDP 增长率波动产生影响。

3. 4. 2. 2　对通货膨胀的动态分析

图 3 - 6 显示了中国通货膨胀率分别对来自规则性货币政策成分和相机抉择性货币政策成分 1 单位标准差的冲击反应过程。在不区分正负向相机抉择冲击的情况下，规则性货币政策成分在短期内刺激了通货膨胀，在滞后 5 个季度时正向影响达到最大，之后正向影响逐渐减小。相机抉择性成分在短期对通货膨胀有更加明显的刺激作用，随后这种影响转变为负向，但其波动幅度和速度都远高于规则性成分的影响，也就是说，相机抉择性成分加大了我国通货膨胀波动程度。

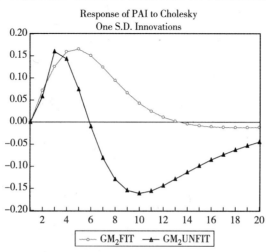

Response of PAI to Cholesky
One S.D. Innovations

图 3 - 6　规则性和相机抉择性货币政策成分对通货膨胀的冲击

　　表 3 - 8 给出了规则性货币政策成分和相机抉择性货币政策成分对通货膨胀的预测方差分解结果。96% 左右的通货膨胀波动可由其自身因素解释；规则性货币政策成分对通货膨胀波动的解释程度最高出现在滞后 8 个季度时，之后逐渐缩小，最后基本稳定在 1.40% 的水平；相机抉择性货币政策成分对通货膨胀波动的影响较大，最终维持在 2.50% 左右。

表 3 - 8　　　　　　　　规则性和相机抉择性货币政策
成分对通货膨胀的预测方差分解

Period	S. E.	PAI	GM$_2$ FIT	GM$_2$ UNFIT
1	0.887328	100.0000	0.000000	0.000000
2	1.478726	99.60890	0.236092	0.155010
3	1.893402	98.60756	0.585275	0.807163
4	2.184427	97.99565	0.970656	1.033698
5	2.389671	97.75228	1.287488	0.960230
6	2.539458	97.65769	1.490511	0.851795
7	2.653603	97.54281	1.583771	0.873422
8	2.743551	97.36087	1.599716	1.039410
9	2.815381	97.13752	1.574409	1.288069
10	2.872485	96.91293	1.534446	1.552626
11	2.917176	96.71407	1.494764	1.791165
12	2.951429	96.55106	1.461676	1.987264
13	2.977098	96.42305	1.436618	2.140333
14	2.995910	96.32455	1.418835	2.256617
15	3.009407	96.24929	1.406876	2.343830
16	3.018894	96.19190	1.399265	2.408838
17	3.025435	96.14819	1.394754	2.457053
18	3.029856	96.11508	1.392364	2.492561
19	3.032785	96.09020	1.391364	2.518431
20	3.034685	96.07177	1.391224	2.537007

　　如果将相机抉择性货币政策成分细分为正向冲击成分和负向冲击成分，就可以进一步分析正向相机抉择冲击和负向相机抉择冲击对通货膨胀的影响，结果见图 3 - 7 和表 3 - 9。图 3 - 7 中显示了规则性货币政策成分的影响，其对通货膨胀有一定的刺激作用，并在滞后 5 个季度时这种刺激作用达到最大，之后这种刺激作用逐渐减弱。正向相机抉择冲击成分能够抑制通货膨胀，但其对通货膨胀的波动影响比较明显。负向相机抉择冲击成分在短期内对通货膨胀有显

著刺激作用，滞后 3 个季度时达到最大，其波动程度要远大于规则性成分带来的影响。

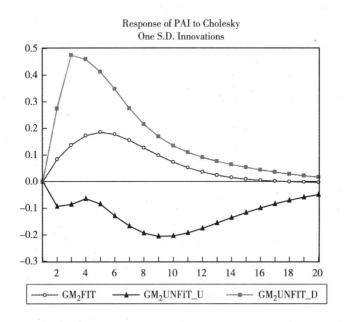

图 3 - 7　规则性和正负向相机抉择性货币政策成分对通货膨胀的冲击

由表 3 - 9 的预测方差分解结果叫以看出，84% 左右的通货膨胀波动叫由其自身解释。规则性货币政策成分对通货膨胀波动的贡献在 1.84% 左右保持稳定；而正向相机抉择性冲击成分对通货膨胀波动的贡献最终有 3.50% 左右；而负向相机抉择性冲击对通货膨胀波动的解释能力约为 10.25%，可见我国目前的通货膨胀波动主要原因在于负向相机抉择性货币政策的冲击。

表 3 - 9　　　　规则性和正负向相机抉择性货币
政策成分对通货膨胀的预测方差分解

Period	S. E.	PAI	GM₂FIT	GM₂UNFIT_U	GM₂UNFIT_D
1	0.857244	100.0000	0.000000	0.000000	0.000000
2	1.435213	95.57781	0.335792	0.426036	3.660359
3	1.892774	90.44957	0.715577	0.454027	8.380824
4	2.224681	88.14081	1.117484	0.414176	10.32753
5	2.459956	86.80960	1.480101	0.457847	11.25245
6	2.629362	86.01366	1.746736	0.643579	11.59602
7	2.753712	85.56401	1.907333	0.956939	11.57172

Period	S. E.	PAI	GM_2FIT	GM_2UNFIT_U	GM_2UNFIT_D
8	2. 847637	85. 26982	1. 981019	1. 359038	11. 39012
9	2. 920169	85. 04848	1. 996760	1. 790161	11. 16460
10	2. 976582	84. 87542	1. 981533	2. 194418	10. 94863
11	3. 020231	84. 74081	1. 954222	2. 539732	10. 76524
12	3. 053549	84. 63867	1. 925537	2. 816029	10. 61977
13	3. 078519	84. 56305	1. 900395	3. 027316	10. 50924
14	3. 096853	84. 50775	1. 880333	3. 184217	10. 42770
15	3. 110039	84. 46736	1. 865236	3. 298647	10. 36875
16	3. 119331	84. 43771	1. 854342	3. 381188	10. 32676
17	3. 125750	84. 41580	1. 846749	3. 440273	10. 29718
18	3. 130100	84. 39953	1. 841630	3. 482263	10. 27658
19	3. 132993	84. 38745	1. 838302	3. 511841	10. 26240
20	3. 134878	84. 37854	1. 836233	3. 532434	10. 25279

通过对我国通货膨胀波动的分析可以得到以下结论：如果不区分正负向相机抉择性冲击，规则性货币政策成分和相机抉择性货币政策成分对我国通货膨胀波动的贡献度分别为 1.40% 和 2.50%；如果将相机抉择性货币政策成分分解为正向相机抉择性冲击和负向相机抉择性冲击，规则性货币政策成分、正向相机抉择性货币政策冲击和负向相机抉择性货币政策冲击对我国通货膨胀波动的贡献度分别为 1.84%、3.50% 和 10.25%，正负向相机抉择性货币政策冲击的贡献度之和为 13.75%。因此，我国通货膨胀波动的主要原因也是相机抉择性货币政策成分。从通货膨胀波动的考察角度我们可以判断，开放经济下中国的货币政策主要是通过相机抉择性货币政策成分对通货膨胀产生影响的。

由此可见，从产出的角度或是从通货膨胀的角度进行分析，我们都可以得到结论：开放经济下中国的货币政策操作以相机抉择性为主。这与封闭经济下中国货币政策的分析是一致的（卞志村，2007）。接下来，我们要对开放经济下影响经济稳定的另一重要因素——汇率进行分析。

3.4.2.3　对人民币名义有效汇率变化率的动态分析

图 3-8 显示了人民币名义有效汇率变化率 GNER 分别对来自规则性货币政策成分和相机抉择性货币政策成分 1 单位标准差的冲击反应过程。在不区分正负向相机抉择冲击的情况下，规则性货币政策成分对 GNER 先产生正向影响，在滞后 2 个季度时最大，随后产生负向影响；相机抉择性货币政策成分对

GNER 迅速产生负向影响，并在滞后 2 个季度时达到最大负向影响，滞后 6 个季度时又产生了正向影响，此后其影响逐渐减少。

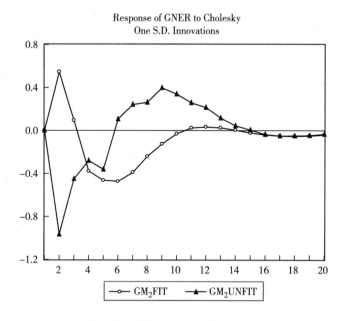

Response of GNER to Cholesky
One S.D. Innovations

图 3 – 8 规则性和相机抉择性货币政策成分对 GNER 的冲击

由表 3 – 10 的预测方差分解结果可以看出，造成 GNER 波动的 91% 左右可由其自身因素解释。规则性货币政策成分对 GNER 的贡献最终达到 3.35% 左右；相机抉择性冲击成分对 GNER 波动最终贡献度约 5.62%。这说明相机抉择性货币政策成分对人民币名义有效汇率波动的影响大于规则性成分。

表 3 – 10　　　　　　规则性和相机抉择性货币政策成分
对 GNER 的预测方差分解

Period	S. E.	GNER	GM₂FIT	GM₂UNFIT
1	3.263169	100.0000	0.000000	0.000000
2	4.465967	93.82994	1.494383	4.675673
3	5.034877	94.31229	1.210112	4.477594
4	5.420425	94.34272	1.527634	4.129646
5	5.602313	93.60709	2.112087	4.280821
6	5.689204	93.07227	2.742108	4.185622
7	5.730840	92.52958	3.165649	4.304767

续表

Period	S. E.	GNER	GM$_2$ FIT	GM$_2$ UNFIT
8	5. 747339	92. 18625	3. 324804	4. 488941
9	5. 765090	91. 71294	3. 351544	4. 935511
10	5. 776482	91. 39831	3. 341270	5. 260424
11	5. 783289	91. 21751	3. 335003	5. 447485
12	5. 788936	91. 09410	3. 331709	5. 574187
13	5. 791735	91. 06195	3. 330278	5. 607773
14	5. 793426	91. 06135	3. 328363	5. 610291
15	5. 794878	91. 06423	3. 328236	5. 607536
16	5. 796080	91. 05888	3. 331793	5. 609323
17	5. 797086	91. 04649	3. 338520	5. 614986
18	5. 797843	91. 03281	3. 346442	5. 620745
19	5. 798343	91. 02075	3. 353105	5. 626142
20	5. 798610	91. 01337	3. 357659	5. 628969

如果将相机抉择性货币政策成分细分为正向冲击成分和负向冲击成分，就可以进一步分析正向相机抉择冲击和负向相机抉择冲击对 GNER 的影响，结果见图 3 - 9 和表 3 - 11。图 3 - 9 中显示规则性货币政策成分的影响，图 3 - 9 中规则性货币政策成分对 GNER 的影响与图 3 - 8 相同，在产生正向影响之后转为负向。而相机抉择性成分的正向冲击在短期内会使得 GNER 急剧下降，在滞后 2 个季度时达到最大负向影响，并在随后产生正向影响后逐渐减弱。相机抉择性成分的负向冲击也是先出现负向影响，再出现正向影响，但其冲击对 GN-ER 波动所造成的影响要大于规则性货币政策成分而小于相机抉择的正向冲击所造成的影响。

由表 3 - 11 的预测方差分解结果可以看出，造成 GNER 水平波动的 85% 左右的贡献来自于其自身因素。规则性货币政策成分对 GNER 波动的贡献增长到 4.40% 左右保持稳定；而正向相机抉择性冲击成分对 GNER 波动的贡献最终约 5.10%；而负向相机抉择性冲击对 GNER 波动的解释能力约 4.95%，相机抉择性货币政策对 GNER 波动的解释能力达到了约 10%，可见我国货币政策的相机抉择成分加剧了人民币名义有效汇率的波动。

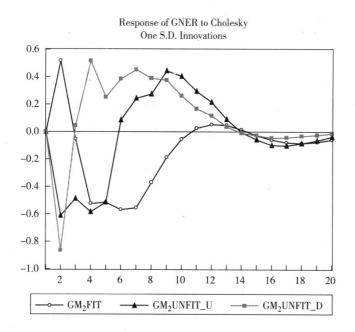

Response of GNER to Cholesky
One S.D. Innovations

图 3 - 9　规则性和正负向相机抉择性货币政策成分对 GNER 的冲击

表 3 - 11　　　　规则性和正负向相机抉择性货币政策成分
对 GNER 的预测方差分解

Period	S. E.	GNER	GM_2FIT	GM_2UNFIT_U	GM_2UNFIT_D
1	3. 235893	100. 0000	0. 000000	0. 000000	0. 000000
2	4. 437435	92. 93945	1. 360990	1. 898406	3. 801150
3	4. 996527	93. 45891	1. 084924	2. 450506	3. 005659
4	5. 536652	91. 79778	1. 778043	3. 109427	3. 314752
5	5. 798189	90. 75838	2. 411607	3. 621107	3. 208901
6	5. 913557	89. 74872	3. 240640	3. 501633	3. 509011
7	5. 981599	88. 38947	4. 026435	3. 586356	3. 997737
8	6. 014518	87. 50975	4. 362826	3. 753523	4. 373896
9	6. 045743	86. 61634	4. 414667	4. 254233	4. 714756
10	6. 065089	86. 06579	4. 394635	4. 670284	4. 869293
11	6. 074539	85. 79903	4. 382651	4. 888813	4. 929504
12	6. 079966	85. 65589	4. 382175	5. 004613	4. 957317
13	6. 081795	85. 63337	4. 385622	5. 023207	4. 957798

续表

Period	S. E.	GNER	GM$_2$FIT	GM$_2$UNFIT_ U	GM$_2$UNFIT_ D
14	6.083206	85.63909	4.384161	5.020939	4.955811
15	6.085386	85.63624	4.383140	5.026377	4.954245
16	6.088023	85.60770	4.388855	5.048085	4.955360
17	6.090353	85.56897	4.402227	5.072267	4.956532
18	6.091979	85.53522	4.418996	5.089102	4.956682
19	6.092908	85.51159	4.432835	5.098847	4.956726
20	6.093307	85.50041	4.441312	5.101802	4.956471

通过对汇率的分析可以看出，人民币汇率的波动也主要是由相机抉择性成分引起的，这充分说明开放经济下中国的货币政策是相机抉择型的。

3.5   规则型货币政策操作的动态模拟

既然我们通过实证分析得出中国的货币政策是相机抉择型的，那么，如果货币政策操作实现从相机抉择型向规则型的转型，我国的经济波动（本书用产出增长率、通货膨胀率和人民币名义有效汇率变化率衡量）是否会减小？我们可以通过对规则型货币政策操作的动态模拟对这一问题进行解答。如果结论是规则型货币政策操作可以减少我国经济波动，那么，我国货币政策操作由相机抉择型向规则型转型就是可行的。

3.5.1   模拟序列的生成

前文我们将 M$_2$ 的增长率作为描述货币政策状态的指标。根据规则成分和相机抉择成分的分离过程，将能够解释货币需求的可预期部分作为货币政策的规则成分（GM$_2$FIT），将残差视为货币政策的相机抉择成分（GM$_2$UNFIT）。这个对货币政策成分的分离过程意味着货币政策的规则性成分和相机抉择性成分所包含的信息是互斥的，因此这两个时间序列 GM$_2$FIT 和 GM$_2$UNFIT 就应是正交的。我们将序列向量 GM$_2$FIT（54×1）和 GM$_2$UNFIT（54×1）的元素对应相乘之后可以得到一个序列向量 a（54×1），a 的所有元素之和为零，标准差为 26.0422。作为比较，我们可以用计算机生成一个标准差只有 0.01、均值为 0 的服从正态分布的随机序列向量 a'。用序列向量 a' 除以序列 GM$_2$FIT 得到一个新的序列 GM$_2$UNFIT_ SM，我们可以用这个新的序列作为模拟的相机抉择成分，而且 GM$_2$UNFIT_ SM 满足以下三个条件：（1）与货币政策的规则性成分 GM$_2$FIT 正交；（2）是一个服从正态分布的残差序列；（3）其标准差比 GM$_2$UNFIT 小很多。第三个条件意味着模拟生成的相机抉择成分的波动要比真实的相机抉择成分小很多。由于我们保持规则性货币政策成分不变，这样就可以使得规则成分的影响相对变大了。如果中国的货币政策操作规范实现了转型，即以规则性货币政策操作为主，那么规则性货币政策成分对产出和通货膨胀等宏观经济变量的影响就是主要的，而相机抉择性成分的影响就会相对小很多。

为了验证我们模拟的相机抉择性货币政策成分 GM$_2$UNFIT_ SM 和原始的规则性成分 GM$_2$FIT 对产出、通货膨胀和汇率的作用是否发生了变化，我们可以用 GRGDP – GM$_2$FIT – GM$_2$UNFIT_ SM（产出增长—规则成分—模拟的相机抉择成分）、PAI – GM$_2$FIT – GM$_2$UNFIT_ SM（通货膨胀—规则成分—模拟的相机抉择成分）以及 GNER – GM$_2$FIT – GM$_2$UNFIT_ SM（汇率变化—规则成分—模拟的相机抉择成分）分别建立 VAR 系统，然后进行预测方差分解的分析（见表 3 – 12、表 3 – 13 和表 3 – 14），再将分析结果与前文用 GRGDP – GM$_2$FIT – GM$_2$UNFIT（产出增长—规则成分—相机抉择成分）、PAI – GM$_2$FIT – GM$_2$UNFIT（通货膨胀—规则成分—相机抉择成分）和 GNER – GM$_2$FIT – GM$_2$UNFIT_ SM（汇率变化—规则成分—模拟的相机抉择成分）建立的 VAR 系统进行比较。

表 3 – 12 　模拟的规则型货币政策对 GRGDP 的预测方差分解

Period	S. E.	GRGDP	GM$_2$FIT	GM$_2$UNFIT_ SM
1	3.616985	100.0000	0.000000	0.000000
2	4.130664	98.21550	0.237412	1.547084
3	4.273279	97.60639	0.714153	1.679456
4	4.324077	97.02870	1.249037	1.722259
5	4.347182	96.52791	1.743042	1.729043
6	4.360457	96.11720	2.155543	1.727255
7	4.369269	95.79437	2.482013	1.723619
8	4.375525	95.54707	2.732808	1.720123
9	4.380084	95.36051	2.922252	1.717238
10	4.383437	95.22103	3.063979	1.714988

Period	S. E.	GRGDP	GM₂FIT	GM₂UNFIT_ SM
11	4.385911	95.11730	3.169421	1.713279
12	4.387739	95.04039	3.247617	1.711997
13	4.389089	94.98346	3.305500	1.711042
14	4.390086	94.94137	3.348303	1.710332
15	4.390822	94.91026	3.379935	1.709807

由表 3 – 12 可以看出，模拟的相机抉择成分对产出增长波动的贡献度仅为 1.71% 左右，规则性货币政策成分的贡献度为 3.35% 左右；而表 3 – 6 反映真实的相机抉择成分对我国产出增长波动的解释力达 0.95% 左右，规则性成分的影响仅为 0.10% 。模拟后的相机抉择性成分对产出的影响程度要小于规则性成分，这说明我们模拟的相机抉择性成分对产出的影响符合货币政策操作规范转型后的情况。

表 3 – 13   模拟的规则型货币政策对通货膨胀的预测方差分解

Period	S. E.	PAI	GM₂FIT	GM₂UNFIT_ SM
1	0.911802	100.0000	0.000000	0.000000
2	1.575410	98.78281	0.966375	0.250814
3	2.042474	97.43664	2.240700	0.322665
4	2.322702	96.40336	3.161233	0.435405
5	2.472229	95.60431	3.854409	0.541278
6	2.542235	95.07780	4.312873	0.609331
7	2.570380	94.78073	4.568033	0.651241
8	2.579869	94.63504	4.691778	0.673183
9	2.582378	94.57564	4.741827	0.682535
10	2.582832	94.55648	4.757670	0.685845
11	2.582890	94.55225	4.761042	0.686706
12	2.582942	94.55206	4.761135	0.686807
13	2.583011	94.55232	4.760912	0.686771
14	2.583070	94.55233	4.760918	0.686753
15	2.583108	94.55218	4.761060	0.686759

由表 3 – 13 可以看出，模拟的相机抉择成分对通货膨胀波动的贡献度为 0.68% 左右，规则性货币政策成分贡献度为 4.76% 左右；而表 3 – 8 反映了真

实的相机抉择成分对我国通货膨胀波动的解释力高达 2.50% 左右，规则性成
分的影响仅为 1.40%。模拟后的相机抉择性成分对通货膨胀的影响程度大大
减小了，这说明我们模拟的相机抉择性成分对通货膨胀的影响也符合货币政策
操作规范转型后的情况。

由表 3-14 可以看出，模拟的相机抉择成分对人民币名义有效汇率波动贡
献度为 1.57% 左右，规则性货币政策成分的贡献度为 6.30% 左右；而表 3-10
反映了真实的相机抉择成分对我国 GNER 波动的解释力高达 5.62%，规则性
成分的影响仅为 3.35%。模拟后的相机抉择性成分对 GNER 的影响程度大大
减小了，这说明我们模拟的相机抉择性成分对 GNER 的影响也符合货币政策操
作规范转型后的情况。

表 3-14　　　　模拟的规则型货币政策对 GNER 的预测方差分解

Period	S. E.	GNER	GM$_2$FIT	GM$_2$UNFIT_ SM
1	3.551303	100.0000	0.000000	0.000000
2	5.040870	99.47080	0.249455	0.279750
3	5.831441	98.81837	0.197846	0.983785
4	6.203874	98.45210	0.189609	1.358295
5	6.342553	97.43771	0.974071	1.588223
6	6.457308	96.06858	2.292340	1.639085
7	6.539540	94.90329	3.497131	1.599578
8	6.592636	94.17826	4.246498	1.575240
9	6.626746	93.61795	4.802502	1.579550
10	6.651419	93.13594	5.277836	1.586228
11	6.670282	92.75858	5.656109	1.585309
12	6.683708	92.49874	5.920455	1.580806
13	6.692806	92.33047	6.091494	1.578035
14	6.699009	92.21451	6.208288	1.577202
15	6.703408	92.13050	6.292577	1.576919

3.5.2　产出波动、通胀波动和汇率波动的模拟结果

由于模拟的序列不是真实的相机抉择成分，因此 VAR 系统的反应系数仍
应采用由 GRGDP - GM$_2$FIT - GM$_2$UNFIT、PAI - GM$_2$FIT - GM$_2$UNFIT 和
GNER - GM$_2$FIT - GM$_2$UNFIT 建立的 VAR 估计出的结果。根据真实数据得到
的 VAR 反应系数，我们可以递归得到产出增长的模拟值 GRGDP_ SM、通货膨

胀的模拟值 PAI_ SM 和人民币名义有效汇率的变化率的模拟值 GNER_ SM。由于 GRGDP 的 VAR 系统中的滞后阶数为 1，这样 GM₂FIT 和 GM₂UNFIT 等序列就是从 1996 年第二季度开始才有观测值，故 GRGDP_ SM 的值是从 1996 年第二季度开始的，PAI 的 VAR 系统滞后阶数为 2，GNER 的 VAR 系统滞后阶数为 3，因此 PAI_ SM 从 1996 年第三季度开始，GNER_ SM 从 1996 年第四季度开始。模拟结果见表 3 - 15。

表 3 - 15　　　　　　　　规则型货币政策操作的动态模拟效果

		标准差	方差	方差减小程度
相机抉择成分 GM₂UNFIT (1996Q2—2008Q4)	原始值	3.5066		
	模拟值	0.0005		
真实产出增长率 GRGDP (1996Q2—2008Q4)	原始值	4.2038	17.6716	74.94%
	模拟值	2.1045	4.4288	
通货膨胀率 PAI (1996Q3—2008Q4)	原始值	2.6801	7.1830	43.55%
	模拟值	2.0137	4.0551	
汇率变化率 GNER (1996Q4—2008Q4)	原始值	5.9095	34.9227	86.64%
	模拟值	2.1597	4.6641	

可以看到，如果中国的货币政策操作规范实现了由目前的相机抉择型向规则型的转型，即让规则性货币政策成分对宏观经济变量发挥主要影响，弱化相机抉择性货币政策成分的作用，我国经济的波动将会明显下降，经济增长的持续性和稳定性得到明显增强（见图 3 - 10、图 3 - 11 和图 3 - 12）。具体来讲，产出增长的波动方差将由 17.6716 降低到 4.4288，改善程度为 74.94%；通货膨胀的波动方差将由 7.1830 降低到 4.0551，改善程度为 43.55%，人民币名义有效汇率变化率的波动方差由 34.9227 降低到 4.6641，改善程度为 86.64%。

图 3 - 10 显示了真实产出增长率的实际值和模拟值的对比情况，模拟后的产出增长率的稳定性明显比真实产出增长率更加稳定。从图 3 - 11 显示的通货膨胀的实际值和模拟值来看，转型后的货币政策操作可以明显降低通货膨胀的波动程度，更为重要的是，根据我们模拟的结果，1997 年至 2002 年间的通货紧缩完全可以避免。从图 3 - 12 也可以看出，模拟的汇率变化率的波动也要比真实汇率小得多。

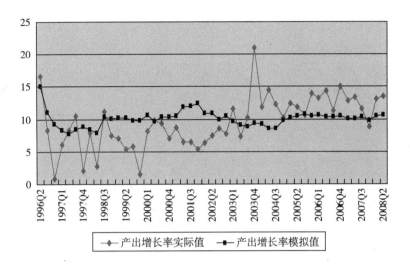

图 3-10 产出增长率的实际值和模拟值对比

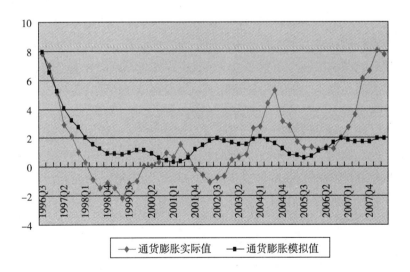

图 3-11 通货膨胀的实际值和模拟值对比

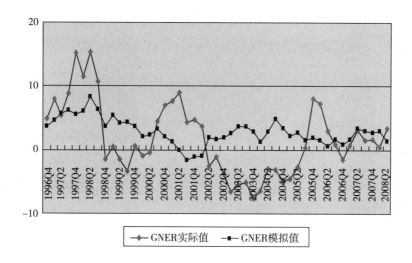

图 3 – 12　GNER 的实际值和模拟值对比

3.6　本章结论

本章对开放经济下中国货币政策操作中的规则性和相机抉择性成分进行了分离，发现我国的经济波动主要是由相机抉择性货币政策成分引起的。动态模拟的结果表明，如果中国在开放经济下采用规则型货币政策操作，我国经济的波动程度将会大大降低。本章的研究结论如下：

第一，从 1996 年至今，我国基本上实行的是以相机抉择性成分为主的货币政策。在此期间，规则性货币政策成分只对经济运行产生很小影响或基本没有影响。在真实 GDP 增长率和通货膨胀率的波动方面，引入开放经济因素的分析与卞志村（2007）在封闭经济下分析所得出的结论基本一致。而且我们还发现，中国货币政策的相机抉择成分加剧了人民币有效汇率的波动。

第二，通过与卞志村（2007）有关封闭经济下的动态模拟结果对比可以发现，在开放经济下使用规则型货币政策能使经济波动程度减小得更多。卞志村（2007）的研究结果表明封闭经济下的货币政策如果实现向规则型操作转型，产出增长的方差改善程度为 17.27%，通货膨胀的方差改善程度为 15.87%。本文对开放经济下的中国货币政策研究发现，同样的货币政策转型将使产出增长的波动方差改善 74.94%，通货膨胀的波动方差改善 43.55%，人民币名义有效汇率变化率的波动方差改善 86.64%。由此可以推论，越开放的经济体越需要规则型的货币政策，这样才能减少经济的不规则波动，提高社会福利水平，实现内外部经济的稳定均衡。随着经济和金融全球化的加速，规则型的货币政策越来越受到各国中央银行的青睐就不足为怪了。

第三，我国货币政策应该由当前以相机抉择为主向以规则为主的货币政策操作转型。通过对货币政策的动态模拟我们可以看出，规则型货币政策不仅能够减少实际经济的波动，稳定通货膨胀预期，而且能大大减少人民币名义有效汇率波动。如果我国货币政策实现了向规则型操作转型，不仅可以减少国际贸易中的不确定性，同时又能使经济运行更加稳定，这对中国的开放经济保持健康发展尤为重要。

随着我国向社会主义市场经济体制转型的逐步推进，市场经济的雏形已基本形成，各层次经济主体越来越需要一个稳定的宏观经济坏境，当然也包括货币环境。只有在稳定的货币经济环境中，各经济主体才能形成稳定的预期，从而减少经济活动的盲目性，提高经济运行的效率。按"规则"型货币政策操作规范行事，正是适应了这种需要。由于货币政策操作"有章可循"，并且"规则"型货币政策有明显的透明度和可信度，非常有利于形成稳定市场预期，从而促进稳定货币经济环境的形成。

4

开放经济下的泰勒规则

自 Kydlland 和 Prescott（1977）开创有关"动态非一致性"的研究后，规则型货币政策普遍被认为优于相机抉择，由此开创了对货币政策规则的研究。其中泰勒（1993）提出的利率反馈规则成为工具规则中的代表，其基本表述形式为：

$$i_t = r^* + \pi_t + \alpha(\pi_t - \pi^*) + \beta y_t \tag{4.1}$$

其中，i_t 表示名义联邦基金利率，r^* 表示均衡的实际联邦基金利率，π_t 表示前 4 个季度的平均通货膨胀率，π^* 表示目标通货膨胀率，y_t 表示实际 GDP 偏离其目标水平的百分比，在这个模型中，如果实际通胀率上升到高于其目标值或当实际 GDP 超过其目标水平时，联邦基金利率就会上升。

泰勒规则被提出之后，出现了大量对泰勒规则及其变形进行研究的文献（Rotemberg & Woodford，1997；CGG①，2000；Orphanides，2001），这些文献包括对泰勒规则应为前瞻性还是后顾性的研究（Bernanke & Woodford，1997；Benhabib et al.，2003；Carlstrom and Fuerst，2002，2003），对弹性价格和黏性价格假设的区别分析（Carlstrom & Fuerst，2001），对货币进入效用函数和生产函数的讨论（Carlstrom & Fuerst，2001；Benhabib et al.，2001）等。这些研究得出的结论基本相似，即封闭经济下的泰勒规则能够有效熨平经济波动，平滑经济周期，实现经济的一般均衡，保证均衡稳定的条件是当通货膨胀上升时，名义利率以更大幅度的上升，以保证实际利率上升抑制需求，降低通货膨胀（CGG，2000；Kerr and King，1996；Woodford，2003）。这些研究共同的缺陷在于缺乏对开放经济因素的考虑。

此后，许多学者为完善关于泰勒规则的研究，将封闭经济下的分析扩展到

---

① 即 Clarida，Gali 和 Gertler，以下简称 CGG。

开放经济下，并取得了一些成果。这些研究成果揭示了在开放经济下使用泰勒规则需要考虑的问题，首先，开放经济下的泰勒规则是否应该包含汇率项，本国利率对汇率波动应该作出多大的反应；其次，本国与外国是否应该建立货币政策协调机制，建立之后将给泰勒规则的使用带来什么变化；最后，在形如（4.1）式的泰勒规则中，封闭经济下要满足 $\alpha > 1$，才能实现经济稳定，所以 $\alpha > 1$ 又被称为"泰勒条件"。但这一条件在开放经济下受到了挑战。开放经济下，"泰勒条件"可能不再是经济稳定的充分条件，此时泰勒规则需要满足什么条件才能实现本国经济稳定。

4.1　泰勒规则中的汇率

开放经济下有关泰勒规则的研究中，最被关注的是，汇率是否应该直接进入泰勒规则反应式。泰勒（2001）总结了加入汇率项后有关泰勒规则的研究，并将其分为以下四个步骤：（1）在经济体系中设定一系列包含汇率的利率规则；（2）求出模型稳态；（3）模拟模型中主要变量对随机冲击的反应；（4）选择使本国福利最大化的利率规则。这些政策估计模型中，大部分都假设资本完全流动，因此汇率一般都通过利率平价条件或其集约形式进入模型（Ball，1999；Taylor，1999b；Svensson，2000；Kollmann，2002；Linnemann & Schabert，2006；Spahn，2007）。

4.1.1　引入汇率后的标准化模型

泰勒（2001）对引入汇率后的有关泰勒规则的研究进行了总结。他认为，包含汇率的泰勒型规则都可由下式表示：

$$i_t = f\pi_t + gy_t + h_0e_t + h_1e_{t-1} \tag{4.2}$$

其中，i_t 是由中央银行制定的短期名义利率，π_t 是通货膨胀率，y_t 是实际 GDP 对潜在 GDP 的偏离。变量 e_t 为实际汇率（e_t 上升代表本币实际升值）。为了简化分析，方程（4.2）中没有截距项，即目标通货膨胀率为零，利率和汇率均为对其稳态值的偏离。式（4.2）包含了大部分引入汇率后的有关泰勒规则的研究。

式（4.2）中 f、g、h_0 和 h_1 为模型参数。如果 $f > 1$，$g > 0$，且 $h_0 = h_1 = 0$，方程（4.2）就变为泰勒原式（Taylor，1993）。在式（4.2）中，很容易将 $h = 0$ 时称为封闭经济下的泰勒规则，将 h 不为 0 时称为开放经济下的泰勒规则。这种说法实际上有很大误导性，即使泰勒规则不对汇率作出反应（$h_0 =$

$h_1 = 0$），它也可能包含了对开放经济因素的考虑，能够实现本国在开放经济下的福利水平最大化（Batini，Levine & Pearlman，2007）。同时，式（4.2）不仅包含了对当期汇率的调整，还包含了对上一期汇率的反应。

4.1.2　关于该模型的讨论

Ball（1999）在黏性价格假设下，发现小型开放经济体最优参数值为 $h_0 = -0.37, h_1 = 0.17$，即汇率上升 10%，利率将下降 3.7%，而其中将有 1.7% 被抵消，所以在 Ball 模型中，汇率上升将引起利率的负向变动。当汇率上升时，本国出口下降，总需求减少，利率下降可以增加需求，减少汇率上升带来的经济波动。

在 Ball（1999）模型中，对汇率直接反应的泰勒规则要优于 $h_0 = h_1 = 0$ 时。当保持产出缺口的标准差不变时，引入汇率后的泰勒规则可将通胀缺口标准差由 2.0% 降低到 1.9%，这意味着对汇率直接作出反应的泰勒规则只能很微弱地提高本国福利水平。

Taylor（1999b）建立七国模型对式（4.2）进行了检验，其检验对象是欧洲中央银行，得出反应系数为 $h_0 = -0.25, h_1 = 0.15$，通过模拟发现，引入汇率后的泰勒规则可以提高一些国家的福利水平，但这种提升很微弱，而在另一些国家反而会加剧经济波动，总的来说，不对汇率作出反应的泰勒规则已接近最优。

Svensson（2000）在开放经济分析中引入微观基础，得出了与 Ball（1999）大致相同的政策规则。Svensson（2000）对方程（4.2）参数估计的结果为 $h_0 = -0.45, h_1 = 0.45$，通过模拟发现，利率规则将通货膨胀标准差由 2.1% 降至 1.8%，产出变化却由 1.7% 上升至 1.8%。因此，对汇率直接反应的泰勒规则实际上将会导致产出波动的恶化。

4.1.3　相关解释

为什么引入汇率后的泰勒规则无法降低经济波动？主要有以下两个原因。

第一，泰勒规则原式中可能已包含对汇率的考虑，即当式（4.2）中 $h_0 = h_1 = 0$ 时，尽管利率没对汇率直接作出反应，但泰勒规则原式中利率的变化已经间接对汇率变化作出了调整。假设汇率上升，本国经济将受两方面影响，首先本国出口会降低，进而降低本国总需求，抑制通货膨胀；其次汇率上升还会降低进口商品价格，将进一步降低本国通货膨胀水平。一般情况下，汇率传递机制存在时滞，假定汇率传递滞后 1 期，那么理性预期条件下，t 期汇率升值

将会降低 $t+1$ 期本国产出和通货膨胀的预期，如果中央银行遵守承诺的利率规则，就会产生较低的预期利率，在包含理性预期的利率期限结构模型中，较低的短期利率预期会导致当前长期利率下降。因此，当中央银行遵守不变的利率规则，而且汇率传递存在滞后时，泰勒规则原式中的利率实际上已经间接对汇率变动作出了调整（Taylor，2001）。

第二，浮动汇率制下，各国汇率波动更像资产价格而非商品价格，一般情况下与经济基本面联系不大，可能只有在经济基本面受到很大冲击时，汇率才能清楚传递信息。因此，泰勒规则不直接包含汇率的理由，与其不对资产价格直接反应的理由相同，即可能会增加投机性攻击的可能性（Obstfeld & Rogoff，1995；Bernanke & Gerlter，1999）。只有汇率出现很大波动，而且发出的信号得到其他变量确认时，才有必要增加汇率的权重（Rogoff，2006）。

关于开放经济下的泰勒规则是否应该对汇率直接作出反应，研究结果已经很明显。无论是 Ball（1999）黏性价格下的小型开放经济模型，还是 Svensson（2000）具有微观基础的新凯恩斯主义模型，或者 Taylor（1999b）建立的七国模型，都说明对汇率直接反应的泰勒规则不会大幅改善社会福利水平。除了实证检验以外，许多学者在不同理论模型中推导出开放经济下最优利率反应规则式中，也不包含对汇率的直接反应（Carlstrom & Fuerst，1999；CGG，2000；Gali & Monacelli；2005；Batini，Levine & Pearlman，2007）。可见，开放经济下将汇率作为变量直接引入泰勒规则是不太必要的。但本书认为，在使用这些结论时仍需考虑以下两个问题：首先，无论是实证检验还是理论研究，这些分析大都集中于发达国家的假设，缺少对发展中国家及新兴市场国家的说明，而发展中国家和新兴市场国家有自己的特点，一是发展中国家的资本流动一般都有限制，汇率不能通过利率平价条件进入模型，二是这些国家的政策目标函数中可能会包含汇率的波动；其次，关于不对汇率波动反应的两个解释也存在争议，一是泰勒规则原式中隐含对汇率反应需要两个条件，即中央银行遵循不变的规则及理性预期，这两个假设本身都值得怀疑，二是浮动汇率制下汇率波动更像资产价格，但固定汇率制或爬行钉住汇率制下则不同，对汇率直接作出反应的成本也会小很多。

4.2 政策协调下的最优泰勒规则

开放经济下有关货币政策研究的另一重要课题是各国间的政策协调问题，

本国中央银行是否应该对其他国家通货膨胀和产出变动作出反应？各国中央银行是否应该建立共同政策目标，并以此作为各自制定政策的依据？这些问题都是开放经济下必须解决的，CGG（2001，2002）给出了一个简单的分析框架。

CGG（2001，2002）将 CGG（1999）在封闭经济下的分析扩展到开放经济中，利用与 Svensson（2000）、Obstfeld 和 Rogoff（2000）等类似的小国开放经济模型，得出其开放经济下分析框架，由以下三个方程组成：

$$x_t = E_t x_{t+1} - \frac{1+w}{\sigma}(r_t - E_t \pi_{t+1} - rr_t^o) \qquad (4.3)$$

$$\pi_t = \beta E_t \pi_{t+1} + \lambda_w x_t + u_t \qquad (4.4)$$

$$s_t = \frac{\sigma}{1+w}x_t + s_t^o \qquad (4.5)$$

其中，x_t 为本国产出缺口，r_t 为本国名义利率，rr_t^o 为本国长期均衡实际利率，$s_t = e_t + p_t^* - p_t$ 为本国贸易条件，e_t 为名义汇率，p_t、p_t^* 分别代表国内和国外的价格水平，s_t^o 为本国长期均衡贸易条件，u_t 代表供给冲击。

式（4.3）、式（4.4）和式（4.5）分别代表 CGG（2001，2002）模型下的 IS 曲线、AS 曲线和贸易条件方程。由式（4.3）、式（4.4）可看出，开放经济的因素并没有直接进入 IS 曲线和 AS 曲线方程，但需要说明的是，CGG（2001，2002）开放经济模型与封闭经济下的主要区别在于，外国变量通过影响本国潜在产出 y_0、长期均衡实际利率 rr_0 及长期均衡贸易条件 s_t^o 影响本国经济。同时，式（4.5）显示本国贸易条件缺口与产出缺口成正比，因此，即使开放经济下本国中央银行损失函数中包含贸易条件缺口，也可由这种比例关系将其转换为产出缺口，在形式上与封闭经济下保持一致。接下来，CGG（2001，2002）使用这一模型对开放经济下政策协调问题进行了讨论。

4.2.1 两国政策不协调时的最优泰勒规则形式

因为 CGG（2002）讨论的是小国开放经济，因此，在两国政策不协调的情况下，本国制定政策不会改变外国政策和经济情况，所以本国政府面临的损失函数与封闭经济下相同，即 $\max - (1/2) \sum_{i=0}^{i=\infty} E_t [\alpha_w x_{t+i}^2 + \pi_{t+i}^2]$。同时，在与封闭经济下相同的 IS 曲线和 AS 曲线方程的约束下，其最优解与 CGG（1999）封闭经济模型形式上相同，即 $r_t = rr_t^o + b E_t \pi_{t+1}$。外国经济只影响模型参数，对泰勒规则的基本形式没有影响。

4.2.2 两国政策协调时的最优泰勒规则形式

CGG（2002）还讨论了本国与外国货币政策协调时的情况。当本国和外国共同协调制定货币政策时，两国制定相同政策目标，建立明确的货币政策协调机制。CGG（2002）通过对两国代表性家庭的效用函数的二阶近似，求出两国中央银行协调制定货币政策时的目标函数为：

$$\max \ -(1/2)E_0 \sum_{t=0}^{\infty} \beta^t \big[\ (1 - \gamma)(\pi_t^2 + \alpha \tilde{x}_t^2)$$
$$+ \gamma(\pi_t^{*2} + \alpha^* x_t^{*2}) - 2\Phi x_t x_t^* \ \big]$$

其中，$*$ 代表外国变量，$\tilde{x}_t$ 为政策协调时与稳态的偏离，其与 x_t 关系为 $\tilde{x}_t = x_t - \dfrac{\kappa_0}{\kappa}\tilde{x}_t^*$，$\kappa$ 和 κ_0 分别代表边际成本对国内和国外产出的弹性。在两国政策协调模型中，本国中央银行损失函数与封闭经济下和政策不协调时的损失函数（Woodford，1997，2003；Benigno & Woodford，2003）都有很大区别。

由开放经济下 AS 曲线（4.4）式及两国变量之间的关系，可以得出两国面临的总供给曲线：

$$\pi_t = \beta E_t \pi_{t+1} + \lambda \tilde{x}_t + \lambda_0 \tilde{x}_t^* + u_t \tag{4.6}$$

$$\pi_t^* = \beta E_t \pi_{t+1}^* + \lambda^* \tilde{x}_t^* + \lambda_0^* \tilde{x} + u_t^* \tag{4.7}$$

其中，$\lambda_0 = \delta\kappa_0$ 反映本国通货膨胀对外国产出缺口的敏感程度，$\lambda_0^* = \delta^* \kappa_0^*$ 是外国通货膨胀对本国产出缺口的敏感度。λ_0 和 λ_0^* 取决于各国边际成本对国外产出的弹性。外国产出上升会降低本国边际成本，所以外国产出缺口的上升会降低本国通货膨胀。

最大化各国中央银行目标函数，可求出政策协调时本国最优利率反应函数为：

$$r_t = rr_t^o + bE_t \pi_{t+1} + \frac{\kappa_0}{\kappa}(b - 1)E_t \pi_{t+1}^* \tag{4.8}$$

因此，当两国建立货币政策协调机制时，一国最优泰勒型规则还需要对外国通货膨胀作出反应。

CGG（2002）模型表明，开放经济小国的最优泰勒规则与封闭经济下的相比，只需改变其中的参数值，在形式上并不需要变化。但当两国建立货币政策协调机制时，本国中央银行的损失函数将发生变化，这一损失函数是本国在与外国进行协商后共同追求的。因而，此时本国最优泰勒规则不仅需要包含本国经济指标，还要考虑外国经济情况。可见，如果本国与外国建立协调机制，追求共同目标时，泰勒规则需要被修正。

这种修正会带来本国福利效用的提高吗？答案是肯定的。CGG（2002）虽然没有给出具体福利改善的具体数值，但仍指出协调机制无疑会增加本国福利。但很多学者对比两国间政策协调与不协调时本国的福利水平后发现，政策协调带来的福利改善程度并不明显（Bullard & Schaling，2005；Coenen，Lombardo，Smets & Straub，2007）。

这些理论与各国经济实践相一致，迄今为止仍未有两国建立真正的货币政策协调机制，很大程度上与协调只能很少地提高本国福利水平有关。当前世界各国政策协调主要集中在信息交换层面上，或者当影响全球经济的事件发生时，这也是各国以本国福利最大化为目标，充分考虑国外反应的基础上作出的决策，并不是真正意义上的协调。而且，从当前各国政策体系来看，建立货币政策国际协调机制仍然很遥远。不对国外经济指标反应的泰勒规则形式在开放经济条件下或许不是最优的，但考虑到建立货币政策协调机制的成本及国际形势变动的复杂性，其也许是当前最现实的选择（Taylor，2008）。

4.3   开放经济下前瞻性泰勒规则与泰勒条件

如（4.1）式所示，α 和 β 均为政策性变量系数。政策性变量系数 α 可以近似理解为名义利率变动对于通胀率变动的反应程度，如 $\alpha > 1$，则当通胀率上升时，名义利率的上升幅度更大，这样就会造成实际利率上升，总需求受到抑制，最终能使通胀率回落；反之在通胀下降时，实际利率下降，总需求增加，通胀回升。此时货币政策是一种稳定政策。但如果 $\alpha < 1$，泰勒规则将是一种非稳定政策。因此，封闭经济下，$\alpha > 1$ 能够使泰勒规则在宏观经济运行中发挥正确调节作用，被称为"泰勒条件"。同时，货币当局一般会基于未来经济环境的预期而制定政策，所以封闭经济下，大多数研究者倾向于运用具有前瞻性或基于预期的利率规则而不是当前规则（McCallum，1997；McCallum & Nelson，1999；CGG，1999；Woodford，1999；Taylor，2001；Batini & Pearlman，2002；Svensson，2003）。

但开放经济下的分析可能会带来变化。例如，Fiore 和 Liu（2004）发现，开放经济下，泰勒规则即使满足"泰勒条件"也无法有效降低经济波动，Leith 和 Wren - Lewis（2002）使用两国模型研究也发现，小型开放经济体即使使用满足"泰勒条件"的利率规则也无法保证本国经济稳定。但 Gali 和 Mona-celli（2005）研究表明，小型开放经济体如果在实施泰勒规则时满足"泰勒条件"，就能很好地稳定经济。开放经济条件下有关泰勒规则的研究得出相反结论，为什么会出现这一现象呢？Linnemann 和 Schabert（2006）认为原因主要在于这些研究对泰勒规则特征的假设不同，Leith 和 Wren - Lewis（2002）及 Fiore 和 Liu（2004）假设本国中央银行实施前瞻性泰勒规则，而 Gali 和 Mona-celli（2005）模型中，本国中央银行实施的泰勒规则却以当前政策指标为基础。

Linnemann 和 Schabert（2006）指出，在资本完全流动的小型开放经济体中，如果使用前瞻性泰勒规则，即使满足"泰勒条件"，也可能导致经济不稳定。假设本国在开放经济下使用前瞻性泰勒规则，对通货膨胀的反应系数 $\alpha > 1$，本国通货膨胀上升时，实际利率也随之上升。假定外国利率不变，本国实际利率上升将使本币收益率大于外国收益率，增加对本币需求，本币立即升值，实际汇率 q_t 下降（直接标价法），同时伴随本币预期的贬值，即预期实际汇率 $E_t q_{t+1}/q_t$ 上升。本币当期升值一方面减少出口产品需求，降低本国通货膨胀预期；另一方面将提高本国实际工资购买力水平，降低本国生产要素投入价格，减少国内企业生产成本，进而降低本国通货膨胀预期。但本币预期贬值会导致进口商品价格的上升，从而产生本国通货膨胀上升的预期，即本币预期贬值对通货膨胀影响与即期升值相反，其具体效应可用下式表述：

$$E_t \hat{\pi}_{t+1} = E_t \hat{\pi}_{H,t+1} + [\vartheta/(1-\vartheta)](E_t \hat{q}_{t+1} - \hat{q}_t) \tag{4.9}$$

其中，$\hat{x}_t$ 表示变量 x_t 对其稳态价值 x 的偏离，即 $\hat{x}_t = \log x_t/x$。$E_t \hat{\pi}_{t+1}$ 表示本币升值对国内通货膨胀预期变化的总效应，$E_t \hat{\pi}_{H,t+1} < 0$ 表示本币即期升值对预期通胀的紧缩效应，$E_t \hat{q}_{t+1} - \hat{q}_t$ 为本币预期贬值对预期通胀的刺激。ϑ 表示本国开放程度，ϑ 较大意味着进口商品在本国消费品中所占比例较大，因而本币预期贬值带来预期通货膨胀上升的效应将大于即期升值带来的紧缩效应，前瞻性泰勒规则在开放经济下成为一种非稳定政策。所以，Linnemann 和 Schabert（2006）提出，开放经济下，"泰勒条件"无法构成泰勒规则稳定经济的充分条件。

同时，Linnemann 和 Schabert（2006）也给出了解决办法，当本国中央银行不以预期通货膨胀作为制定利率的指标时，就能够解决这一问题。因为当本国利率只对当前通货膨胀作出反应时，实际利率上升同样会引起本币预期贬值，但这种预期贬值只会通过影响本币当前贬值影响通货膨胀率，如（4.10）

式所示:

$$\hat{\pi}_t = \hat{\pi}_{H,t} + [\vartheta/(1-\vartheta)](\hat{q}_t - \hat{q}_{t-1}) \qquad (4.10)$$

其中，q_{t-1} 为前定变量，所以预期实际汇率变化不会影响政策指标 π_t，泰勒规则稳定经济的条件此时与封闭经济下相同，即通货膨胀反应系数 $\alpha > 1$。

由此可见，开放经济下本国中央银行是否使用前瞻性泰勒规则会改变经济稳定的条件。在开放经济下，如果本国实行前瞻性泰勒规则，即使满足"泰勒条件"，开放程度的增加也可能会使泰勒规则失去稳定经济的作用。因而，开放经济下只有当泰勒规则以当前数据作为经济指标，同时满足"泰勒条件"时，才能稳定经济，减少经济波动。

从以上总结可以看出，开放经济下对泰勒规则的讨论主要集中在三个方面。

一是汇率在泰勒规则中应该扮演什么角色。本书以 Taylor（2001）的总结为基础，对 Ball（1999）、Taylor（1999b）、Svensson（2000）等开放经济模型分别进行讨论，结果发现，将汇率引入泰勒规则的好处有限，甚至有时还会加大经济波动。主要有两个原因：一是汇率波动程度更像资产价格，将其直接引入泰勒规则会造成利率频繁波动；二是泰勒规则原式已经包含了对汇率的间接考虑。所以，将汇率作为政策工具直接引入泰勒规则可能是不太合适的。

二是两国间的政策协调会给泰勒规则带来怎样变化。本书以 CGG（2001，2002）模型为基础，对相关文献回顾总结后发现，两国政策不协调时，本国的最优泰勒规则形式上无需变化，外国经济变量只会通过改变模型中的参数值来影响本国最优泰勒规则。但当两国建立共同的货币政策目标和协调机制时，本国最优泰勒规则将需要引入外国经济变量。虽然建立国际货币政策协调机制能够提高每个国家的福利，但与其成本相比，这种提高微不足道，这也是各国迟迟无法建立政策协调机制的主要原因。

三是开放经济下前瞻性泰勒规则会使经济稳定条件发生变化。本书以 Linnemann 和 Schabert（2006）模型说明了开放经济下前瞻性泰勒规则即使满足"泰勒条件"，仍可能导致经济失稳。尤其是在经济开放度很高，进口商品在本国消费品中占很大比例时，泰勒规则无法稳定经济。因为"泰勒条件"使本国名义利率上升幅度高于通货膨胀上升水平，本国实际利率上升，本币即期升值，预期贬值，本币贬值的预期会刺激本国预期通货膨胀，当进口商品占本国消费比例较大时，本币预期贬值对通货膨胀的刺激效应就会大于利率上升及本币升值引起的紧缩效应，进而刺激通货膨胀率上升。因此，相对于封闭经济，开放经济下对前瞻性泰勒规则的使用必须更加慎重。

4.4 泰勒规则在中国的实证研究

自 2000 年以来，自国内学者谢平、罗雄（2002）首次使用中国数据对泰勒规则在中国的应用分析后，关于泰勒规则在中国的研究就层出不穷。从现存的文献看，泰勒规则在中国的研究主要集中于三个方面。一是历史分析法。历史分析法是根据历史数据，使用泰勒规则原式及其变形求出利率的规则值，并将其与中央银行实际操作值相比较，用以衡量货币政策一些基本特征。历史分析法作为模型的必要说明，通过案例分析和特定历史事实的分析，有助于更加准确总结货币政策实践经验，能够将引起经济波动的政策规则效应和其他效应区别出来，在理解遵循货币政策规则框架下的中央银行如何有效运用相机抉择的方面，历史分析法也具有很多优越性（Taylor，1999）。二是利率反应函数法。利率反应函数是对一国利率变动情况的说明，根据现实数据估计出本国利率对通胀缺口、产出缺口等变量的反应系数，并将其与标准泰勒规则进行比较，分析本国利率反应的特征。三是协整分析法。协整分析法通过检验利率水平与产出缺口和通胀缺口之间是否存在长期均衡关系，进而检验泰勒规则的一种方法。四是开放经济下泰勒规则的相关建议，基于泰勒规则是主要针对封闭经济，我国学者在泰勒规则中引入各种开放经济因素，对其进行扩展，代表性的研究是在泰勒规则中引入汇率及外国产出波动等。本节接下来将对这四种研究方法进行简单综述。

4.4.1 历史分析法

谢平、罗雄（2002）用于历史分析的货币政策规则为泰勒规则原式，即为：

$$i_t = \bar{r} + \pi_t + 0.5(\pi_t - \pi^*) + 0.5\tilde{y}_t \tag{4.11}$$

其中，i_t 是中央银行用作工具或政策目标的短期名义利率，即在一天或一周内能够控制的利率，r 是长期均衡实际利率，π^* 是中央银行的目标通货膨胀率。

谢平、罗雄（2002）根据对 1992 年第一季度到 2001 年第四季度利率规则值与实际操作值相比较发现，泰勒规则能够为中国货币政策提供一个参照尺度，衡量货币政策松紧。历史检验结果表明，利率的规则值与实际操作值在很大程度上是拟合的，偏离之处恰恰是货币政策操作滞后于经济形势发展的时候，因此泰勒规则能够为中国货币政策操作提供一个参照尺度。

李琼、王志伟（2009）也采用了历史分析法对泰勒规则进行检验，其检验模型由下式给出：

$$i_t = \bar{r} + \pi_t + g\tilde{y}_t + h(\pi_t - \pi^*) \tag{4.12}$$

根据参数设定不同，设定了如下系列规则：（1）规则1：$g = 0.5$，$h = 0.5$；（2）规则2：$g = 1$，$h = 0.5$；（3）规则3：$g = 0.1$，$h = 0.5$；（4）规则4：$g = 1$，$h = 0$。

李琼、王志伟（2009）分别用线性趋势法和HP滤波法进行产出估计后对上述泰勒型规则进行历史模拟，结果基本一致，即产出缺口估算方法对泰勒规则值模拟无明显影响，其模拟得出的结论基本与谢平、罗雄（2002）类似，即利率的规则值与实际值的走势在一定程度上能够说明中国经济及货币政策走势的基本特征。

笔者认为，虽然泰勒规则的历史分析法可以作为分析中国经济和货币政策的参考，但其存在很多缺陷。第一，泰勒规则原式是针对封闭经济而言的，所以在历史分析法下的分析自动过滤了开放经济因素，这在越来越开放的世界经济环境中是需要修正的。第二，泰勒规则原式可能造成中央银行的过度反应，很多时候，人们采取的是泰勒规则的变形，即 $i_t = \lambda i_{t-1} + (1 - \lambda)[\bar{r} + \pi_t + 0.5\tilde{y}_t + 1.5(\pi_t - \pi^*)]$，这一定义赋予前期利率一个任意权重，以平滑利率。特别是在泰勒规则的历史分析中，这一自回归形式的模型可以更好地符合实际观察到的政策（Orphanides，2001），而上述历史分析法缺少利率平滑项的考虑。第三，关于产出缺口和均衡实际利率的测算仍然是个问题，Kozicki（1999）已指出潜在产出测算方法会导致不同结果。至于均衡的真实利率水平的估计就更加困难，一个典型的泰勒规则是由一个未观测到的均衡实际利率水平和一个在多数情况下未观测到的通货膨胀目标所组成的，解决这个问题的一种最常用的方法是在两个变量中先假设一个变量值，然后再估计另一个变量。运用这种方法的有 Judd 和 Rudebusch（1998）、Kozicki（1999）和 CGG 等（2000），他们将均衡实际利率视为平均联邦基金利率和平均通货膨胀率之差。有了测算均衡实际利率的方法，就可以由估计出的泰勒规则的常数项求出目标通货膨胀率。反之，如果开始给定的是通货膨胀目标，也能用这种方法计算出均衡实际利率水平。还有一些其他的复杂方法，如 Rudebusch（2001）就利用

IS 方程估计均衡实际利率水平：$\tilde{y}_t = \vartheta_1 \tilde{y}_{t-1} + \vartheta_2 \tilde{y}_{t-2} - \theta(i_{t-1} - \pi_{t-1} - r^*) + v$。然而，假设均衡实际利率为常数本身就值得怀疑。Kozicki（1999）对美国均衡实际利率水平的估计结果随着所选样本区间的变化而变化，这表明均衡实际利率水平可能并不是常数。第四，Orphanides（2001）提出了所谓实时批判（real – time critique）问题。根据实时数据提出的政策建议与根据事后修正数据得出的政策建议截然不同，这也大大降低了历史分析法的可信度。

4.4.2 反应函数法

谢平、罗雄（2002）、王建国（2006）和卞志村（2006）都采用了 Clarida 等（1997，2000）的反应函数法对泰勒规则进行估计。根据泰勒规则的定义，这些估计都假定短期名义利率根据产出缺口和通胀缺口进行调整，调整方程为：

$$i_t^* = i^* + \alpha(E[\pi_{t,k} \mid \Omega_t] - \pi^*) + \beta(E[y_{t,q} \mid \Omega_t]) \qquad (4.13)$$

其中，i_t^* 表示在 t 期货币政策的目标利率水平，i^* 表示长期均衡名义利率，$\pi_{t,k}$ 表示从 t 期到 $t+k$ 期的通货膨胀水平，π^* 表示通胀目标，$y_{t,q}$ 是 t 期到 $t+q$ 期的产出缺口，E 是预期因子，Ω_t 表示在 t 期制定利率时的信息集。

令实际利率 $r_t^* = i_t^* - E[\pi_{t,k} \mid \Omega_t]$，长期均衡实际利率 $r^* = i^* - \pi^*$，代入（4.13）式有：

$$r_t^* = r^* + (\alpha - 1)(E[\pi_{t,k} \mid \Omega_t] - \pi^*) + \beta E[y_{t,q} \mid \Omega_t] \qquad (4.14)$$

中央银行在调整利率水平时一般会遵循平滑行为，这一行为往往是由于中央银行顾及到利率调整对资本市场的扰动、对央行信誉的影响以及央行的利率政策需要社会各方面的支持等。因此可用下式表示中央银行利率调整的平滑行为：

$$i_t = \rho(L)i_{t-1} + (1 - \rho)i_t^* \qquad (4.15)$$

其中，滞后多项式 $\rho(L) = \rho_1 + \rho_2 L + \cdots + \rho_n L^{n-1}$，且 $\rho = \rho(1)$，参数 $\rho \in [0, 1]$ 反映了利率平滑的程度，将（4 – 15）式代入（4 – 14）式得：

$$i_t = (1 - \rho)[r^* - (\alpha - 1)\pi^* + \alpha\pi_{t,k} + \beta y_{t,q}] + \rho i_{t-1} + \zeta_t \qquad (4.16)$$

其中，$\zeta_t = -(1 - \rho)[\alpha(\pi_{t,k} - E[\pi_{t,k} \mid \Omega_t]) + \beta(y_{t,q} - E[y_{t,q} \mid \Omega_t])]$，$\zeta_t$ 是无偏预测误差的线性组合，故 ζ_t 和 t 时期的信息集 Ω_t 是正交的，即有 $E[\zeta_t \Omega_t] = 0$。

假设 z_t 是 Ω_t 的一组工具变量，即意味着 z_t 与 Ω_t 高度相关，但与 ζ_t 仍然无关，于是有：

$$E\{[i_t - (1-\rho)[r^* - (\alpha-1)\pi^* + \alpha\pi_{t,k} + \beta y_{t,q}]$$
$$+ \rho i_{t-1}] \cdot z_t\} = 0 \qquad (4.17)$$

式（4.17）即为 GMM 估计中要满足的矩条件，其中，$\Phi = r^* - (\alpha - 1)\pi^*$ 作为单独估计的参数代表扣除通胀目标后的真实利率目标。

张屹山、张代强（2007）在建立估计模型时，根据我国实际情况，又将货币供应增长率引入反应函数，即将（4.13）式变为：

$$i_t^* = i^* + \alpha(E[\pi_{t,k} \mid \Omega_t] - \pi^*) + \beta(E[y_{t,q} \mid \Omega_t]) + \gamma M_{t-1} \qquad (4.18)$$

从模型估计结果看，各个模型的拟合度都比较好，因此结论也有一定相似性。即在我国现行利率体系下，根据预期通胀、预期产出和货币供给增长率的变化而进行的利率调整具有一定客观规律性。虽然目前我国央行尚未公开承诺实施任何货币政策规则，但这种客观规律表明，我国货币政策操作在一定程度上存在以货币政策反应函数为特征的规则性。因此，该反应函数能够为我国货币政策操作提供一个参考尺度，以衡量货币政策松紧（张屹山、张代强，2007）。

4.4.3 泰勒规则的协整检验

陆军、钟丹（2003）和卞志村（2006）采用协整理论（cointegration theory）来检验泰勒规则。协整理论常被用于分析非平稳时间序列，Engle 和 Granger（1987）发现，如果两个或两个以上的非平稳时间序列的线性组合能够组成平稳的时间序列，则称这些非平稳时间序列是协整的，称得到的平稳的线性组合为协整方程，可以认为协整方程的存在说明这些变量（非平稳的时间序列）之间存在长期的均衡关系。陆军、钟丹（2003）和卞志村（2006）的检验均以银行间同业拆借利率与实际均衡利率、通货膨胀率、通胀缺口和产出缺口这 5 个变量为分析对象，将拟检验模型设定为简单的泰勒规则形式：

$$IBOR = a_1 + a_2 PAI + \alpha PAIGAP + \beta GDPGAP \qquad (4.19)$$

其中，$IBOR$ 为银行间同业拆借利率；rr 为实际均衡利率，模型中使用 1 年期居民储蓄存款利率扣除 CPI 衡量的季度通货膨胀率代替；PAI 真实通货膨胀水平，以 CPI 表示；$PAIGAP$ 代表通货膨胀缺口，即 $CPI - P^*$，其中 P^* 表示潜在物价指数；$GDPGAP$ 代表潜在产出缺口。

虽然关于数据样本期和数据计算方法（如潜在 GDP、潜在物价指数）略有不同。但有关泰勒规则的协整检验结果基本相似，即我国的利率对产出缺口的反应系数与传统泰勒规则非常接近，对通货膨胀缺口的调整则与传统泰勒规则差别较大，显示出我国利率对通货膨胀的反应不足。

4.4.4 开放经济下泰勒规则的检验

关于对开放经济下对泰勒规则的扩展研究，主要集中于在泰勒规则中引入外国经济波动项或汇率项后，能否提高对利率的解释能力。

王胜、邹恒甫（2006）考虑了外国经济波动对中国利率水平的影响，将外国产出变化引入标准泰勒规则。其模型扩展如下：

$$i_t = \beta_0 + \beta_1 \pi_t + \beta_2 \tilde{y}_t + \beta_3 \Delta y_t^* \qquad (4.20)$$

其中，Δy_t^* 表示外国产出波动情况，即 $\Delta y_t^* = 100 \log(Y_{t+1}^* / Y_t^*)$，$Y_t^*$ 代表 t 期外国产出。

他们根据与中国进出口贸易额度和对中国投资情况筛选出样本伙伴国，并选出美国、日本和欧盟 15 国三个经济体作为影响中国经济的样本国。经过对式（4.20）估计后发现，美国经济波动对我国利率水平的影响效果最为显著，同时也比较稳定，其 t 统计值都在 2.05 以上，达到了 2.5% 的显著水平。此外，美国经济波动对我国利率水平的影响程度也相当大，其弹性高达 1.6 以上。但相比而言，日本经济波动的 t 统计值接近于零，对我国利率水平几乎不存在任何影响。而欧盟则介于美、日之间，对我国利率水平的决定有一些影响，但也不显著。因此，通过对开放经济下中国货币政策的检验，王胜等（2002）发现，标准的泰勒规则具有相当强的稳定性，国内通货膨胀和产出缺口依然是决定利率水平最重要的两大因素；并且在中国管理程度相对较紧的货币市场环境中，我国的利率水平相对通货膨胀和产出缺口变动调整不足，呈现出较为平稳的调整状况。线性回归分析结果表明，加入美国经济波动这个开放经济因素后，可以提高我国利率水平决定的准确性；但是，日本和欧盟经济波动的引入完全不能提高对我国利率的解释能力。

董艳玲（2007）对泰勒规则中加入汇率因素进行了探讨。董艳玲（2007）认为，中国利率和汇率并未完全市场化，汇率是影响利率的外生变量。货币政策既通过利率渠道影响经济运行，也通过汇率渠道影响经济运行，因此我国需要参考加入汇率因素的泰勒规则。董艳玲（2007）将汇率放入标准的泰勒规则式进行回归，发现泰勒规则中的汇率因素是显著的，利率和汇率之间可能存在相互影响。但李琼、王志伟（2009）在开放经济下引入利率平滑机制和汇率因素后，发现汇率项并不显著，可见，关于泰勒规则中直接引入汇率因素是否能改进整体拟合效果仍存在争议。

通过以上总结分析，可以发现有关泰勒规则的研究中 GMM 方法能够更好地对泰勒规则进行检验。主要原因有：第一，GMM 估计具有良好性质，因为它不要求扰动项的准确分布信息，允许随机误差项存在异方差和序列相关，所得到的参数估计量比其他参数估计方法更合乎实际，也更加稳健；第二，GMM 估计法中泰勒规则反应方程更加全面，尤其是对利率滞后项的考虑，更加符合各国中央银行制定利率时的行为特征；第三，GMM 估计法避开了一些具有争议性的数据测算，在其反应方程式中，不需直接测算均衡实际利率及均衡通货膨胀率，可降低估计误差。因此，本书将采用 GMM 方法对引入汇率项及外国经济波动项的泰勒规则分别估计。

4.5 开放经济下泰勒规则的反应函数法估计

4.5.1 数据的选取

本书选取季度样本数据进行检验，样本区间为 1996 年第一季度至 2008 年第四季度，共 52 个样本点。

4.5.1.1 利率

中国人民银行从 1994 年开始公布货币供应量统计指标，并逐步将其作为货币政策中介目标。由于利率在我国并没有完全市场化，同时因为我国货币政策目标并不是利率，故我们需要选取一个已经市场化的利率作为市场利率代理变量。这一指标应当符合市场利率的要求，即能够充分反映社会资金的供求信息，并且假定这一利率是中国货币政策的工具变量。在美国、日本等西方发达国家，国债利率往往是金融市场的基础利率，这主要得益于其灵活的发行制度、活跃的二级市场以及中央银行的公开市场操作。我国国债市场通过不断改革，发行机制逐步市场化，二级市场也有了较快发展，但由于国债市场规模较小，目前尚不能引导市场利率走向。由于我国货币市场是从 1984 年建立银行间同业拆借市场开始起步的，1996 年全国统一的同业拆借市场成功运行，同年 6 月取消了对同业拆借利率的上限管理，故我们选取同业拆借市场利率作为市场利率的代理变量。

由于 1993 年前后全国金融机构之间存在混乱的拆借行为，主要表现为一部分金融机构将拆借市场作为长期融资渠道，将拆入的部分资金用作证券投资和房地产投资，拆借实际上成为了当时银行逃避信贷规模管理的主要形式

（谢多，2001）。上海作为当时国内最大的短期资金集散地和全国的金融中心，同业拆借市场秩序较好，1993 年违规拆借仅占上海同业拆借市场的 1.3%，且上海融资中心的交易量占上海同业拆借市场的比重逐年上升（陈人俊，1994）。所以，上海同业拆借市场能够较好地反映 1996 年联网前的全国同业拆借市场状况（谢平、罗雄，2002）。本书样本期为 1996 年至 2008 年，故只需选取 7 天同业拆借利率，数据来源于《中国人民银行统计季报》各期。

. 4.5.1.2 目标通货膨胀率

我们使用"潜在物价指数法"，即引入"潜在物价指数 P^*"作为通货膨胀的目标值。潜在物价指数的计算基于费雪的交易方程式，具体指在给定货币供给量和均衡货币流通速度下，能维持潜在产出正常交易活动的均衡物价水平（陆军、钟丹，2003），即：

$$P^* = MV^*/Y^* \tag{4.21}$$

其中，M 以广义货币 M_2 表示，V^* 为均衡货币流通速度，Y^* 为潜在产出。理论上 V^* 应是产出水平、物价水平、利率及制度变迁等因素的函数，很难进行准确估计。简单起见，我们用每季度末的名义 GDP 除以当季末的广义货币 M_2 代替 V^*。用潜在物价指数 P^* 减去 1 即得到目标通货膨胀率。

4.5.1.3 GDP、潜在 GDP 与 GDP 缺口

本文 GDP 数据来源于各年的《中国统计年鉴》以及《中国人民银行统计季报》各期。季度 GDP 为当季发生额，即用本季的当年累计额减去上季的当年累计额。为了消除通货膨胀的影响，我们将名义季度 GDP 转化为真实季度 GDP（用 RGDP 表示），方法为：

真实季度 *GDP* = 名义季度 *GDP*/ 当季 *CPI*

由于我国经济投资主体的预算软约束以及由此产生的道德风险激励，潜在 GDP 概念在中国一直是个有争议的问题，因此估计方法也较多。如陆军、钟丹（2003）运用生产函数法根据资本存量与社会劳动力等变量估计潜在 GDP；谢平、罗雄（2002）则采用时间趋势项及虚拟变量方法通过线性趋势来估计。一般来说，线性趋势估计对拟合时期的选取非常敏感，二次趋势估计也有同样问题。虽然生产函数方法理论上是估计潜在产出的最佳方法，但我国充分就业下的资本和劳动力的观测和统计非常困难，已有文献估计误差较大。至于 HP 滤波法，如果是年度数据，产出的趋势往往非常接近真实 GDP 的历史走势，故得出的产出缺口易低估经济意义上的缺口值；如果是季度数据，由于 HP 滤波会滤除季节波动成分，对于季节波动相当明显的我国季度 GDP 来说，该方

法就会夸大产出缺口。

本文先用 HP 滤波法得到我国季度 GDP 的长期趋势值，再引入三个季节虚拟变量，然后用真实 GDP 的对数值与常数项、HP 滤波值以及季节虚拟变量作回归，最后根据回归方程得到潜在 GDP 的季度估计值。

三个季节虚拟变量为：

$$D_1 = \begin{cases} 1 & \text{一季度} \\ 0 & \text{其他} \end{cases} \quad D_2 = \begin{cases} 1 & \text{二季度} \\ 0 & \text{其他} \end{cases} \quad D_3 = \begin{cases} 1 & \text{三季度} \\ 0 & \text{其他} \end{cases}$$

回归方程为（括号中数值为 t 值）：

$$LOG(RGDP) = 0.5282 + 0.9686 LOG(HPGDP)$$
$$(3.4980) \quad\quad (67.0333)$$
$$- 0.3802 D1 - 0.2498 D2 - 0.2210 D3$$
$$(-21.8000) \quad (-14.3426) \quad (-12.6981) \quad (4.22)$$

$R^2 = 0.9910$　Adjusted　$R^2 = 0.9903$　DW $= 1.4871$

AIC $= -3.3017$　F 值 $= 1304.479$

其系数均至少在 5% 水平上显著，可以估计出潜在 GDP。

根据上式就可估计出潜在 GDP（用 UGDP 表示），图 4 - 1 描绘了真实 GDP 和潜在 GDP 走势，及 1996 年第一季度至 2008 年第四季度我国的产出缺口波动情况，产出缺口计算公式为

$$产出缺口 = \frac{真实\ GDP - 潜在\ GDP}{潜在\ GDP} \times 100\%$$

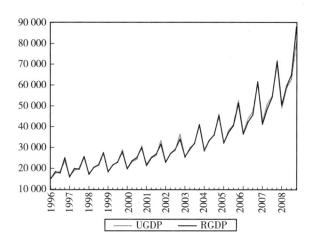

图 4 -1　1996 年以来中国的真实 GDP 与潜在 GDP

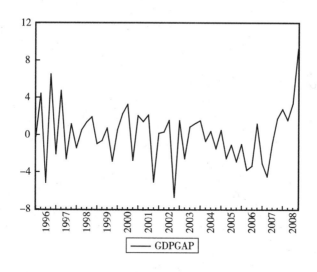

图 4 - 2　1996 年以来中国的 GDP 缺口

4.5.1.4　通货膨胀率

目前国内对通货膨胀率的衡量主要有两种方法，一种是消费者价格指数 CPI，另一种是用商品零售价格指数 RPI 衡量，两者最主要的区别是消费者价格指数将服务价格计算在内。本书选用消费者价格指数 CPI 作为衡量通货膨胀率的指标，主要原因有：

第一，商品零售价格指数的计算未考虑第三产业的变化。在改革开放初期，由于我国的第三产业在国内经济活动中所占比重不大，消费者物价指数与商品零售价格指数之间的差别也就不是很大。但随着第三产业在 GDP 中的占比逐渐提高，剔除了服务价格水平的商品零售价格指数就不足以反映一般价格水平的变化了，而相比较而言，由于消费者价格指数包含了服务价格的变化，就能比较全面地反映我国物价水平变化的程度。

第二，两种价格指数与 GDP 之间的相关程度不同。由于消费者价格指数比商品零售价格指数更能全面地反映物价水平的变动，故消费者价格指数与 GDP 之间的关系更加密切。目前，世界上大多数国家都采用消费者价格指数来反映通货膨胀水平。

第三，使用消费者价格指数衡量通货膨胀水平有很多优点。消费者价格指数衡量的通货膨胀率反映了商品经过流通环节形成的最终价格水平，CPI 的倒数就是货币购买力指数，它可以反映价格上涨后，居民持有货币的贬值程度，能直接反映价格变动对居民的影响。政府也常用这一指标作为制定和调整工资、福利等政策的依据。此外，消费者价格指数的编制较为方便，数据可得性较强。在 2000 年之前，我国只公布消费者价格指数的月度与年度同比数据，月环比数据不可得。但国家信息中心经济预测部从 2000 年开始发布《中国数据分析》，开始公布 2000 年 1 月以来的消费者价格指数的环比数据。

由于《中国人民银行统计季报》公布的 CPI 数据是月度数据，在计算中通过对每个季度的三个月度数据简单算术平均就可得到季度 CPI 数据，通货膨胀率的计算公式为：

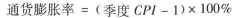

$$通货膨胀率 = （季度 CPI - 1）\times 100\%$$

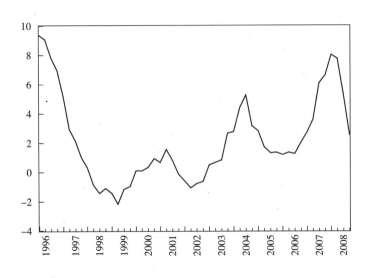

图 4 - 3   1996 年以来中国的通货膨胀率

4.5.1.5   人民币汇率

人民币自诞生之后，经历了汇率制度的多重演变。在最初相对封闭经济下的人民币汇率制度（1948—1980 年）和改革开放初期的人民币汇率制度（1980—1993 年）下，汇率调整僵硬，缺乏灵活性，多数情况下采取大幅度跳跃式贬值，汇率总体上不断下降，官方汇率存在长期高估，国内通货膨胀不断走高，人民币汇率市场较为混乱，实际汇率更加无法把握。1994 年，中国进行了外汇管理体制和汇率制度的重大改革，官方汇率与市场调节汇率并轨，建立以市场供求为基础的、单一的、有管理的浮动汇率制度。汇率并轨后的人民币对美元汇价为 1:8.72，每天变动幅度不超过基本汇价的 ±0.3%，人民币的名义汇率一直保持相对稳定，名义上单一的有管理的浮动汇率制实际上成为盯住美元汇率制。自1995年以后，人民币实际上实行的是锚定美元的汇率制度。此阶段人民币汇率的突出特点是汇率形成的不完全市场化和汇率水平变动的固定化。这给使用这一阶段中国名义汇率数据进行研究带来一定困难。但从2005年7月21日，人民银行公布实施以市场供求为基础、参考一篮子货币进行调节、有管理的浮动汇率制度后，人民币不断升值，反映人民币汇改之前存在一定低估现象，但整体上看，人民币汇率的浮动还是缺乏足够弹性。为此，我们拟选择国际清算银行（Bank for International Settlements，BIS）公布的人民币名义有效汇率（Nominal Effective Exchange Rate，NEER）及人民币实际有效汇率（Real Effective Exchange Rate，REER）进行实证分析。

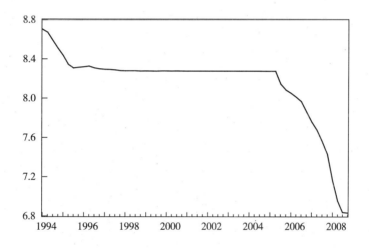

图4-4　1994年以来人民币对美元汇率变动情况

BIS采用加权几何平均数来计算有效汇率指数，其采用的权数是可变权数，权重来源于制造业，包括双边贸易和第三方市场贸易额，计算三年的平均权重作为权数。其按所包括的经济体分为狭义指数和广义指数，狭义指数采用27个贸易经济体数据，不包括中国；广义指数采用52个经济体，包括中国，分别采用月度数据计算名义有效汇率指数和实际有效汇率指数。有效汇率是一种加权平均汇率，因此更能够反映一国贸易商品竞争力，也能够更为准确衡量一国经济相对于其他国家的经济波动，图4-5给出了1994年以来由国际清算银行公布的名义有效汇率及实际有效汇率走势，图中数据以2005年为基期（2005年REER = 100，NEER = 100），数据来源于国际清算银行网站（http：//www. bis. org）。

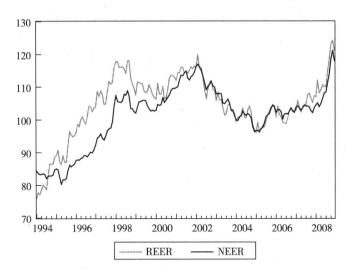

图 4 – 5 1994 年以来人民币 REER 及 NEER 变动情况

4.5.1.6 外国数据

本书在开放经济下对中国货币政策进行分析，除中国数据外，还需要考虑外国经济情况。所以我们还需选择会影响到中国货币政策的样本国家。我们可以通过以下两个方面来选择样本伙伴国：首先，与中国的经济交往密切，能够通过双边经济交流直接影响中国货币政策；其次，样本国家本身应具备一定经济规模，这样才能成为影响世界经济发展的主导力量，从而对中国经济产生辐射作用（王胜、邹恒甫，2006）。

当今各国之间的经济交往主要通过国际贸易和国际投资的形式进行。为此我们选择了与中国进出口贸易和投资前几名的国家（地区）进行比较分析。

表 4 –1 中国 2007 年对外经济情况

国家（或地区）	进出口总额（亿美元）	外商直接投资（亿美元）
美国	3 020.8	26
日本	2 360.9	36
中国香港	1 972.5	277
韩国	1 599.0	37
中国台湾	1 244.8	18

资料来源：《2008 年中国统计年鉴》。

从《2008 年中国统计年鉴》看，很明显，美国是中国第一贸易伙伴国。从贸易角度来说，中美两国经济交往最为密切。但从外商直接投资来看，由于历史原因，香港始终是中国内地最重要的投资伙伴，这与香港和中国内地的特殊关系有关。此外，表中还有未列出的维尔京群岛、开曼群岛等，其在中国的直接投资也很大，但一方面其与中国内地基本无贸易联系，另一方面这些地区经济规模较小，其经济变动对中国不会产生太大辐射影响。由此可以选出适合作为样本国的只有美国和日本，而日本在对中国经济影响力方面远不及美国，因此本书除特殊说明外，均选择美国为中国的样本伙伴国。美国名义 GDP 和通货膨胀数据来源于美国劳工部网站（http：//www. dol. gov），其中通货膨胀用美国 CPI 表示，真实 GDP 计算方法与中国数据相同，即：

$$真实季度\ GDP = 名义季度\ GDP/\ 当季\ CPI$$

4.5.2 泰勒规则反应函数方程式

这里我们仍采用 Clarida，Gali 和 Gertler（1997，2000）的反应函数法对我国泰勒规则的形式进行估计。这里不同之处在于，本书引入了开放经济下可能会影响到中国利率水平的因素，即本国利率调整方程变为：

$$i_t^* = i^* + \alpha(E[\pi_{t,k} \mid \Omega_t] - \pi^*) + \beta(E[y_{t,q} \mid \Omega_t])$$
$$+ \gamma(E[x_{t,p} \mid \Omega_t]) \tag{4.23}$$

其中，$x_{t,p}$ 为开放经济下需要考虑的新变量。同样令实际利率 $r_t^* = i_t^* - E[\pi_{t,k} \mid \Omega_t]$，长期均衡实际利率 $r^* = i^* - \pi^*$，代入（4.23）式有：

$$r_t^* = r^* + (\alpha - 1)(E[\pi_{t,k} \mid \Omega_t] - \pi^*)$$
$$+ \beta E[y_{t,q} \mid \Omega_t] + \gamma(E[x_{t,q} \mid \Omega_t]) \tag{4.24}$$

再将中央银行利率调整的平滑行为 $i_t = \rho(L)i_{t-1} + (1-\rho)i_t^*$ 代入（4.24）式得：

$$i_t = (1-\rho)[r^* - (\alpha-1)\pi^* + \alpha\pi_{t,k} + \beta y_{t,q} + \gamma x_{t,p}] + \rho i_{t-1} + \zeta_t$$
$$\tag{4.25}$$

其中，$\zeta_t = -(1-\rho)[\alpha(\pi_{t,k} - E[\pi_{t,k} \mid \Omega_t]) + \beta(y_{t,q} - E[y_{t,q} \mid \Omega_t])]$，$\zeta_t$ 是无偏预测误差的线性组合，故 ζ_t 和 t 时期的信息集 Ω_t 是正交的，即有 $E[\zeta_t\Omega_t] = 0$。

假设 z_t [①] 是 Ω_t 的一组工具变量，即意味着 z_t 与 Ω_t 高度相关，但与 ζ_t 仍然无关，于是有：

$$E\{[i_t - (1-\rho)[r^* - (\alpha-1)\pi^* + \alpha\pi_{t,k} + \beta y_{t,q} + \gamma x_{t,p}]$$

---

① 工具变量 z_t 包括常数项和 y_{t-1}、π_{t-1}、g_{t-1}、x_{t-1}，分别代表滞后一期的产出缺口、通胀率、名义利率、真实 GDP 同比增长率和开放经济变量（包括汇率或外国产出）。

$$+ \rho i_{t-1}] \cdot z_t \} = 0 \qquad (4.26)$$

上式即为 GMM 估计中要满足的矩条件，其中，$\Phi = r^* - (\alpha - 1)\pi^*$ 作为单独估计的参数代表扣除通胀目标后的真实利率目标。

4.5.3　估计结果

本文估计结果采取以下几种形式。

（1）泰勒规则基准方程，即方程：

$$i_t^* = i^* + \alpha(E[\pi_{t,k} \mid \Omega_t] - \pi^*) + \beta(E[y_{t,q} \mid \Omega_t])$$

（2）引入利率平滑机制的泰勒规则反应函数，即：

$$i_t = (1 - \rho)[r^* - (\alpha - 1)\pi^* + \alpha\pi_{t,k} + \beta y_{t,q}] + \rho i_{t-1} + \zeta_t$$

（3）开放经济下的泰勒规则反应函数，即：

$$i_t = (1 - \rho)[r^* - (\alpha - 1)\pi^* + \alpha\pi_{t,k} + \beta y_{t,q} + \gamma x_{t,p}] + \rho i_{t-1} + \zeta_t$$

需要注意的是，方程中 $x_{t,p}$ 又分两种情况：一种是考虑在泰勒规则中引入汇率；另一种是在泰勒规则中引入外国经济变量，表 4 - 2 为估计结果。表 4 - 2 中，估计值 3 和估计值 4 考虑到了开放经济因素，估计值 3 将人民币实际有效汇率引入泰勒规则反应方程式得到反应系数 γ，估计值 4 中的 γ 则代表我国利率对美国实际 GDP 变化的反应系数。表 4 - 2 显示，当我们不考虑利率平滑机制时，模型拟合效果非常差，可决系数 R^2 只有 0.07，而下面三个带有利率平滑项的模型拟合程度都较好，说明我国银行间同业拆借利率有明显的平滑特征。各种情况下的估计值都显示我国利率对通胀缺口的反应系数小于 1，分别为 0.1603、0.5583、0.0205、0.5936，可见开放经济下我国利率对通胀缺口仍反应不足，这意味着与封闭经济下的分析相同，即开放经济下的泰勒规则在我国仍可能为一种非稳定规则。估计值 3 中我们将人民币实际有效汇率引入泰勒规则后，不能增加模型解释程度，而且模型中大部分系数的显著程度将会下降，实际 GDP 缺口的系数甚至为负，与实际情况不符。同时我们在估计值 4 中引入美国实际 GDP 波动项后，模型拟合程度基本保持不变，产出缺口及通货膨胀项的系数与封闭经济下的估计保持一致，但 ψ 却发生了变化，这与 CGG（2001）的理论分析一致，即外国经济波动通过影响本国长期均衡实际利率和潜在产出来影响本国经济。此外，估计值 4 说明了我国利率水平一定程度上会随着美国产出变动而调整，主要原因在于我国经济的外部依赖性，当美国实际收入下降时，会降低我国出口需求，由于我国出口需求在总需求中的较大比重，出口需求下降会造成我国经济迅速下滑，为刺激经济我国中央银行需要调低利率，刺激需求，避免经济衰退，所以我国利率水平会随外国产出变动而变化。

表 4 – 2 泰勒规则在中国的 GMM 检验结果

参数	ψ	α	β	γ	ρ	R^2	$D.W.$
估计值 1	4.7260 (5.0553)	0.1603 (0.3674)	0.5532 (2.5493)			0.07	0.65
估计值 2	2.6072 (1.9654)	0.5583 (1.7045)	0.4077 (1.0342)		0.8970 (36.4189)	0.94	2.25
估计值 3	3.3812 (2.4866)	0.0205 (0.0582)	– 0.1263 (– 0.2774)	0.4886 (1.5139)	0.8733 (23.6999)	0.93	1.81
估计值 4	1.2674 (0.3039)	0.5936 (2.0754)	0.3253 (0.6547)	0.6257 (0.2329)	0.8878 (13.5779)	0.94	2.21

4.6 开放经济下泰勒规则在中国的适用性分析

　　本章在国内有关泰勒型规则研究的基础上，采用了反应函数法对开放经济下泰勒规则进行了比较分析，在传统泰勒规则只对本国通胀缺口和产出缺口作出反应的基础上，引入了汇率及外国经济波动。GMM 估计结果显示，传统泰勒规则中直接引入汇率会降低模型解释能力，而且引入汇率项后我国利率对产出缺口的反应系数为 – 0.1263，与现实情况不符。但在泰勒规则原式中加入外国经济波动项不会降低模型对我国银行间同业拆借利率的解释能力，利率关于通胀缺口和产出缺口的反应系数分别为 0.5936 和 0.3253，与封闭经济下的估计系数区别不大，ψ 的变化也符合 CGG（2001，2002）相关的理论研究，即外国经济波动对本国经济的影响主要是通过影响长期均衡实际利率和潜在产出。CGG（2001，2002）通过新凯恩斯主义框架下的两国模型证明，当两国不存在货币政策协调机制时，本国最优利率规则与封闭经济下形式上相同，即只需对本国经济指标作出反应，只有当两国建立明确货币政策协调机制，追求共同目标时，本国的最优利率反应函数才需要加入外国经济波动项。显然在开放经济下，我国的利率反应函数不是最优的，主要原因正如前文所述，当前我国出口拉动型的经济结构过于依赖外国经济变化，当外国经济衰退，我国出口需求降低，进而引起我国总需求巨幅下降，中央银行为保证经济增长必须通过调低利率来刺激需求。假如当中国与外国（如美国）建立了长期货币政策协调机制，这种选择将是最优的，可以满足本国福利水平最大化要求，但显然这种机制目前并不存在，所以当前我国利率对美国产出波动作出反应的情况需要改变。

　　谢平、罗雄（2002）和卞志村（2006）在封闭经济下对泰勒规则的研究已证明，泰勒规则不适合在中国运用，主要原因在于我国利率对通胀缺口反应不足，泰勒规则在我国很可能是一种不稳定的规则。本书将分析扩展到开放经济下，发现这一现象仍然存在。同时，我国当前出口拉动型的经济结构也表明泰勒规则仍非我国的最优选择。正如前文分析，在出口拉动型的经济结构下，外国经济波动必然会进入本国利率反应函数中，而根据 CGG（2001，2002）的理论分析，当两国没有建立长期货币政策协调机制时，本国最优的利率规则是只对本国经济指标作出反应，所以对外国产出波动反应的泰勒型规则会带来我国福利水平下降。当然，我国经济仍处在结构转型和向市场化过渡进程中，当我国实现经济良好转型，不再过度依赖出口拉动经济增长，实现利率、汇率市场化，形成完善的货币政策传导机制时，泰勒规则不失为我国一个很好的货币政策工具规则。

5

转型期开放
经济下的货币政策传导机制

货币政策传导机制研究的是货币政策及其工具如何通过各种金融变量对实体经济产生作用。货币政策传导一般都通过货币政策工具到中介目标，再到最终目标，其不仅能够影响经济中各种名义变量，短期内也会由不同渠道影响到实体经济。所以货币政策传导机制是指市场信号变换产生的冲击所引起的经济体系中各中介变量的连锁反应。中央银行了解货币政策传导渠道对获取政策信息、作出正确决策尤为重要。Mishkin（1995）对经济学家一致同意的货币政策传导机制进行了总结。他认为，在具备发达货币市场和有效金融机制的市场经济条件下，货币政策主要通过四种渠道传导，即利率渠道、信贷渠道、汇率渠道和资产价格渠道。本章在 Égert 和 Mac-Donald（2006）对转型期国家货币政策传导机制研究的基础上，结合我国现有的研究进行文献述评。

5.1 利率传导渠道

在传统的 IS – LM 模型中，利率传导渠道主要分两个阶段：不同利率之间的传导，市场实际利率变化影响投资进而影响生产和总需求的传导。

5.1.1 利率间传导

5.1.1.1 理论分析

短期利率和长期利率之间的联系可由利率期限结构说明，收益率曲线是描述利率期限结构的重要工具。收益率曲线大多向上倾斜，偶尔也会水平或向下倾斜，关于收益率曲线形状的解释主要有三种：一是流动性偏好理论，即由于长期资产一般流动性较弱，投资者会要求一个流动性溢价；二是市场分割假说，即每一种债券的利率水平在各自的市场上，由对该债券的供给和需求决定，不受其他不同期限债券预期收益变动的影响；三是预期假说，即长期利率相当于在该期限内人们预期出现的所有短期利率的平均数，所以利率上升能否抑制通货膨胀预期将决定收益率曲线。

货币市场和资本市场利率变化引起银行存贷款利率的变动是利率间传导的主要途径。市场利率和银行贷款利率之间的联系可用边际成本定价模型来描述，假设银行设定贷款利率为 i^B，它等于由市场利率近似得到的融资边际成本 i^M 加上溢价 μ（DeBondt，2002），即为：

$$i^B = \mu + \beta \cdot i^M \tag{5.1}$$

在信息对称的完全竞争市场中，传导系数 β 等于 1。但如果在不完全竞争的市场或者存在信息不对称，市场利率就无法实现向贷款利率完全传导。市场利率传导系数由存款对存款利率及贷款对贷款利率的需求弹性决定，在转型期国家，这一需求弹性主要受以下几个方面影响。第一，即使到期日和灵活性相同，银行存款与其他类型的资产仍不是完全替代的。第二，银行间及银行与非银行金融中介间的竞争程度较低，降低了存款和贷款对利率的需求弹性。由于银行间竞争微弱，当利率上升，银行会更快地调整其贷款利率而不是存款利率。相反，当利率下降，它们会更快地降低存款利率而不是贷款利率（Hannan & Berger，1991；Weth，2002）。Sander 和 Kleimeier（2004a）经研究发现，竞争程度大小对存款利率的影响要大于对贷款利率的影响。第三，转型期国家改变银行的转换成本一般都较为昂贵，也会降低需求弹性。第四，银行业的转换成本和高度集中造成了市场分割，形成了阻碍完全传导的垄断市场结构。第五，信息不对称会使银行贷款利率对市场利率变化反应不大。信息不对称下会引起逆向选择和道德风险，此时银行为防止高风险一般会采取较高利率，而不是减少贷款供给（DeBondt，2002），因此会导致市场利率的传导系数大于 1。第六，市场利率的传递不仅会因为信息不对称等原因出现长期的不完全传递，短期内也可能无法完全传递，主要有两个原因，一是菜单成本的存在，银行对市场利率变化的反应可能比较缓慢，表现在它们一般情况下较少调整贷款利率，但一旦进行调整，幅度就会很大；二是银行在调整贷款利率时还要考虑贷款和存款组合的期限匹配，被长期存款覆盖的长期贷款越多，银行调整贷款利率的压力越小（Weth，2002）。第七，银行与客户之间的长期合作关系，也可能使它们忽略市场利率变化对它们的影响，降低贷款利率弹性。第八，宏观经济环境也会影响到市场利率的传导，如在经济繁荣时期，市场利率对银行的存贷款利率影响更为迅速。

5.1.1.2 实证研究

5.1.1.2.1 实证研究框架

一般情况下，经济学家对货币政策利率传导渠道的研究都采用误差修正模型，因利率序列都为一阶单整序列，模型表达式如下：

$$\Delta i_t^B = \alpha_0 + \rho(i_{t-1}^B - \mu - \beta i_{t-1}^M) + \delta \Delta i_t^M + \varepsilon_t \tag{5.2}$$

其中，β 是市场利率传导系数，δ 代表同步调整系数。如果同步调整系数小于 1，则说明调整相对较为缓慢。银行利率（i_t^B）的滞后期数依照表达式 $(1 - \beta)/|\rho|$ 中的传导参数（β）而调整。

一般有三种方法对式（5.2）进行检验。一是检验市场利率如何直接影响银行利率，这种方法被称为资金成本法（DeBondt，2002）；二是检验中央银行控制的利率如何影响银行存贷款利率，Sander 和 Kleimeier（2004a）将其称为货币政策法；三是检验货币政策利率目标对银行利率的间接影响，可将其分为两个阶段，即由货币政策控制的利率传导至市场利率（$i^{MP} \rightarrow i^M$），再由市场利率传导至银行利率（$i^M \rightarrow i^B$）。将这两个步骤用式（5.2）表示可得：

$$\Delta i_t^B = \alpha_0 + \rho(i_{t-1}^B - \mu - \beta i_{t-1}^M - \beta i_{t-1}^{MP}) + \sum_{j=0}^{t} \delta_j \Delta i_{t-j}^M$$

$$+ \sum_{j=0}^{t} \gamma_j \Delta i_{t-j}^{MP} + \sum_{j=0}^{t} \phi_j \Delta i_{t-j}^B + \varepsilon_t \tag{5.3}$$

但如果这些序列之间存在协整关系，解释方程（5.2）就变得比较困难。因此，使用 Johansen（1995）提出的方法，分别检验两个阶段的协整关系（$i^{MP} \rightarrow i^M; i^M \rightarrow i^B$）是否存在显得更为恰当。

5.1.1.2.2 实证检验结果

Égert 和 MacDonald（2006）对东欧转型经济体的实证研究结果进行了总结，得出一些一般性的结论。一般情况下，货币政策调控的利率能够很好地向短期货币市场利率传导，但向长期市场利率传导的过程却不太稳定，这意味着，从政策利率到银行利率，更多的是通过短期市场利率而非长期市场利率传导。有关东欧转型期国家的利率传导文献还表明，货币政策利率到短期贷款利率的传递最为显著，而对消费者贷款的传递效应则较低。

很多研究者尝试分析影响这些转型经济体传导效率的因素，一般使用以下三种方法。一是采取时间序列传导方程，如 Wróbel 和 Pawlowska（2002）引入赫芬达尔——赫希曼指数（Herfindahl – Hirschman Index）以衡量波兰存贷款的市场集中度，经研究发现，存贷款集中度的增加会降低市场利率对贷款利率的传导，但会增加存款利率的传导效应；二是采用截面数据进行分析，如 Sander 和 Kleimeier（2004b）使用了该方法，首先用一组国家的数据来估计传导系数，再选取一些宏观经济变量对传导系数变化进行回归分析，找出影响利率传导渠道的经济变量。他们发现，GDP 增长和金融深化对一国利率传导影响不大，而较强的金融机构竞争、较少的不良贷款和较为开放的经济环境都能够使传导更为迅速和顺畅；三是结合时间序列与截面数据，分析货币政策对银行利率的影响。Chmielewski（2003）使用该方法对波兰的银行进行了研究，结果发现盈利水平及资本充足率较高的银行对利率的反应较为迟钝，因而降低了利率传导效率。

5.1.2　利率到实体经济的传导

如前文所述，利率传导渠道的第一阶段是利率间的相互作用，包括政策利率及市场利率如何传递到银行的存贷款利率。利率传导的第二个阶段包括利率如何影响实体经济。价格黏性和理性预期使名义利率会对实际利率产生影响，实际利率的变动又将影响企业投资、住房消费及耐用品消费等经济活动，进而对实体经济产生影响。利率变化的影响体现在两个方面，一是收入效应，即利率上升增加了资产持有人的利息收入；二是替代效应，即利率上升将使储蓄增加消费降低。关于这方面的实证研究较少，Chatelain et al.（2001）使用面板数据对法国、德国、意大利和西班牙的投资需求进行分析，发现这些国家的投资需求对资金使用成本即实际利率变动相当敏感。

5.2　信贷传导渠道

货币政策的信贷传导渠道与利率传导渠道的联系最为紧密。Bernanke 和 Blinder（1988）认为，传统的利率传导机制与总需求变化的关系很微弱，不能很好解释短期利率变化对产出的影响。所以他们对传统的货币政策传导机制进行扩展，将信贷渠道作为货币政策传导机制，他们认为，信贷渠道会加强放大利率传导作用。一般情况下，信贷渠道的货币政策传导被分为两方面，即银行信贷配给渠道和资产负债表渠道。

5.2.1 银行信贷配给渠道

Bernanke 和 Blinder（1988）将传统的 IS–LM 模型中的 IS 曲线由信贷曲线（CC）代替，形成了所谓的 CC–LM 模型，将信贷曲线引入市场是为了对银行信贷渠道进行理论分析。银行信贷渠道传导理论有两个核心假设，一是银行资产负债表中的信贷与其他融资性金融资产不完全替代，二是企业资产负债表中的银行信贷项与其他形式的融资形式不完全替代。

银行资产的不完全替代意味着，当面临紧缩型货币政策时，银行减少贷款供给而不是出售其拥有的债券。而企业不能在资本市场上将其银行信贷转换成其他的融资形式则表明，一旦信贷供给减少，企业的投资支出将由于外部融资的缺乏而下降。

但 Bernanke 和 Blinder（1988）的研究还存在两个潜在假设，即信贷需求和货币需求的收入弹性相同及信贷需求和信贷供给的利率弹性相同。Kierzen-kowski（2005a，2005b）的研究表明，如果放松信贷需求和信贷供给利率弹性相同的假设，银行的信贷传导渠道将可能不复存在。

5.2.2 资产负债表渠道

Bernanke–Blinder 模型的基础在于银行资产和公司债务中的信贷不完全替代。而 Kashyap，Stein 和 Wilcox（1993）认为事实不一定如此，虽然小银行在资本市场中的借款存在困难，但较大的银行却不存在。同样，较大的企业也能够借助于资本市场来逃脱银行信贷紧缩的影响。这表明银行信贷和其他融资方式之间并不是不完全替代的，但外部融资和内部融资之间存在不完全替代，由于信息不对称，所以一般情况下企业外部融资都存在风险溢价。风险溢价程度与企业的净财富有关，因为较多的净财富意味着企业有较多的预期收入，而且净财富较多的企业其抵押品也更有价值，能够减少道德风险和逆向选择问题。所以货币政策的影响渠道是通过影响个人或企业资产负债表中的净财富而传递到实体经济。货币政策对净财富的影响主要通过以下几个渠道：一是现金流渠道，短期利率增加会增加短期还本付息和浮动利率债务的成本，从而降低现金流和净财富；二是资产价格渠道，利率增加会降低股票、债券和住房价格，进而直接影响净财富；三是货币政策如果改变家庭或企业的消费行为，那么企业的收入下降会导致净财富减少。

5.2.3 实证检验

VAR 模型是经济学家研究货币政策信贷传导渠道的一种常用模型。Bernanke 和 Blinder（1992）使用 VAR 模型中的脉冲响应函数来分析美国银行存款和贷款对紧缩型货币政策的反应。研究表明，在紧缩型货币政策的冲击下，银行存款直接下降，而贷款则延迟 6 到 9 个月才开始下降。银行信贷对货币政策反应滞后是因为信贷量受信贷合同及贷款承诺的影响。Morgan（1998）使用脉冲响应函数研究发现，承诺贷款受货币政策行为影响不大。Gertler 和 Gilchrist（1993）将银行贷款分为商业和工业贷款、住房贷款和短期消费贷款，经过研究发现，商业和工业贷款基本不受货币政策的影响。

信贷渠道实证研究的另一个方向是关于信贷渠道在货币政策传导中作用大小的检验。King（1986）将利率渠道与信贷渠道相分离，以确定信贷渠道能否有效传导货币政策，及信贷量是否能解释产出波动。Ramey（1993）使用一个限制系数的 VAR 模型来分离货币政策传导中的利率渠道和信贷渠道，即通过限制模型中的货币政策冲击系数，消除利率渠道的影响。研究结果表明，当货币政策传导中的利率渠道被去除后，产量对货币政策的冲击没有任何影响，即货币政策的传导主要通过利率渠道，信贷渠道影响很小。

5.3 汇率渠道

除了利率渠道和信贷渠道，随着经济全球化程度的加深，汇率在货币政策传导中扮演的角色也越来越重要。货币政策与汇率之间密切相关，汇率的变化趋势很大程度上取决于一国货币政策的选择。汇率的变化还将引起本国进口品价格、贸易量、对外投资等一系列经济变量，最终传导至货币政策目标。

5.3.1 汇率传导的理论分析

5.3.1.1 货币政策与汇率

开放经济下，货币政策与汇率的关系首先反映在利率平价条件中，即实际利率差额与实际汇率的预期变化正相关。但关于这一理论条件的实证研究相当混乱，Baxter（1994）总结关于利率平价条件的研究后发现，这些实证研究的问题可能更多的是由于计量方法的错误使用，而不是条件本身的内在缺陷。

MacDonald 和 Nagayasu（1999）使用不同国家的面板数据，证明了实际利率平价条件的存在。除了通过利率间接影响汇率外，一国中央银行还会直接干预外汇市场来调控汇率波动。一般情况下，政府干预是通过改变国家之间的相对货币供给调整汇率，汇率的变化通过经常账户和资本账户失衡而引起货币在国家之间的重新配置。汇率制度分为固定汇率制和浮动汇率制，国际收支调节的货币分析法分析了固定汇率制下货币政策通过国际收支影响本国经济，Obstfeld 和 Rogoff（1995）使用两国模型，分析了在浮动汇率、黏性价格条件下，货币政策通过国际收支影响两国间的相互作用的机制。

5.3.1.2　汇率对价格的传递

中央银行的货币政策调控会引起名义汇率的变动，名义汇率的变化又会通过进口商品价格的变化影响国内通货膨胀，而且进口的中间商品价格变化，会改变本国贸易和非贸易商品的价格，对本国的价格水平产生向上或向下的压力。通常情况下，国际贸易中总存在一定障碍壁垒，进而出现了市场分割，即出口商在不同市场可以制定不同价格。汇率如何通过进口商品价格影响到本国物价，最终取决于本国企业以何种货币进行市场定价。如果以生产者所在国定价（生产者货币定价，PCP），那么汇率变动将会完全传导进口商品价格，即进口商品价格和汇率同比例变动。如果以最终消费者所在国的货币定价（当地货币定价，LCP），汇率传导机制将受阻，进口商品价格将不受汇率商品价格波动影响（Betts & Devereux，1996）。

5.3.2　汇率传导的估计问题

有关汇率传导的研究文献中，VAR 模型是最常使用的方法，如 McCarthy（1999）使用递归 VAR 模型对汇率传导问题进行了估计。假设石油价格变化为 Δp_t^{oil}，产出缺口为 $\tilde{y}_t$，汇率变动为 Δe_t，进口价格变化为 Δp_t^{import}，生产商价格变化为 Δp_t^{PPI}，消费者价格指数变化为 Δp_t^{CPI}，则可以得到以下方程组：

$$\Delta p_t^{oil} = E_{t-1}(\Delta p_t^{oil}) + \varepsilon_t^s \tag{5.4}$$

$$\tilde{y}_t = E_{t-1}(\tilde{y}_t) + \beta_{11}\varepsilon_t^s + \varepsilon_t^d \tag{5.5}$$

$$\Delta e_t = E_{t-1}(\Delta e_t) + \beta_{21}\varepsilon_t^s + \beta_{22}\varepsilon_t^d + \varepsilon_t^e \tag{5.6}$$

$$\Delta p_t^{import} = E_{t-1}(\Delta p_t^{import}) + \beta_{31}\varepsilon_t^s + \beta_{32}\varepsilon_t^d + \beta_{33}\varepsilon_t^e + \varepsilon_t^{import} \tag{5.7}$$

$$\Delta p_t^{PPI} = E_{t-1}(\Delta p_t^{PPI}) + \beta_{41}\varepsilon_t^s + \beta_{42}\varepsilon_t^d$$

$$+ \beta_{43}\varepsilon_t^e + \beta_{44}\varepsilon_t^{import} + \varepsilon_t^{PPI} \tag{5.8}$$

$$\Delta p_t^{CPI} = E_{t-1}(\Delta p_t^{CPI}) + \beta_{51}\varepsilon_t^s + \beta_{52}\varepsilon_t^d$$

$$+ \beta_{53}\varepsilon_t^e + \beta_{54}\varepsilon_t^{import} + \beta_{55}\varepsilon_t^{PPI} + \varepsilon_t^{CPI} \tag{5.9}$$

（5.4）式到（5.9）式中的条件期望值可由系统包含的滞后变量的线性预测值估计出来。对于转型经济体，石油价格变化经常由商品价格变化代替，同时，很多学者假设进口商品价格完全传导（Gueorguiev，2003；Billmeier & Bonato，2002；Bitans，2003）。Ca'Zorzi，Hahn 和 Sanchez（2005）考虑了进口价格和消费者价格指数。Gueorguiev（2003）将总劳动力成本引入模型。Korhonen 和 Wachtel（2005）使用一个较为简单的 VAR 模型进行研究，模型中依次包含石油价格变化、外国 CPI、汇率变化和本国 CPI。

关于汇率价格传递的第二种方法是由 Campa 和 Goldberg（2002）提出的模型，其形式如下：

$$p_t = \alpha + \beta e_t + \chi p_t^* + \delta Z_t + \varepsilon_t \tag{5.10}$$

其中，p_t、p_t^* 分别代表本国和外国价格水平，e_t 代表汇率水平，Z_t 为控制变量。但考虑到其中一些变量是一阶单整过程，很多学者对（5.10）式进行了扩展，使用一个自回归分布滞后（autoregressive distributed lag，ARDL）模型，ARDL 模型的优点是，不管回归项是 I（0）还是 I（1），都可以进行检验和估计，模型表达式如下：

$$\Delta p_t = \alpha + \sum_{j=1}^{k} \beta_j \Delta p_{t-j} + \sum_{j=0}^{l} \varphi_j \Delta e_{t-j} + \sum_{i=1}^{n} \sum_{j=0}^{m} \delta_{ij} z_{it-j} + \varepsilon_t \tag{5.11}$$

k、i 和 m 分别为滞后阶数，n 为控制变量个数。式（5.11）中，汇率短期传导的程度可由参数 φ_0 的大小衡量，长期传导程度则由 $\sum_{j=0}^{l} \varphi_j l$ $(1 - \sum_{j=1}^{k} \beta_j)$ 表示。

使用 ARDL 模型进行研究的模型也很多，但大多都是在（5.11）式的基础上进行了简化或改进。Campa 和 Golderg（2002）及 Mihailov（2005）使用了没有包含滞后项的式（5.11）进行估计。Bailliu 和 Fujii（2004）将外国单位劳动成本和产出缺口引入模型。Choudhry 和 Hakura（2001）使用了不包含控制变量的 ARDL 模型。Rodzko（2004）只使用了控制变量进行估计。

VAR 模型及上述线性化模型都忽略了汇率传导机制与汇率对均衡汇率偏离程度之间的关系。Frankel、Parsley 和 Wei（2005）指出，在分析汇率传导机制时，对 PPP 均衡汇率的偏差应该被考虑。在转型期国家，真实汇率对均衡汇率的偏差更为突出，在研究转型期国家的汇率传导机制时，更应该加强这种考虑。Darvas（2001）研究了汇率偏离均衡的程度与汇率传导机制之间的关系，他首先使用行为均衡汇率理论（behavioral equilibrium exchange rates，BEER）来估计均衡汇率。行为均衡汇率理论由 Clark 和 MacDonald（1998）提出，表达式为：

$$q_t = \beta_1 Z_{1t} + \beta_2 Z_{2t} + \tau T_t + \varepsilon_t \tag{5.12}$$

q_t 为观测到的实际汇率，Z_{1t} 是长期影响汇率的基本经济因素向量，Z_{2t} 是中期影响汇率的基本经济因素向量，T 是短期或临时影响汇率的向量，ε_t 为随机扰动项。上式假设现实中的实际汇率完全可由基本经济因素 Z_1 和 Z_2、短期因素 T、随机误差 ε 解释。Clark 和 MacDonald（1998）将均衡汇率 q_t^{EQ} 定义为：

$$q_t^{EQ} = \beta_1 Z_{1t} + \beta_2 Z_{2t} \tag{5.13}$$

q_t^{EQ} 是由中长期基本经济要素确定的均衡汇率水平。Darvas（2001）使用 $q_{t-1} - q_{t-1}^{EQ}$ 衡量实际汇率对均衡程度的偏离，并使用以下方程组估计：

$$\Delta p_t = \alpha + \beta \Delta e_t + \chi \Delta p_t^* + \delta(q_{t-1} - q_{t-1}^{EQ}) + \varepsilon_t \tag{5.14}$$

$$\Delta e_t = \gamma + \eta(q_{t-1} - q_{t-1}^{EQ}) + \varepsilon_t \tag{5.15}$$

Darvas（2001）假定模型参数具有时变特征，即传导过程会随时间变化，同时证明了汇率传导强弱与实际汇率偏离均衡汇率的程度显著相关。

新兴市场国家对本国外汇市场的干预能力要远高于发达的工业化国家，这已经成为共识，主要原因有以下几个方面（Canales – Kriljenko，2003）：一是新兴市场国家的外汇市场规模较小，干预有效程度与市场交易额有关；二是新兴国家的市场组织和监管框架可能更有利于干预；三是道德劝说在这些国家可能更为有效；四是信息传递的不完全，即新兴国家的中央银行比市场参与者有更大的信息优势。

一些学者将汇率传递效率与通货膨胀水平（Darvas，2001）和汇率体制的类型（Coricelli et al.，2003）相联系，但缺乏跨国分析导致无法确定影响汇率传导机制的决定因素。Bitans（2004）对此作出解释，他对多个转型经济体进行研究，指出汇率传导效率与一国通货膨胀率、汇率持久性（exchange rate persistence）、进口结构（以在进口商品中的机械和电子产品的份额来衡量）、开放程度有关。

5.4　资产价格渠道

货币政策除上述传导渠道外，还会通过股票、房地产等资产价格来影响最终目标。货币主义者认为，扩张性货币政策导致货币供应量的增加，如果公众所持有的实际流动性水平超过他们的需求水平，市场参与者会通过购买股票、债券和房地产等资产使流动性下降到其需求水平，这又会引起各种资产价格上涨。债券价格上涨将引起利率下降，下降的利率会增加股票的吸引力，进而引起股票购买，造成其价格进一步上升。然而，资产价格对货币政策行为的影响很可能是不对称的。例如，Ehrmann 和 Fratzscher（2004）分析表明，在美国如果存在非预期的利率变化，而且股票市场波动较高时，股票价格对利率变化的反应将被放大。

讨论货币政策如何由资产价格及资本市场传导到实体经济领域的理论主要有以下几种。

5.4.1 托宾的 q 效应

托宾的 q 理论提供了一种有关股票价格和投资支出相互关联的理论，从资产结构调整的角度为货币政策的传导提供了一个很好的分析思路。托宾将 q 定义为公司的市场价值除以资本的重置成本，q 值的高低决定了公司的投资愿望。如果 q 值大于 1，公司的市场价值就会高于资产的重置成本，相对于公司的市场价值而言，新厂房和设备等实物投资会变得相对便宜。在这种情况下，公司可通过发行较少的股票而买到较多的投资品，这样新增的投资支出就会增加。反之，若 q 值小于 1，投资就会萎缩，总产出（Y）将下降。由此可见，货币政策通过股价（P_s）的变化改变公司的 q 值，进而影响到投资（I）水平，以此作用于实体经济。这一传导机制可表示为 $M\uparrow \rightarrow P_s\uparrow \rightarrow q\uparrow \rightarrow I\uparrow \rightarrow Y\uparrow$。q 理论也适用于房地产市场，例如，当 q 大于 1 时，市场价值高于重置成本，将促进企业生产；相反，如果 q 低于 1，企业将不会购买新设备，因为获得市场价值低于其资本重置成本的其他公司会更有利，同样，购买新房屋要比建造旧房屋更可取，因此导致投资、家庭支出和建设活动减少。

对托宾 q 的实证集中于投资与股票市场的相关性是否比与公司基本面因素（如销售、财务、利润或利润的净现值）的相关性更大。很多学者发现，企业投资只与公司基本面因素密切相关（Blanchard, Rhee & Summers, 1993），而且由于较难测量资本的重置成本，所以很难将托宾 q 与投资变化相联系。但股票价格和市场价值与投资决策显著相关已基本达成共识（Alexandre, 2002）。

如果市场价值在投资决策中扮演重要角色，且资产价格的较大波动与基本因素不相关，从而产生资产价格的高估或低估，这提出了一个重要问题，即货币政策是否应该对资产价格泡沫作出反应。因为资产价格的大幅波动通常是经济金融危机的诱因。Bernanke 和 Gertler（2000）认为，只有在资产价格影响到预期通货膨胀时，货币政策调控才应该对资产价格泡沫作出反应，否则货币政策对资产价格反应将加剧通货膨胀波动。Alexandre（2002）研究表明，当资产价格面临非基本冲击时，货币政策对其变化作出反应不仅能够提高通货膨胀和资产价格的稳定性，还能够稳定本国投资和产出。Filardo（2004）认为，当宏观经济环境表明资产价格有泡沫时，货币政策对资产价格泡沫的调控才能实现应有效果。

此外，不同资产市场的泡沫可能彼此相关，这使得对泡沫的处理更加复杂。事实上，股票市场泡沫常由财富激增引起，这在很大程度上与过于宽松的货币政策有关，而宽松的货币政策很多时候是用来减轻资产市场泡沫破灭的效应，所以最终导致"泡沫通过政策渠道产生泡沫"（Filardi，2004）。

5.4.2　非对称信息效应

在货币政策传导的信贷渠道中，由于信息不对称而产生的逆向选择和道德风险问题会降低银行的贷款意愿，从而影响到企业的投资支出，弱化货币政策的调控效果。要解决信贷传导机制中的这一非对称信息问题，可以通过提高企业净值或贷款担保品的价值，来减少企业借款时的逆向选择和道德风险。企业具有较高的净值，即意味着借款人的贷款实际上有较多的担保品，故会减少逆向选择问题；较高的企业净值还意味着所有者在企业中投入了较多的股本，股本投入越多，所有者从事风险投资的意愿也就越低，借款人从事风险较低的投资项目可以使贷款更有可能收回，因而道德风险也就降低了。资本市场特别是股票市场的发展、股票等资产价格的上涨正是导致企业净值增加的重要途径。总之，当股价上涨时，企业净值（V）就会增加，使得企业借款时的逆向选择和道德风险减少，银行贷款（L）随之增加，于是企业的投资（I）支出增加，总产出（Y）最终得到增加。这就是说股价水平的上升通过强化银行信贷渠道而间接地作用于企业的投资支出，从而作用于实体经济。这一传导机制可表述为 $M\uparrow \rightarrow P_s\uparrow \rightarrow V\uparrow \rightarrow$ 逆向选择 $\downarrow$，道德风险 $\downarrow \rightarrow L\uparrow \rightarrow I\uparrow \rightarrow Y\uparrow$。

5.4.3　流动性效应

根据流动性效应的观点，住宅、汽车等耐用消费品的流动性较差，如果消费者急需现金而被迫卖掉耐用品来筹措资金，必定会遭受较大损失；而股票、债券等金融资产的流动性却较高，一般能较方便地按完全的市场价值将其脱手。于是，当消费者认为自己陷入财务困境的可能性较大时，他就会减少持有缺乏流动性的耐用品，而增加持有流动性较强的金融资产。反之，当消费者持有的金融资产较多时，他对财务危机的可能性预期会很低，因而就愿意购买较多的耐用品。当股价水平变化时，会引起消费者资产结构的变化。如果股价上升，消费者的金融资产比重（K）就会随之上升，由于金融资产的流动性较强，消费者就会认为自己陷入财务困境的可能性降低，于是增加对住宅等耐用消费品的购买（C_d）支出，从而使得总产出（Y）增加。这一货币政策传导机制可以表示为 $M\uparrow \rightarrow P_s\uparrow \rightarrow K\uparrow \rightarrow$ 财务危机的可能性 $\downarrow \rightarrow C_d\uparrow \rightarrow Y\uparrow$。

5.4.4　财富效应

莫迪利安尼（Modigliani，1971）的生命周期模型（life – cycle model）认为，居民的消费支出是由居民的终生财富决定的。终生财富的一个重要组成部分就是金融财富，而股票、债券等金融资产都是金融财富。当资产价格上升时，金融财富增加，在边际消费倾向不变的条件下，居民的消费支出将会增加，从而对实体经济产生影响。当然，暂时性的股市繁荣对消费的刺激作用是有限的，而长期稳定发展的资本市场可以持续地增加居民的金融财富水平（W_f），从而使消费支出持续增长。此外，长期稳定发展的资本市场还能改变人们的预期，进而可能增加边际消费倾向（c）。在西方发达国家，股票市场表现出的"财富效应"十分明显。据美联储的一项调查表明，居民的股市财富上升 1 美元，就会增加消费 3 ~ 7 美分，这对 GDP 增长的贡献率可达到 1.9个百分点。这一传导机制是 $M\uparrow \rightarrow P_s\uparrow \rightarrow W_f\uparrow$，$c\uparrow \rightarrow C\uparrow \rightarrow Y\uparrow$。

与财富效应相关的另一角度是由 Mishkin（2001）提出的流动性效应。Mishkin（2001）认为，居民的耐用品消费和住房支出在很大程度上与其可能面临的财务困难有关，而居民拥有的流动性金融资产与负债的比例越高，遭受流动性危机的可能性越低。因此，股票价格上涨减少了与财务相关的风险，因此居民会增加消费和住房支出。

5.4.5　资源配置效应

资源配置的效率可以影响经济增长的速度，如果资源配置效率低，单纯扩张性的货币政策是很难拉动经济增长的。资本市场的一个重要功能就是通过价格机制的作用来改善资源配置的效率，进而影响经济增长率。我国目前的资本市场作为政府主导的一种制度安排，股价运行轨迹在一定程度上体现了政府的政策取向。货币政策不仅可以引导股市的资金流向，还可以促使企业优化投资结构，募集资金投向国家鼓励发展的优先产业，从而实现货币政策的调控目标。这一传导过程可以描述为 $M\uparrow \to P_s\uparrow \to$ 资源配置优化 $\to$ 上市公司筹资规模 $\uparrow \to I\uparrow \to Y\uparrow$。

5.5 国内相关研究

我国学者也做了很多关于我国货币政策传导渠道的实证研究。

卢庆杰（2003）通过实证发现，中国由于信贷管理体制、利率管制、金融市场不完善、微观经济主体非市场化运作等方面对货币政策传导的阻滞作用，他通过实证分析还发现，利率传导通道在从实际利率到投资额这一环节受到阻滞，即实际利率与固定资产投资的相关性不明显，主要原因在于我国货币政策的任务主要是治理通货膨胀，调控方式以贷款限额管理为主，而且企业直接融资所占比例小，因而投资额是受中央银行控制的外生变量。至于汇率渠道，他认为，我国名义上实施有管理的浮动汇率制度，但因"管制有余而浮动不足"，实质上可以看做一种盯住美元的固定汇率制度，为货币政策规定了一个必须实现的名义锚，直接影响到基础货币的投放。汇率的刚性使通过汇率浮动促进产量提高的货币政策传导途径作用微弱。同时，他认为中国股市"政策市"特征明显，波动性较大，居民通过股市获得的暂时性收入不能有效地转化为持久性收入，对改变居民收入预期和提高边际消费倾向的作用有限，股市财富效应难以发挥。投资和消费两方面的阻滞作用使货币政策通过股票市场的传导途径发生扭曲。此外，他的实证结果显示，1995 年 1 月至 1999 年 10 月期间，我国居民的储蓄存款和金融机构贷款总量对名义利率及实际利率无弹性；企业投资对利率也不太敏感。利率管制、1998 年以前的贷款限额制度和中国所处的经济发展环境扭曲了信贷渠道。针对当时货币政策传导过程中的障碍，他建议国家在信贷政策改善、银行体制改革、利率市场化和金融市场发展四个方面采取有力措施。

顾铭德、汪其昌、王晟（2002）认为 2002 年以前信贷市场是我国货币政策传导的主渠道，但在信贷市场上，我国货币政策传导机构的结构极其不均衡。一是四大国有商业银行和三大政策性银行居于垄断地位；二是我国信贷服务机构的人口覆盖率和企业覆盖率较小；三是经济结构与金融结构不对称；四是地区结构不对称，金融机构大多集中在大中城市和东部地区，而中小城市和中西部金融机构很少。鉴于此，他们提出改革完善货币政策信贷传导主体、积极发展消费信贷拉动内需、加快发展货币市场、加强货币政策与汇率政策协调等措施。

裴平、熊鹏（2003）对当时货币政策表现不尽如人意的现象进行分析，认为当时货币传导过程中有大量货币不是被传导并作用于生产、流通和消费等实体经济环节，而是"渗漏"到股票市场"漏斗"和银行体系"黑洞"，其效应构成了实现货币政策目标的反制力量。公众心理预期变化、收入分配差距拉大和区域经济发展不平衡是"渗漏"效应产生的最直接甚至最重要的原因，它们交织在一起，共同驱动货币在货币政策传导过程中大量"渗漏"，导致严重的"渗漏"效应。要提高我国货币政策有效性，必须有效抑制"渗漏"效应。

刘剑、胡跃红（2004）分析了我国的股票市场发展和货币政策有效传导问题。他指出，我国股票市场是有效传导货币政策的障碍因素，一是股票市场规模偏小，缺乏有效传导货币政策的市场基础。一般情况下，大规模、高效率的股票市场可以充分反映资金供求关系及其变化，同时也能将这种货币政策变化所作出的反应通过其广泛的覆盖面和影响力传递到现实经济中。二是股票市场与货币市场之间的一体化程度较低。货币政策的有效传导依赖于完善的金融市场体系，只有当货币市场和资本市场一体化程度较高时，各个市场的资金价格才能有效引导资金在不同市场之间迅速流动，以达到调节资金供求的目的。三是股票市场的财富效应尚不明显，股市的持续繁荣不仅使投资者因金融财富增加而派生出额外消费支出，而且有助于投资者形成良好的收入预期，从而使长期边际消费倾向呈现出扩大趋势，消费支出进一步增加。四是股票市场存在明显的制度缺陷，由于历史性、体制性原因，我国股票市场的功能定位被简化为融资——为国有企业的发展和改革筹集资金，这种政策取向导致股票市场在发展和运行中存在一系列制度缺陷。同时，他提出改革我国股票市场货币政策传导效率的对策建议，第一，扩大股票市场规模，调整和优化市场结构作为资本市场的核心部分。第二，推进股票市场的制度改革与建设，股票市场的效率和质量在很大程度上决定了其传导货币政策效率的高低。第三，开辟资本市场与货币市场之间合理流动的联系渠道，货币市场与资本市场是一种既竞争又互补的关系，货币市场与资本市场的良性互动发展，是金融业有效运作的市场基础和现代金融体系的内在要求。第四，完善货币政策运作体系，资本市场的发展要求变革和完善货币政策运作体系，使之能有效地对实体经济和资本市场作出合乎意愿的反应。

蒋瑛琨、刘艳武、赵振全（2004）运用协整检验、向量自回归、脉冲响应函数等方法，对我国货币渠道与信贷渠道传导机制的有效性作出实证分析，其样本期选择为 1992 年第一季度至 2004 年第二季度。实证分析结果表明，90 年代以后，从对物价和产出的最终目标的影响显著性来看，贷款的影响力最为显著，其次是 M_2、M_1 的影响最不显著，这表明 90 年代以来信贷渠道在我国货币政策传导机制中占有重要地位。从对物价和产出最终目标的影响稳定性来看，M_1 比较持久和稳定，其次是 M_2，最后是贷款。

从以上总结可以看出，我国有关货币政策传导渠道分析中，定性分析较多。同时，实证研究可能更集中于单个货币政策传导渠道的研究。本书在已有研究的基础上，使用限制系数的 VAR 模型，比较我国各种传导渠道相对强弱，对此作出定量分析。虽然信贷渠道在我国货币政策传导中占据十分重要的地位，但近些年来，我国的利率市场化已取得明显进展，中国人民银行也越来越多地使用间接货币政策工具，利率渠道的作用也日渐明显。2005 年 7 月 21 日，我国实行人民币汇率机制改革，加大汇率波动幅度，货币政策调控也能通过汇率变化影响实体经济。我国股票市场市值与活跃程度也日益增加，使其日益成为可供选择的储蓄和投资渠道，股票市场是资本市场中最重要的部门，进而使货币政策的资产价格传导渠道成为另一个值得研究的货币政策传导渠道。

定量分析各种货币政策传导渠道的相对重要性对中央银行货币政策调控有十分重要的作用。首先，能够更为准确估计货币政策。如果利率传导渠道为货币政策主要传导途径，则短期真实利率就可以作为一个很好的政策指标。如果汇率传导渠道更为重要，即使本国利率水平较低，坚挺的本币可能意味着较紧的货币政策。在日益开放的环境下，强势的人民币可能成为消除来自外国的通货膨胀压力和经济过热的有效措施。其次，当货币政策主要传导渠道无法正常运行时，现存的其他传导渠道能够向货币政策提供实践操作经验。假设本国名义利率已接近于零，但经济体中还是充满对通货紧缩的恐惧，在这种环境中，利率传导渠道将无法发挥作用，此时中央银行必须利用其他传导渠道避免经济恶化。例如，本国政策制定者可以尝试使资产价格如股票和房地产升值，提高个人财富，刺激总需求（Mishkin，1996）。

很多学者已经使用 VAR 模型对货币政策传导机制进行了研究，如 Sims（1998，1992）、Bernanke 和 Blinder（1992）、Ramaswamy 和 Sloek（1997）、Christiano et al.（1999）及 Morsink 和 Bayoumi（2001）。然而，这些研究中没有关于货币政策传导渠道相对强弱的定量比较，同样我国文献更缺少对各种渠道的比较分析。本书以 Ramey（1993）、Ludvigson et al.（2002）及 Tang（2006）的研究为基础，采用限制系数的 VAR 模型对我国货币政策传导渠道进行分离，即通过每次关闭一个渠道，并将其与所有传导渠道正常运行时的基准脉冲反应函数相比较。

5.6   我国货币政策传导渠道的实证研究

5.6.1   变量选择

本章共选取 11 个经济变量，分外国和本国两块。外国部分包括商品价格指数（CRB）、美国消费者价格指数（UCPI）、美国真实 GDP（URGDP）、联邦基金利率（FED）。商品价格指数是为了考虑通货膨胀预期（Sims，1992）而进行的选择。本章选取美国商品调查局（Commodity Research Bureau）公布的 CRB 指数来表示外国商品价格的变化，数据来源于美国商品调查局网站（http：//www. crbtrader. com）。CRB 指数是由美国商品调查局依据世界市场上 22 种基本的经济敏感商品价格编制的一种期货价格指数。CRB 指数一直在经济领域发挥着重要指标作用，包括了全世界核心商品的价格波动，因此总体反映世界主要商品价格的动态信息，其已成为各国投资者在进行投资分析时重要的咨询内容。同时，它还是一种能较好反映通货膨胀的指标，与通货膨胀率和债券收益率高度相关。可见，CRB 已成为反映世界商品价格波动的主要指标之一。由于美国与中国在贸易经济、金融等各个领域密切相关，同时也是中国最大贸易国，因此本章相关的外国经济指标都以美国数据为代理变量。其中，美国消费者价格指数、联邦基金利率、名义 GDP 数据来源于美国劳工部网站（http：//www. dol. gov），真实 GDP 计算方法如下：

$$真实季度\ GDP\ =\ 名义季度\ GDP/\ 当季\ CPI$$

关于国内经济变量的选取，首先是两大货币政策目标，即通货膨胀和真实 GDP，本章通货膨胀以本国 CPI 表示，真实 GDP 计算方法与美国相同，即为名义 GDP 除以当季 CPI。货币政策工具我们则选择货币供应量 M_1。至于货币政策的四个传导渠道，我们分别选取基准贷款利率 LR、银行总贷款 L、人民币实际有效汇率 NEER 和股票市场指数 SZZS 作为政策的中间变量。本章选取 1 年期贷款利率作为基准贷款利率，人民币实际有效汇率是国际清算银行（Bank for International Settlements，BIS）采用加权几何平均数来计算的有效汇率指数，其采用的权数是可变权数，权重来源于制造业，包括双边贸易和第三方市场贸易额，计算三年的平均权重作为权数。有效汇率作为一种加权平均汇率，更能反映一国贸易商品竞争力，也能够更为准确衡量一国经济相对于其他国家的经济波动。同时，本章选取的是上证指数来反映资产价格方面的波动，相较深圳证券交易所，上海证券交易所无论在交易额和交易活跃程度方面都要大于深交所，因此本章选择最能反映上海证券交易所上市股票价格变动的上证指数。基准贷款利率 LR、银行总贷款 L 的数据来源于各期《中国人民银行统计季报》，人民币实际有效汇率数据来源于国际清算银行网站（http：//www. bis. org），上证指数数据来源于大智慧软件。本章样本区间从 1996 年第一季度至 2004 年第二季度。除利率和通货膨胀数据外，其余数据均转换为对数形式。

5.6.2　VAR 模型中数据顺序的选择

VAR 模型中，使用 Cholesky 分解的一个关键问题是变量顺序的选择。本文选择的变量顺序如下，商品价格指数（CRB）、美国消费者价格指数（UC-PI）、美国真实 GDP（URGDP）、联邦基金利率（FED）、通货膨胀（CPI）、实际 GDP（RGDP）、货币供应量（M_1）、人民币实际有效汇率 NEER、股票市场指数 SZZS、基准贷款利率 LR 和银行总贷款 L。首先，商品价格指数的弱外生性最强，同期内受其他冲击因素影响最小，但其会对系统内其他所有变量产生同期影响，故将商品价格冲击排在 VAR 模型最前面。本章采用的货币政策中间变量都放在货币政策工具后面，货币政策工具通过中间变量向最终目标传递，而汇率和金融资产价格对货币政策冲击反应较快，所以汇率和股票价格在基准贷款利率及银行贷款之前。由于银行体系的制度刚性使银行贷款对政策工具冲击的反应滞后于贷款利率。

5.6.3　实证模型

5.6.3.1　标准 VAR 模型

本章首先使用标准 VAR 模型将上述 11 个变量组成本国开放经济体系。VAR 模型把系统中每一个内生变量作为系统中所有内生变量的滞后值的函数来构造模型，从而将单变量自回归模型推广到由多元时间序列变量组成的"向量"自回归模型。在向量自回归（VAR）模型中，当某一变量 t 期的扰动项变动时，会通过变量之间的动态联系，对 t 期以后各变量产生一系列的连锁反应，脉冲响应函数将描述系统对冲击（shock）或新生（innovation）扰动的动态反应，并从动态反应中判断变量间的时滞关系。考虑一个 p 阶向量自回归模型：

$$Y_t = B + A_1 Y_{t-1} + \cdots + A_p Y_{t-p} + \varepsilon_t \tag{5.16}$$

其中，Y_t 是由内生变量组成的 k 维向量，由商品价格指数（CRB）、美国消费者价格指数（UCPI）、美国真实 GDP（URGDP）、联邦基金利率（FED）、通货膨胀（CPI）、实际 GDP（RGDP）、货币供应量（M₁）、人民币实际有效汇率 NEER、股票市场指数 SZZS、基准贷款利率 LR 和银行总贷款 L 组成，A_i 是系数矩阵，B 是常数向量，$\varepsilon_t = (\varepsilon_{1t}, \varepsilon_{2t}, \cdots \varepsilon_{kt})'$ 为向量误差项，其协方差矩阵为 Ω。一般来说，如果向量自回归模型（5.16）是可逆的，则它能表示成一个向量移动平均模型（VMA）：

$$Y_t = C + \sum_{s=0}^{\infty} \Psi_s \varepsilon_{t-s} \tag{5.17}$$

其中，Ψ_s 是系数矩阵，C 是常数向量，它们均可由模型（5.16）中的系数矩阵 A_i 和常数向量 B 求出。从（5.17）式可以看出，系数矩阵 Ψ_s 的第 i 行第 j 列元素表示第 i 个元素对由变量 j 产生的单位冲击的 s 期滞后反应，即 VAR 系统中变量 i 对变量 j 的 s 期脉冲响应。由于误差向量的协方差矩阵 Ω 是正定的，因此存在一个非奇异阵 P 使得 PP' = Ω，于是（5.16）式可以表示为：

$$Y_t = C + \sum_{s=0}^{\infty} (\Psi_s P)(P^{-1}\varepsilon_{t-s}) = C + \sum_{s=0}^{\infty} (\Psi_s P)\omega_{t-s} \tag{5.18}$$

由（5.18）式可知，经过变换，原误差向量 ε_t 变成了标准的向量白噪声 ω_t。因此，系数矩阵 $\Psi_s P$ 的第 i 行第 j 列元素表示系统中变量 i 对变量 j 的一个标准误差的正交化冲击（或新生）的 s 期脉冲响应。由（5.18）式我们可以计算出系统中一个变量对另一个变量的脉冲响应函数，比较其不同滞后期的脉冲响应，就可以确定其中一个变量对另一个变量的作用时滞。

5.6.3.2 关闭传导渠道的方法

本书实证检验的主要思想是通过情景模拟，通过限制 VAR 中货币政策的传导机制，通比较货币政策冲击与基准模型下的区别。例如，关闭货币政策的利率传输渠道后，如果货币冲击的脉冲响应函数与基准模型相差较大，说明利率传输渠道在整个货币政策传导过程中扮演较为重要的角色。

如前文所述，方程（5.18）构成的 VAR 模型共包含以下 11 个变量，分别为商品价格指数（CRB）、美国消费者价格指数（UCPI）、美国真实 GDP（URGDP）、联邦基金利率（FED）、通货膨胀（CPI）、实际 GDP（RGDP）、货币供应量（M₁）、人民币实际有效汇率 NEER、股票市场指数 SZZS、基准贷款利率 LR、银行总贷款 L。所谓关闭政策传导渠道即通过设置方程中内生向量的系数以消除某一政策传导渠道影响。例如，我们需要关闭信贷对通货膨胀影响的渠道，在通货膨胀方程中，将关于银行总贷款的估计系数 $A_{5,11}^1 \cdots A_{5,11}^p$ 设置为 0，其中，5 代表通货膨胀方程的序号，11 代表银行总贷款 L 在模型中的序号，p 为模型滞后阶数，可由 AIC、SC 及 HQC 准则确定。通货膨胀的脉冲响应函数可由两种方法计算，一种是正常环境，另一种是被标识上缺少信贷传导渠道的情况，通过逐个关闭不同政策传导渠道的相互比较，就可看出各个传导渠道对通货膨胀影响的相对大小。当然，对于产出传导渠道的测度，我们可以使用同样的方法。

5.6.4　实证检验

5.6.4.1　初步检验

首先，我们将通过 VAR 模型观察货币政策最终目标（产出和通货膨胀）及中间变量（汇率、股价、贷款利率和银行贷款）对货币政策工具的反应，观察其是否与传统理论相一致，并以此判断选择的 VAR 模型是否合适。然后我们再研究货币政策不同传导渠道的相对强弱程度。根据 AIC、SC 及 HQC 准则，本章选择滞后期为 $p = 1$。

图 5 -1 显示了本国各种变量对 M_1 的脉冲响应。从图 5 -1 可以看出，实证分析结果与理论解释相一致，当中央银行实施扩张型货币政策时，即模型中产生正向 M_1 冲击时，利率会随之下降，较低的利率意味着较低的贴现率，进而提高股票价格。同时，较低利率也会降低本国货币对外国货币的相对吸引力，引起资本外流，本币贬值（NEER 下降）。但银行贷款对 M_1 正向冲击的反应却是先下降后增加，Bernanke 和 Blinder（1992）认为，银行贷款对 M_1 变化的滞后是由于已签署的银行贷款合同短期内无法变化，所以会产生滞后于 M_1 的变化。

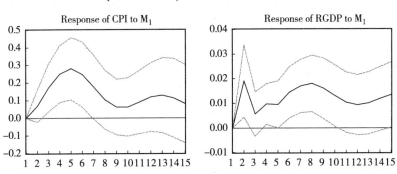

Response to Cholesky One S.D. Innovations ± 2S.E.

图 5 -1　本国经济变量对 M_1 的脉冲响应

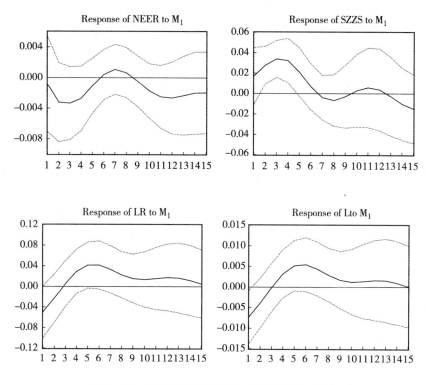

图 5 – 1　本国经济变量对 M_1 的脉冲响应（续）

5.6.4.2　不同渠道相对重要性检验

图 5 – 2、图 5 – 3 采用分别关闭货币政策传导渠道的方式来观察不同传导渠道的相对重要性。其中，NL、NLR、NN、NS 分别代表关闭信贷渠道、利率渠道、汇率渠道及资产价格渠道。图 5 – 2 和图 5 – 3 都表明，去除信贷渠道的脉冲响应函数与基准脉冲响应偏离最大，远大于其他三种传导方式，信贷渠道仍为我国当前最主要的货币政策传导渠道。图 5 – 2 中，去除信贷渠道的影响的 CPI 反应在 4 个季度以后，与基准反应函数的偏离程度越来越大，说明我国货币政策的信贷传导渠道滞后大约为四期，而且信贷渠道在以后各期的传导始终保持最重要的作用。除信贷渠道外，去除利率传导效应的曲线与基准曲线偏离最大，意味着利率传导在剩下三种传导中具有更大效果。需要注意的是，图 5 – 2 和图 5 – 3 都表明，信贷控制无论是在抑制通货膨胀还是刺激产出方面，都是我国经济调控最主要的手段。虽然中国人民银行从 1998 年 1 月 1 日起就取消了对商业银行的贷款额度控制，但图 5 – 2 和图 5 – 3 表明，信贷渠道仍是我国抑制通货膨胀和刺激经济的主要手段。虽然我国自 2005 年 7 月启动了新

一轮的汇改，汇率波动日益市场化，但汇率在货币政策传导过程中作用甚微，尤其是在对 GDP 的影响中，消除汇率渠道的 GDP 脉冲响应基本没有发生变化。此外，2005 年开始的股权分置改革虽然使我国股市在2006 和2007 两年异常活跃，并形成一波"牛市"，但在我国股票市场中的投机因素仍占主导地位，股票价格在政策传导过程中应该具有的资源配置效应、财富效应等都相对较弱，因而使我国货币政策在资本市场中的传导受阻。

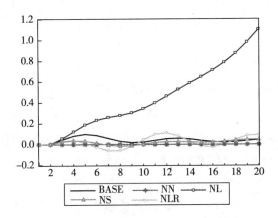

图 5 – 2　通货膨胀对 M_1 冲击的脉冲响应

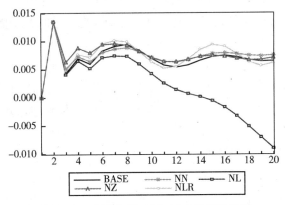

图 5 – 3　实际产出对 M_1 冲击的脉冲响应

5.7　结论与政策建议

本章首先对有关货币政策传导研究的文献进行回顾，在 Égert 和 MacDonald（2006）对转型期国家货币政策传导机制文献总结的基础上，分别对货币政策四种传导渠道进行文献综述。一是利率渠道，利率传导分为两个阶段，即从政策利率到市场利率传递的阶段，市场实际利率变化影响投资进而影响生产和总需求的传导阶段。因为转型期国家特殊的经济体制和较低的市场化程度，大多研究都集中于从政策利率到市场利率的传导，以分析影响传导效率的因素。二是信贷渠道，Bernanke 和 Blinder（1988）开启了对信贷传导渠道的研究。他们将传统的 IS－LM 模型中的 IS 曲线由信贷曲线（CC）代替，形成了所谓的 CC－LM 模型，为关于货币政策信贷传导的研究打下理论基础。三是汇率渠道，汇率水平的变化将引起本国进口品价格、贸易量、对外投资等一系列经济变量，最终传导至货币政策目标。四是资产价格渠道，货币政策通过资产价格传递主要通过托宾 q 效应、非对称信息效应、流动性效应、财富效应和资源配置效应五个方面来影响政策最终目标。

基于前述理论分析，我们使用包含 11 个变量的 VAR 模型对中国的货币政策传导机制进行研究，以研究利率渠道、信贷渠道、汇率渠道及资产价格渠道在货币政策传导中的相对大小。按照我国货币政策的实践经验，本章选取货币供应量 M_1 作为我国货币政策工具，以通货膨胀和实际产出作为中央银行的最终目标，使用情景模拟方法，逐一关闭利率渠道、信贷渠道、汇率渠道及资产价格渠道，分析各种情景下通货膨胀和实际产出对 M_1 的脉冲响应与基准脉冲响应的区别。通过实证研究，我们发现当消除信贷渠道时，通货膨胀和实际产出对 M_1 的脉冲响应程度与基准脉冲响应函数偏离最大，即信贷传导仍是我国货币政策发挥效用的最重要渠道。其次是利率传导渠道。自 1996 年以来，中国人民银行开始利率市场化改革，本着先开放货币市场利率和债券市场利率，再逐步推进存贷款利率的市场化的指导思想。存贷款利率市场化按照"先外币、后本币；先贷款、后存款；先长期、大额，后短期、小额"的顺序进行，我国的利率市场化改革稳步向前推进。但从本章实证分析结果看，我国利率传导作用依然十分微弱，可见尽管我国目前在利率市场化改革方面作了很多努力，但要最终实现改革目标还需时日，而汇率传导渠道和资产价格传导渠道的作用则更加微弱。近年来，中国人民银行在汇率体制改革上不断探索，采取一系列深化外汇管理体制、保持人民币汇率稳定、促进国际收支平衡的措施，并于 2005 年 7 月 21 日宣布开始实行以市场供求为基础、参考一篮子货币进行调节、有管理的浮动汇率制度。从本章实证结果看，这一系列改革尚未使汇率在政策传导中的地位得到加强。

我国暂不完善的货币政策传导体系使规则型货币政策在我国的使用受到限

制。例如，泰勒规则的核心思想是通过利率的调整影响公众预期从而实现对宏观经济的调控，因此，只有在市场经济发达、利率形成机制完善、利率市场化程度高、市场反应灵敏的国家，按泰勒规则操作的货币政策才有可能实现货币政策目标。反之，对于我国这样利率市场化程度较低、利率传导机制微弱的国家，泰勒规则的指导意义就不是很大。同样，我国汇率形成机制过程中的行政干预和金融市场体系发育的不充分，使中央银行的经济手段不能有效通过影响公众预期发挥作用，各级政府对实际经济活动不同程度的干预反而导致市场经济主体行为的扭曲。因此，政府调节经济运行的手段就不仅包括经济手段，还有法律手段和行政手段，而行政手段的过度采用又必然会降低中央银行的独立性，不利于货币政策责任制的建立和货币政策透明度的提高，最终影响到货币政策的实施效果。

虽然我国转型期的货币政策急需向规则转型，但我国尚不完善的政策传导机制可能会削弱规则型货币政策的效果。此外，完善的政策传导机制在危机下显得尤为重要。2008 年始于美国的全球金融风暴极大地影响到我国的经济发展，应对危机过程中的货币政策操作广受诟病，缺乏利率、汇率及资产价格有效传导的货币政策显得有些捉襟见肘。因此，我们不仅要以本次金融危机为警示，同时还要以此为契机，继续推进利率、汇率及金融市场改革，才能实现我国经济转型和货币政策操作范式转型的目标。

6

转型期开放经济下的目标规则

自 20 世纪 90 年代以来，伴随着以经济全球化与技术创新为核心的新经济时代的到来，许多国家的宏观经济政策有了重大调整，表现在货币政策方面，一个新的货币政策框架——通货膨胀目标制得以推行。自 20 世纪 90 年代初新西兰先采用通货膨胀目标制作为货币政策框架以来，已有越来越多的工业化国家和中等收入国家开始采用这种新的货币政策制度。这些国家包括新西兰、智利、加拿大、英国、澳大利亚、巴西、捷克共和国、芬兰、以色列、波兰、南非、西班牙、瑞典等，其中捷克共和国是第一个实行通货膨胀目标制的转型经济国家，而巴西则是第一个完全采用通货膨胀目标制的发展中国家。2001 年，韩国和泰国也开始实行这一制度，最近匈牙利和瑞士也加入其中。通货膨胀目标制已成为当今世界最流行的目标规则。尽管如此，开放经济体中的另一种目标制度——汇率目标制仍值得研究。目前西方发达国家的汇率浮动程度都较高，而一些新兴市场经济国家却依然采取固定汇率制或管制程度较高的汇率制度，汇率波动程度较小。固定汇率制度或管理程度较高的浮动汇率制度是否会造成经济福利的损失？在这些国家经济向前发展或转型过程中是否需要改变当前的汇率制度，建立通货膨胀目标制的框架？本章将对此进行实证判断。

6.1 开放经济下政策目标回顾

第二次世界大战之后，为促进世界经济复兴，西方各国建立了布雷顿森林体系，即美元与黄金挂钩、其他货币与美元挂钩的固定但可调整的国际汇率制度，减少汇率波动，维持经济稳定。但由于布雷顿森林体系内在矛盾及无法解决的"特里芬难题"，其于 20 世纪 70 年代崩溃，西方主要国家纷纷开始实行浮动汇率制。

20世纪80年代，新兴国家开始使用通货膨胀目标制的同时又对外汇市场进行频繁干预，以维系钉住汇率制度。固定汇率制度又重新登上历史舞台，人们不禁质疑，固定汇率制或称为汇率目标制有何优点，能够博得新兴国家的青睐。

根据克鲁格曼"三元悖论"，开放经济下一国在资本完全流动时，无法同时保证汇率稳定和货币政策独立。尽管需要牺牲货币政策自由，很多国家仍试图钉住某一外国货币，维持固定汇率制度。主要有以下三个原因：第一，汇率波动的不确定性会降低本国国际贸易规模，减少国际投资。此外，基于汇率波动带来收益不确定性，工人和企业常要求政府限制进口，实施贸易保护政策。而锁定一国汇率可以降低贸易波动，从稳定的市场中获得最大收益，这也是布雷顿森林体系建立固定汇率体系的原因。第二，钉住汇率制理论上可以将本国通货膨胀程度锁定在目标国的水平，不论本国通货膨胀是由于政府预算赤字还是私人部门工资价格上涨引起的，这对一些欠发达国家特别是政局动荡的国家尤为重要。第三，钉住汇率制能够稳定国际贸易商品价格，稳定私人部门通货膨胀预期（Bruno，1991）。

正是基于以上三个原因，固定汇率制度才时常得到各国青睐。但以汇率为目标的国家越来越少，20世纪90年代，很多新兴市场国家也开始摒弃汇率目标制，本书认为主要原因有两个：首先，全球资本市场的发展使固定汇率制度在技术上就难以维系。每天外汇市场上数以十万亿美元成交额，已远超过任一国中央银行的外汇储备额。此外，国际金融市场上的对冲基金拥有资金数量也相当庞大，相对于一些小国，对冲基金拥有资金量已远远超出它们的储备额，一旦这些投机者冲击这些国家的汇率制度，这些国家很可能无法坚持固定汇率的承诺，带来恐慌性抛售，短期内使本国货币急剧贬值，形成货币危机，1997年东南亚金融危机就是典型的例子。其次，汇率目标制与本国货币政策其他目标可能相冲突。Obstfeld和Rogoff（1995a）认为，即使本国在每次投机冲击发生时，都有足够资源来抵御对本国固定汇率的影响，本国也是很难坚持固定汇率目标制，因为本国中央银行仍需考虑除汇率以外的其他经济目标。当本国面临投机性冲击时，中央银行为了抵御冲击，需要提高本国短期利率。这对以借短贷长的银行体系会产生巨大冲击，而且这些未预期到的利率上升对投资、就业、政府财政及收入分配都有很大负面影响。本国政府不可能为了维持汇率稳定而无视这些可能带来的副作用，所以很多时候有关固定汇率的承诺是不可信的，这种不可信的承诺在面对投机性冲击时将会尤其脆弱。这也是世界上大多数国家固定汇率制走向崩溃的主要原因。

鉴于此，很多国家在 20 世纪 90 年代开始，采取了另一种货币政策框架——通货膨胀目标制。其中多数新兴市场国家最初采用通货膨胀目标制的同时仍然试图维系钉住汇率制度。这些国家制定货币政策的理论基础在于，通货膨胀目标与汇率目标是可以并存的。一般来说，通货膨胀目标被摆在首位，当其与汇率目标相互冲突时，放弃汇率目标。

但 Debelle（1997）认为两种政策目标共存并不现实，从实践经验可以看到，中央银行很难向公众明确传达其稳定物价而非其他货币政策目标的意图。当汇率目标遭受压力时，货币当局面临两种选择，一是维持名义汇率目标，二是使汇率波动超出先前目标范围。但这两种方式都无法向公众传递中央银行稳定通货膨胀的意图和可信度。中央银行对外汇市场频繁干预和过分关注会向公众传递错误信息，即汇率稳定优先于物价稳定目标，进而削弱了通货膨胀目标制的实际效果。而且汇率目标另一个问题在于，当汇率变动原因不同时，货币政策需要作出的反应也必须不同。如果一国货币贬值是由于纯粹的资产组合变动引起的，国内通货膨胀率将上升，货币当局的合理反应是紧缩银根、提高利率以控制通货膨胀；如果货币贬值发生在新兴市场国家，且该国有巨额外债的话，为避免本币的大幅度贬值引发金融不稳定，紧缩性货币政策在这类国家可能更为必需。另一方面，如果汇率贬值由实际的冲击引发，通货膨胀率没有明显上升，则此时需要中央银行不同于前者的政策反应。如果一国贸易条件恶化，对本国出口商品的需求降低，进而减少了总需求，对一国经济的冲击就可能是紧缩性的。在这种情况下，就需要货币当局降低利率刺激总需求。如果贸易条件恶化是因为进口价格上升，收入效应为负，则降低利率可以中和这种效应（曹华，2006）。

以上分析结论主要有两个：第一，开放经济下固定汇率制是不稳定的货币政策选择，不仅在于其技术上的不可行，更重要的是，汇率目标很可能与本国货币政策其他目标相冲突；第二，开放经济下汇率目标制与通货膨胀目标制无法长期共存，当本国中央银行为减少汇率波动而频繁干预本国外汇市场时，这一行为将降低通货膨胀目标制的可信度，进而使通货膨胀目标制对预期稳定的效力丧失。所以，对开放经济下各国来说，汇率目标制度并不是很好的货币政策体系。

本章为实证不同政策目标体系对小型开放经济体的影响，在第二部分建立开放经济下的新凯恩斯模型，第三部分分析实证结果，第四部分是结论。

6.2 新凯恩斯模型的建立

我们首先建立小型开放经济体的新凯恩斯模型,与标准的新凯恩斯模型相同,包括垄断竞争和名义价格黏性等假设。

6.2.1 居民

模型中组成包括代表性居民 j、垄断竞争型的企业和货币当局。模型中不含资本,居民可以在世界债券市场上进行借贷,因此居民可持有两种类型的资产:货币和外国债券。所有居民在 $[0,1]$ 上连续分布。模型采用货币效用函数(money in utility)的方式将货币引入,休闲和劳动供给呈负相关关系,所以劳动供给以负效用进入个体偏好,同时假设所有居民消费偏好相同,所以代表性居民 j 的效用函数与个人消费、持有的货币余额和劳动供给相关,具体形式如下:

$$U_j = E_t \sum_{i=0}^{\infty} \beta^i \Big[\frac{C_{j,t}^{1-\sigma}}{1-\sigma} + \delta \frac{(M_{j,t+i}/P_{t+i})^{1-\kappa}}{1-\kappa} - \chi \frac{N_{j,t+i}^{1+\eta}}{1+\eta} \Big] \tag{6.1}$$

其中,$C_{j,t}$ 为居民 j 在 t 期的合成消费品,包括 $C_{Hj,t}$ 和 $C_{Fj,t}$,根据 Dixit 和 Stiglitz (1977) 的定义,$C_{Hj,t} = \Big[\int_0^1 C_{Hj,t}^{\xi} k dk \Big]^{\frac{1}{\xi}}$,$C_{Fj,t} = \Big[\int_0^1 C_{Fj,t}^{\xi}(k) dk \Big]^{\frac{1}{\xi}}$,异质商品 $k \in (0,1)$,$C_{Hj,t}$ 代表本国居民 j 在 t 期消费的国内商品,$C_{Fj,t}$ 是本国居民 j 在 t 期消费的国外商品,按 Parrado (2004) 定义得 $C_{H,t} = \Big[\int_0^1 C_{Hj,t}^{\varphi-1/\varphi} dj \backslash \Big]^{\varphi/\varphi-1}$,$C_{F,t} = \Big[\int_0^1 C_{Fj,t}^{\varphi-1/\varphi} dj \Big]^{\varphi/\varphi-1}$。国内总消费指数 C_t 由 $C_{H,t}$ 和 $C_{F,t}$ 构成,所以:

$$C_t = \Big[(1-w)^{1/\xi} (C_{H,t})^{\xi-1/\xi} + w^{1/\xi} (C_{F,t})^{\xi-1/\xi} \Big]^{\xi/\xi-1} \tag{6.2}$$

其中,w 为本国消费品中进口商品的比重,ξ 为本国商品对外国商品的替代弹性,$\frac{C_{j,t}^{1-\sigma}}{1-\sigma}$ 代表国内居民 j 消费 $C_{j,t}$ 获得的效用。本国消费价格指数为:

$$P_t = \Big[(1-w)(P_{H,t})^{1-\xi} + w(P_{F,t})^{1-\xi} \Big]^{1/1-\xi} \tag{6.3}$$

其中,$P_{H,t}$ 和 $P_{F,t}$ 分别代表国内外产品价格指数,$P_{H,t} = \Big[\int_0^1 P_{Hj,t}^{1-\varphi} dj \Big]^{1/1-\varphi}$,$P_{F,t} = $

$$\left[\int_0^1 P_{Fj,t}^{1-\varphi} dj \right]^{1/1-\varphi}①。$$

将（6.3）式对数线性化可得：

$$p_t = (1 - w)p_{H,t} + wp_{F,t} \tag{6.4}$$

其中，p_t、$p_{H,t}$ 和 $p_{F,t}$ 分别为 P_t、$P_{H,t}$ 和 $P_{F,t}$ 的对数形式。由（6.4）式可得：

$$\pi_t = (1 - w)\pi_{H,t} + w\pi_{F,t} \tag{6.5}$$

其中，$\pi_t = p_t - p_{t-1}$，表示本国通货膨胀水平。

本国居民可以在世界债券市场进行借贷，所以居民 j 可以在消费、本国货币、国际债券持有以及商品 j 产量（或者价格）之间选择，即本国居民预算约束条件为：

$$P_t C_{j,t} + M_{j,t} + TR_t + P_t B_{j,t} \leq (1 - \tau)W_t N_t + R_{t-1}P_t B_{j,t-1} + M_{j,t-1} \tag{6.6}$$

其中，R_t 为总实际收益率，$t-1$ 期购买的债券 $B_{j,t-1}$ 产生的实际收益为 $B_{j,t-1}R_{t-1}$，TR_t 为 t 期与 $t-1$ 期转移支付的差额，τ 为本国居民名义收入的税收比例。将（6.6）式两边同除以 P_t 可得：

$$C_{j,t} + \frac{M_{j,t}}{P_t} + tr_t + B_{j,t} \leq (1 - \tau)\frac{W_t}{P_t}N_t + R_{t-1}B_{j,t-1} + \frac{M_{j,t-1}}{P_t} \tag{6.7}$$

本国居民在式（6.7）的约束下，通过选择每一期的消费、货币余额和劳动供给量实现效用最大化。我们可由此推导出模型的欧拉方程：

$$E\left[\left(\frac{C_{t+1}}{C_t} \right)^\sigma \frac{P_{t+1}}{P_t} \right] = \beta R_t \tag{6.8}$$

$$\delta^\kappa C_t^{\frac{\sigma}{\kappa}} \left(1 + \frac{1}{R_t} \right)^{\frac{1}{\kappa}} = \frac{M_t}{P_t} \tag{6.9}$$

$$N_t^s = \frac{1 - \tau}{\chi} \frac{W_t}{P_t} C_t^{-\sigma} \tag{6.10}$$

（6.8）式是本国代表性居民最优消费选择的欧拉条件，（6.9）式是本国实际货币需求的欧拉条件，（6.10）式是本国居民最优劳动供给的欧拉条件。

此外，居民在效用最大化时还需满足（6.11）式的横截条件，保证居民预期支出的现值大于等于零：

$$\lim_{T \to \infty} E_t \left[\frac{R_{T-1}(B_T + M_T)}{P_T} \frac{P_t}{P_T} \right] = 0 \tag{6.11}$$

同样，国外居民最优消费选择方程为：

---

① 价格指数 P_t、$P_{H,t}$ 和 $P_{F,t}$ 均以本国货币表示。

$$E\left[\left(\frac{C_{t+1}^*}{C_t^*}\right)^\sigma \frac{P_{t+1}^*}{P_t^*}\frac{S_{t+1}}{S_t}\right] = \beta R_t \qquad (6.12)$$

联立方程（6.8）和（6.12）可得：

$$\left(\frac{C_t}{E_t C_{t+1}}\right)^\sigma \frac{E_t Q_{t+1}}{Q_t} = \left(\frac{C_t^*}{E_t C_{t+1}^*}\right)^\sigma \qquad (6.13)$$

其中，Q 为直接标价法下的本国实际汇率。

6.2.2 企业

本章假定模型中本国代表性垄断竞争企业通过 CES 生产函数生产：

$$Y_{H,t}(j) = A_t \left(\int_o^1 N_t(l)^{\frac{\theta-1}{\theta}} dl\right)^{\frac{\theta}{\theta-1}} \qquad (6.14)$$

其中，A_t 是外生变量，代表制度、技术等长期因素对潜在产出的影响，l 代表劳动时间。

企业面临的需求函数为：

$$Y_{H,t}^d(j) = \left[\frac{p_{H,t}(j)}{P_t}\right]^{-\varphi} C_{H,t}^A \qquad (6.15)$$

其中，$C_{H,t}^A = C_{H,t} + C_{H,t}^*$，企业遵循 Calvo（1983）的交错定价过程，即每个企业都能够在前期价格的基础上依据某一概率独立于其他企业和时间变化改变当期价格水平，即：

$$p_{H,t}(j) = \left[\lambda p_{H,t-1}(j) + (-\lambda) p_{H,t}(j)\right]^{1/(1-\varphi)} \qquad (6.16)$$

则每个代表性企业的预期利润函数为：

$$E_t\left[\sum_{k=0}^\infty \lambda^k \beta^k \frac{1}{P_{t+k}}\left\{p_{H,t}(j) Y_{H,t+k}^d(j) - W_{t+k} N_{t+k}\left(\frac{Y_{H,t+k}^d(j)}{A_t}\right)\right\}\right] \qquad (6.17)$$

其中，λ 是代表性企业维持当期价格与前一期价格不变的概率。企业通过选择最优价格 $p_{H,t}(j)$ 实现利润最大化的目标。我们可推导出代表性企业利润最大化的必要条件：

$$E_t\left[\sum_{k=0}^\infty \lambda^k \beta^k Y_{H,t+k}^d(j)\left\langle \frac{p_{H,t}(j)}{P_{t+k}} - \frac{\varphi}{\varphi-1}\frac{W_{t+k}}{P_{t+k}} N\left(\frac{Y_{H,t+k}^d(j)}{A_t}\right)\right\rangle\right] = 0 \qquad (6.18)$$

将（6.18）式对数线性化可得：

$$E_t\left[\sum_{k=0}^\infty \lambda^k \beta^k\left[(1 + \vartheta\varphi)\left(\hat{p}_{H,t}(j) - \hat{P}_{H,t} - \sum_{s=1}^\infty \pi_{t+s}\right)\right.\right.$$
$$\left.\left. - \vartheta y_{H,t+k}^d - \delta(q_{t+k} - s_{t+k})\right]\right] = 0 \qquad (6.19)$$

其中，ϑ 为 N' 对 Y_t^d 的弹性，$\hat{p}_{H,t}(j)$ 和 $\hat{P}_{H,t}$ 为相应变量的对数线性化形式，$q_t =$

$s_t + p_t^* - p_t$。

将（6.16）式两边除以 $p_{H,t-1}$，可得：

$$\frac{P_{H,t}}{P_{H,t-1}} = \lambda^{1/1-\varphi} \left[1 - (1-\lambda) \left(\frac{p_{H,t}(j)}{P_{H,t}} \right)^{1-\varphi} \right]^{\frac{1}{\varphi-1}} \tag{6.20}$$

对（6.20）式对数线性化可得：

$$\pi_{H,t} = \frac{1}{\varphi - 1} \frac{-(1-\lambda)}{[1-(1-\lambda)]} (1-\varphi)(1 + \hat{p}_{H,t}(j) - \hat{P}_{H,t})$$

$$= \frac{1-\lambda}{\lambda} (\hat{p}_{H,t}(j) - \hat{P}_{H,t}) \tag{6.21}$$

将（6.21）式代入（6.19）式得：

$$\frac{\lambda}{1-\lambda} \pi_t = \frac{\lambda}{1-\lambda} \beta E_t \pi_{t+1} + \frac{1-\lambda\beta}{1+\vartheta\varphi} (\vartheta x_t + w E_t q_{t+1}) \tag{6.22}$$

其中，x_t 是本国产出缺口的对数形式。

6.2.3 货币当局

本文假定本国政府部门仅包含货币当局，而且其将短期名义利率作为货币政策调节工具。利率政策中最具代表性的当属泰勒规则，标准泰勒规则假定，货币当局运用利率围绕两大关键目标函数，即实际通货膨胀率和目标通货膨胀率之间的偏离程度以及实际产出和潜在产出之间的偏离程度，作出调整。本文在标准泰勒规则的基础上，假定货币当局政策方程如下：

$$i_t = \rho_i i_{t-1} + (1-\rho_i)\Phi_\pi E_t[\pi_{t+1}] + (1-\rho_i)\Phi_x E_t[x_{t+1}]$$

$$+ (1-\rho_i)\Phi_s(E_t[s_{t+1}] - s_t) + \mu_t \tag{6.23}$$

与标准泰勒规则不同，（6.23）式中引入利率平滑项和汇率项。利率平滑项解释了货币当局在调整利率水平时的平滑行为，这一行为往往是由于货币当局顾及利率调整对资本市场的扰动、对货币当局信誉的影响以及货币当局的利率政策需要社会各方面的支持等。汇率项反映了本国货币政策对名义汇率变动的敏感度，若系数 $\Phi_s = 0$，央行不关心名义汇率变动，即本国实行完全浮动的汇率制度；若 $\Phi_s > 0$，央行面对名义汇率偏离目标值或稳态值时会采取相应措施，即本国实行有管理的汇率制度，管理程度取决于系数 Φ_s 的大小，$\Phi_s \to \infty$ 表示固定汇率制度。

6.2.4 利率平价条件与资本管制

如果资本市场完全开放、资本自由流动，本国利率则完全受制于世界利率水平；相反，如果本国是完全封闭的经济体，不存在资本跨境流动，利率将完全由国内资本市场供求决定。我国尚未放开对资本和金融账户的管制，对 FDI 等资本流动采取了宽进严出的措施，而对短期或投机性资本的管制更为严格。按照 IMF 划分的资本账户七大类 43 项来看，中国实际上是一个资本不完全自由流动的半开放国家（李婧，2006）。为体现中国经济特征，本章采用融入资本管制的无抛补利率平价描述资本流动的情况：

$$i = \omega[i^* + E_t[S_{t+1}] - S_t] + (1 - \omega)i \qquad (6.24)$$

其中，i_t^* 代表国外名义利率，i 表示本国经济在完全封闭条件下的利率水平，它由国内的货币供求关系决定[①]，ω 代表本国资本市场开放程度，$0 < \omega < 1$，$(1 - \omega)$ 则体现了本国资本管制有效程度，$(1 - \omega)$ 越大，表明本国资本管制程度越强，本国利率受国外利率的影响就越小。

我国资本管制在抵御国外金融冲击、维持金融市场稳定方面成效显著，短期内我国仍会维持资本账户管制，但是，资本管制只能作为我国转型期的过渡手段。逐步放松资本账户管制是我国经济发展的长远目标，也是我国积极响应世界贸易组织框架要求的客观选择。当资本自由流动时，本国利率应满足：

$$i_t = i_t^* + E_t[s_{t+1}] - s_t \qquad (6.25)$$

（6.25）式为资本自由流动时的无抛补利率平价条件[②]。考虑到我国资本市场完全开放的必然趋势，引入（6.25）式是为了比较不同资本管制程度下的货币政策目标体系。（6.25）式可看做（6.24）式在 $\omega = 1$ 时的情况。

6.2.5 国内外冲击

为比较不同货币政策、汇率制度和资本管制条件下，国内外各种冲击对本国宏观经济变量的影响，本章分别模拟了国内利率政策、技术、国外产出、国外通货膨胀和国外实际利率冲击发生时本国经济波动情况。

国内利率政策冲击由利率政策规则方程的残差 μ_t 构成，μ_t 代表规则方程中未预测到的部分。国内利率政策冲击的引入能够有效反映未预期到的央行政策对模型内各种经济变量的影响。本章假设 μ_t 是独立同分布的时间序列，均值为 0，方差为 0.25。

技术冲击体现技术变迁对经济内各种变量的影响。技术变迁取决于当前经

[①] 完全封闭下的利率计算参考孙立坚（2005）的方法。

[②] 本文使用的是小型开放经济模型，缺乏成熟的外汇衍生品交易市场，所以本国利率只满足无抛补利率平价条件。

济发展状况和技术水平，其常表现出自相关特征。本章假设技术冲击 a_t 满足 (6.26) 式的一阶自回归过程：

$$a_t = \rho_a a_{t-1} + \varepsilon_t^a \tag{6.26}$$

其中，ε_t^a 为独立同分布，均值为 0，方差为 0.5。

本章假定国外产出、通货膨胀和实际利率均为外生变量，且满足一阶自回归过程：

$$y_t^* = \rho_{y*} y_{t-1}^* + \varepsilon_t^{y^*} \tag{6.27}$$

$$\pi_t^* = \rho_{\pi*} \pi_{t-1}^* + \varepsilon_t^{\pi^*} \tag{6.28}$$

$$r_t^* = \rho_{r*} r_{t-1}^* + \varepsilon_t^{r^*} \tag{6.29}$$

其中，$\varepsilon_t^{y^*}$、$\varepsilon_t^{\pi^*}$、$\varepsilon_t^{r^*}$ 均为均值为 0 的独立同分布，假设方差分别为 0.25、0.5 和 0.25。

6.2.6 参数校准

本章采用 Giannoni 和 Woodford（2003）的研究结论，采用 0.99 作为贴现因子 β 的值，w 为外国商品在本国消费品中的比率，我们使用 1996 年至 2008 年我国进口额占 GDP 的平均比重来计算，得出 $w = 0.22$，企业不改变其价格的概率为 $\lambda = 0.75$，表明价格调整频率是 4 个季度。价格需求弹性或垄断竞争程度 $\varphi = 1.5$。根据秦宛顺等（2003）的估计，本章选取国内商品对外国商品的替代弹性 $\xi = 1.5$。

由于偏好的信息往往难以直接从数据中得到，效用函数中参数 σ 的值，只能依据经济理论和其他研究的经验结果确定。众多研究发现，消费的跨期替代弹性很小，家庭的风险规避系数 σ 比较大（Kocherlakota，1996）。相关的早期分析多采用对数效用函数形式（$\sigma = 1$），后来的拓展研究 σ 一般在 0~3 之间取值（King and Rebelo，1999）。吴利学（2009）考虑到居民收入水平越低，通常风险规避倾向越强，认为中国家庭的风险规避系数应比发达国家略大，取 $\sigma = 2$。本章选择 σ 为 0~3 之间的均值 1.5。

在政策规则方程（6.23）中，$\rho_i = 0.9$，通货膨胀系数 $\Phi_\pi = 1.5$，通过模拟比较 $\Phi_x = 0.5$ 与 $\Phi_x = 0$，比较 $\Phi_s = 0$ 和 $\Phi_s = 3$。

假设利率对通货膨胀的反应系数为 1.5，这与我国当前的实际有一定差距。谢平和罗雄（2002）、陆军和钟丹（2003）、卞志村（2006）的研究结果都表明，我国利率对通货膨胀的反应系数是小于 1 的。但由于小于 1 的利率规则会使模型出现多重解，所以本章使用了泰勒（1993）提出的假设，即利率对通货膨胀的系数为 1.5。

根据孙立坚（2005）的估计，我国资本管制大约在 0.52。李婧（2006）从我国资本项目可兑换方面，估计较多限制和严格限制的项目占全部项目的比例为 0.558。范从来、刘晓辉（2007）取 0.539 作为我国资本管制程度的度量。在资本不完全流动时，本章选取 $\omega = 0.46$。

技术、国外产出、国外通货膨胀和国外实际利率自回归系数分别为 ρ_a、ρ_{y^*}、ρ_{π^*} 和 ρ_{r^*}，值均为 0.8。

6.2.7 经济均衡条件

将式（6.8）、式（6.12）和式（6.13）对数线性化，并结合式（6.5）、式（6.22）、式（6.23）、式（6.24）和式（6.25）以及模型中各经济变量的关系，经济均衡的条件可表示为：

$$\sigma(E_t c_{t+1} - c_t) + E_t p_{t+1} - p_t = r_t \tag{6.30}$$

$$\sigma(E_t c_{t+1}^* - c_t^*) + E_t p_{t+1}^* - p_t^* + E_t s_{t+1} - s_t = r_t \tag{6.31}$$

$$\sigma(E_t c_{t+1}^* - c_t^* - E_t c_{t+1} + c_t) = q_t - q_{t+1} \tag{6.32}$$

$$\pi_t = (1 - w)\pi_{H,t} + w\pi_{F,t} \tag{6.5}$$

$$\frac{\lambda}{1 - \lambda}\pi_t = \frac{\lambda}{1 - \lambda}\beta E_t \pi_{t+1} + \frac{1 - \lambda\beta}{1 + \vartheta\varphi}(\vartheta x_t + w E_t q_{t+1}) \tag{6.22}$$

$$i_t = \rho_i i_{t-1} + (1 - \rho_i)\{\Phi_\pi E_t[\pi_{t+1}] + \Phi_x E_t[x_{t+1}]$$
$$+ \Phi_s(E_t[s_{t+1}] - s_t)\} + \mu_t \tag{6.23}$$

$$i = \omega[i^* + E_t[S_{t+1}] - S_t] + (1 - \omega)i \quad (\omega = 0.46 \text{ 或 } 1)$$
$$\tag{6.24}/(6.25)$$

$$y_t = (1 - w)c_{H,t} + w c_{H,t}^* \tag{6.26}$$

$$c_t = (1 - w)c_{H,t} + w c_{F,t} \tag{6.27}$$

$$y_t^* = c_t^* \tag{6.28}$$

6.3 实证结果

本章通过前文的动态一般均衡模型，模拟小型开放经济体在面临国内利率政策冲击、技术冲击、外国产出、通货膨胀和实际利率冲击下各种经济变量的波动情况。本国在面对各种冲击时，可选择的政策包括限制资本流动或允许资本自由流动、制定严格通货膨胀目标或灵活通货膨胀目标、有管理的汇率制或完全浮动汇率制。本章选取 ω 反映资本流动程度，当 $\omega = 1$ 时，本国资本完全流动；当 $0 < \omega < 1$ 时，本国资本流动受到管制[①]。通货膨胀目标的管理程度和汇率目标制度由政策方程系数反映：浮动汇率制，$\rho_i = 0.9$，$\Phi_\pi = 1.5$，$\Phi_x = 0.5$，$\Phi_s = 0.0$；有管理的汇率制，$\rho_i = 0.9$，$\Phi_\pi = 1.5$，$\Phi_x = 0.5$，$\Phi_s = 3.0$。严格通货膨胀目标制，$\rho_i = 0.9$，$\Phi_\pi = 1.5$，$\Phi_x = 0.0$，$\Phi_s = 0.0$；灵活通货膨胀目标制，$\rho_i = 0.9$，$\Phi_\pi = 1.5$，$\Phi_x = 0.5$，$\Phi_s = 0.0$。

　　在严格通货膨胀目标制下，本国货币当局不关心产出和汇率的波动情况。所以当本国遵守严格通货膨胀目标时，本章只讨论限制资本流动和允许资本自由流动两种情况。但当本国遵循灵活通货膨胀目标时，本国仍可就是否管制资本流动和汇率浮动作出选择。但需要注意的是，小型开放经济体无法在资本完全流动时，选择有管理的汇率目标制[②]。同时，管理资本流动时汇率自由浮动也不合逻辑。所以本章在灵活通货膨胀目标制的框架下，只比较资本自由流动时的完全浮动汇率制和限制资本流动时的有管理的浮动汇率制。

　　图 6 - 1 至图 6 - 5 显示了严格通货膨胀目标制下，资本流动程度不同时，各种冲击对本国经济变量的实际影响。光滑线表示资本不完全流动时的情况，标记线代表资本完全流动时的情况。图中的模拟结果表明，面临各种冲击的小型开放经济体，无论本国是否限制资本流动，产出缺口与国内通货膨胀的波动都几乎毫无差别。按福利损失函数，资本是否自由流动不影响本国福利水平。资本自由流动与否的影响只体现在名义汇率、实际汇率、名义利率和实际利率的波动上。图 6 - 2 和图 6 - 3 表明，在面对国外通胀和国外利率冲击时，光滑线波动较小，资本管制下的汇率和利率波动较小，这也证明了资本管制在一定程度上有助于抵御外部冲击，维护国内金融稳定。

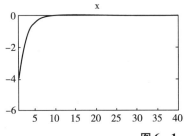 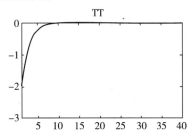

图 6 - 1　本国利率冲击

[①]　结合我国实际，本章选取 $\omega = 0.46$。

[②]　1997 年的东南亚金融危机已充分证明，资本完全流动与有管理的汇率制将会带来灾难性的后果。

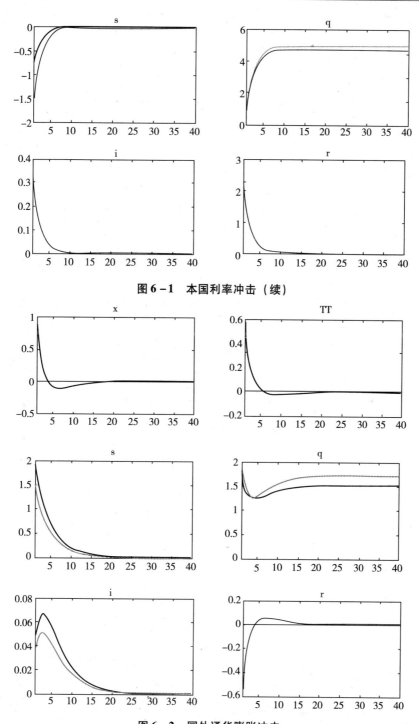

图 6-1　本国利率冲击（续）

图 6-2　国外通货膨胀冲击

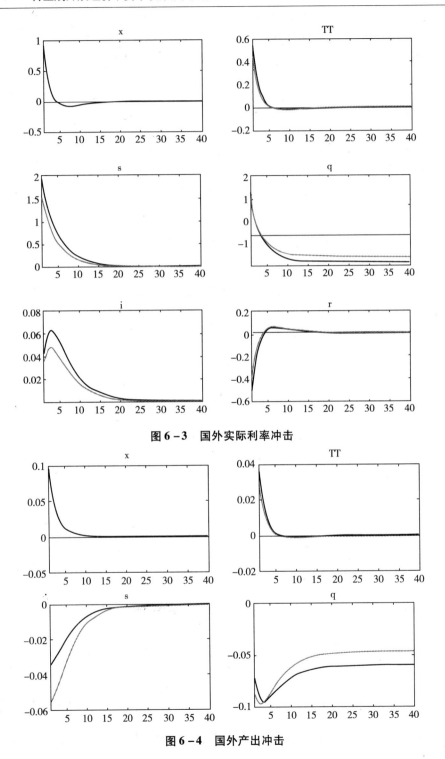

图 6 - 3　国外实际利率冲击

图 6 - 4　国外产出冲击

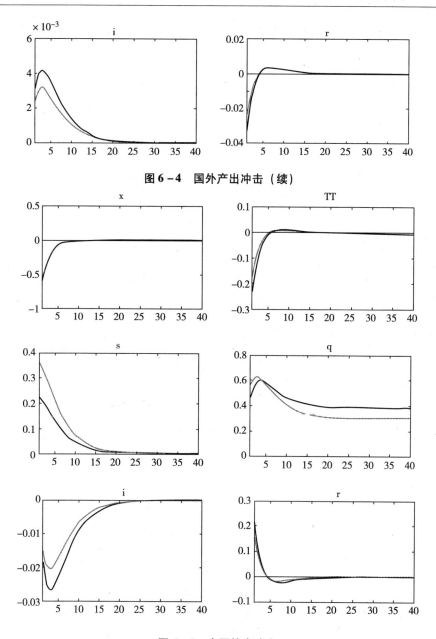

图 6-4 国外产出冲击 (续)

图 6-5 本国技术冲击

图 6-6 至图 6-10 显示了灵活通胀目标制下，资本自由流动时的完全浮动汇率制和限制资本流动时的有管理浮动汇率制在面临各种冲击时的不同反应。光滑线表示资本不完全流动下有管理汇率制的情况，标记线表示资本完全流动时浮动汇率制的情况。由图 6-6 可以看出，面临本国利率政策冲击时，

标记线波动幅度较小，说明在资本自由流动和汇率完全浮动的情况下，本国政策冲击能被有效化解，即货币当局有更强的调控能力。但图6-9和图6-10表明，面临国外产出和国内技术冲击时，本国经济在资本自由流动和浮动汇率制下的表现远不如资本管制时的管理汇率制。图6-7和图6-8同样表明，资本管制和有管理汇率制度组合能够较好地削弱国外通胀和国外利率对本国汇率和利率造成的冲击。

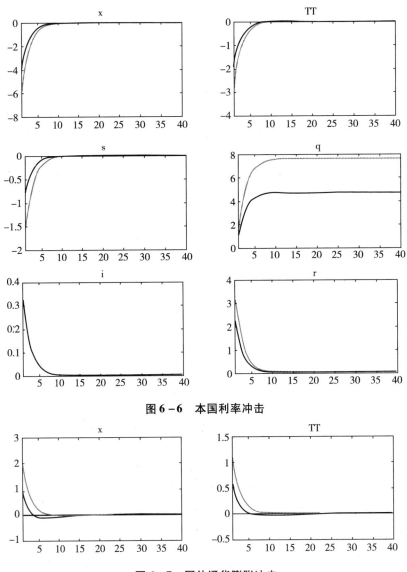

图6-6 本国利率冲击

图6-7 国外通货膨胀冲击

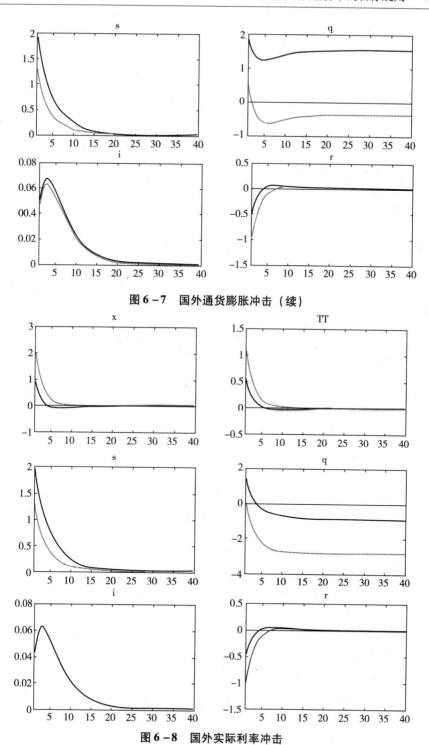

图6-7 国外通货膨胀冲击（续）

图6-8 国外实际利率冲击

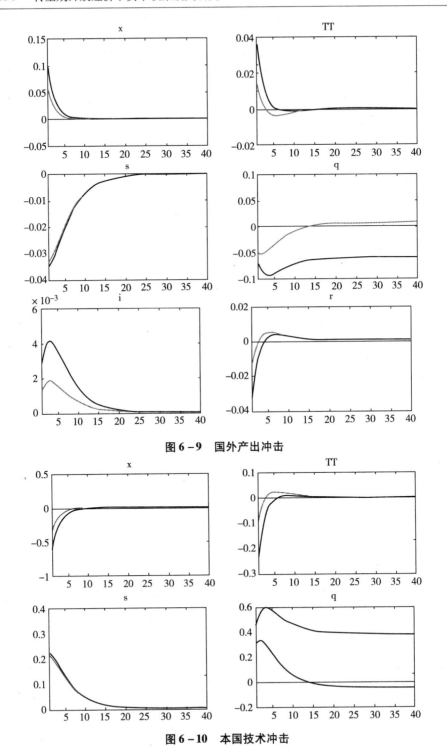

图 6 - 9　国外产出冲击

图 6 - 10　本国技术冲击

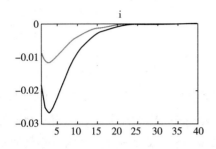 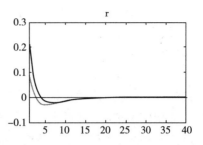

图6-10　本国技术冲击（续）

为更清楚比较各种政策制度下，本国经济变量面临内外部冲击时的综合表现，本章接下来将比较四种经济制度下本国产出和通货膨胀波动的标准差。结果如表6-1所示。

表6-1　　　　　本国经济变量对国内外各种冲击的标准差

政策目标		产出缺口	通货膨胀
严格通胀目标	资本完全流动	5.1697	2.5553
	资本不完全流动	5.6373	2.7583
灵活通胀目标	资本完全流动 汇率自由浮动	3.5049	1.7239
	资本不完全流动 有管理浮动汇率	8.7744	4.3693

表6-1结果说明，首先，从通货膨胀目标制度上来看，不能简单地说严格通胀目标和灵活通胀目标孰优孰劣。通胀目标必须与其他制度配套实施，否则即使货币当局选择严格通胀目标制，也无法有效控制通货膨胀。如表6-1中所示，严格通胀目标下，在面临国内外各种冲击时，本国通胀波动甚至可能大于灵活通胀目标下的情况。其次，小型开放经济体在面临各种内部和外部不确定冲击时，灵活通胀目标、资本完全流动和自由浮动的汇率制度搭配成的政策组合是吸收冲击的最佳方式。相反，灵活通胀目标、限制资本流动和管制汇率浮动组成的政策体系表现最差，面临经济体内外的冲击，本国产出缺口和通货膨胀波动幅度最大，经济不稳定程度最高。

6.4　本章结论

本章首先通过对通货膨胀目标与汇率目标性质的分析，指出二者是无法共存的，因为汇率目标会降低中央银行通货膨胀目标的可信度，而中央银行有关通货膨胀承诺的可信程度是通货膨胀目标制的最关键部分。所以对实行通货膨胀目标制的开放经济体来说，固定汇率制不是一个好的选择。

本章使用了开放经济下的新凯恩斯模型，对不同政策体系下的社会福利进行比较，比较的目标体系包含四种组合，即严格通货膨胀目标制下资本自由流动，严格通货膨胀下限制资本流动，灵活通胀目标、资本自由流动和完全浮动汇率制，灵活通胀目标、限制资本流动和管制汇率浮动。通过模型参数的校准，我们实证分析了当小型开放经济体面临冲击时，不同目标体系下本国各经济变量的反应程度。实证结果表明，灵活通胀目标、资本自由流动和完全浮动汇率制构成的政策目标体系能够更好地吸收冲击。此外，严格通货膨胀目标制无法组成吸收国内外冲击的最优政策体系。这说明，我国中央银行遵循最优货币政策规则选择货币政策目标时，并不一定要选择严格通货膨胀目标制。目前情况下，产出因素和通货膨胀因素都应是我国中央银行执行货币政策的重要权衡因素。故我们可以选择一些灵活通货膨胀目标的政策框架，如混合名义收入目标框架（卞志村，2005）作为向通货膨胀目标制转型的过渡安排。此外，灵活通胀目标、资本自由流动和完全浮动汇率制政策体系的优点也为我国货币政策和汇率制度改革提供了方向。

7

转型期开放经济下
我国货币政策规则框架的选择

自从基德兰德和普雷斯科特（Kydland & Prescott，1977）将时间非一致性问题引入宏观经济领域，有关"规则"对"相机抉择"的争论便开始发生了根本性的变化，越来越多的研究成果表明中央银行的货币政策规则可以有效地改进货币政策的操作绩效。本书第三章对中国经济的实证研究表明，在中国的转型过程和开放进程中，如果货币政策操作能成功实现由当前的相机抉择型操作向规则型的转型，能够使我国经济运行更加稳定，促进转型期开放经济下的中国经济沿着持续、健康、稳定的增长路径向前发展。既然货币政策转型能实现如此多的好处，那么应该如何转型及转型后应该使用什么样的规则型货币政策框架？本章将给出回答。

7.1　汇率制度

汇率在开放经济下的货币政策规则的研究中扮演极其重要的角色，首先表现在其对经济的影响上，主要包括三个方面：第一，预期的汇率变化将影响到持有一国货币相对于另一国的收益率。当一国降低利率时，将伴随着一国货币的即期贬值和预期升值；第二，汇率变化将会影响到两国商品的相对价格，并因此影响到出口和进口；第三，外国的通货膨胀还会通过汇率变动影响到本国通货膨胀波动水平。

同时，汇率制度是一国货币政策框架的重要组成部分，其包括固定汇率制度、有管理的浮动汇率制度和完全浮动的汇率制度。从世界各国的政策实践看，发达工业国家大多选择完全浮动的汇率制度，而新兴市场国家和转型期国家更多使用的是固定汇率制或有管理的浮动汇率制。在浮动汇率制下，一国中央银行可以根据产出偏差和通货膨胀偏差来调整短期利率，但在固定汇率制下中央银行往往不能单独决定其短期利率，因为利率的升高将会导致外币的流入而对本币形成升值压力，反之亦然。Orphanides（1997）指出，在固定汇率制下，中央银行操纵银行同业拆借利率的自由度会由于固定汇率的需要而降低。所以，固定汇率制下，运用泰勒规则必须进行修正。我国虽然从 2005 年 7 月 21 日开始实行以市场供求为基础的、参考一篮子货币进行调节、有管理的浮动汇率制度，人民币汇率形成机制形成了所谓的 BBC 模式（Basket，Band and Crawling，即一篮子、区间浮动与爬行）。但汇率水平的波动幅度不大，中央银行对汇率形成的干预仍然存在①，尤其是在研究发达国家的工具规则和目标规则在中国的适用性时必须考虑到这一实际情况。

汇率制度的选择制约着一国其他货币政策目标，如我国目前基础货币投放很大程度上依赖国际收支顺差，中央银行的公开市场操作多是对冲性或防御性操作，对基础货币投放难以主动控制。在当前的国际收支形势下，外汇占款仍是中国基础货币投放的主渠道，在人民币汇率难以大幅浮动时，中央银行只能被动回笼货币，很难实现其他货币政策目标。

由此可见，浮动汇率制是实现经济转型和货币政策转型的必要条件。当今世界两大最流行的规则——泰勒规则和通货膨胀目标制规则都以浮动汇率制为前提。如果我国实行以通货膨胀目标制及泰勒规则为主体的货币政策框架，就必须实现向浮动汇率制的转型。2005 年我国的汇改，是货币政策转型的一大进步，也是我国转型期货币政策的合理选择。以有管理的浮动汇率制作为转型期的过渡安排，最终实现向完全浮动汇率制的转型是我国经济健康稳定发展的必要选择。

7.2 转型期开放经济下中国的货币政策工具规则

自从泰勒（1993）提出泰勒规则，泰勒规则就成为世界各国最常使用的工具规则。但最初提出的泰勒规则主要针对的是封闭经济环境，在使用时需要

---

① 中国人民银行规定，每日银行间外汇市场美元兑人民币的交易价格仍在中国人民银行公布的美元交易中间价上下千分之三的幅度内浮动，非美元货币对人民币的交易价在中国人民银行公布的该货币交易中间价上下一定幅度内浮动。

考虑开放经济因素，如汇率的影响。同时，泰勒（2000）强调，泰勒规则主要针对的是美国和 G7 等发达经济体，对于其在新兴市场经济体或转型期国家的适用性仍需研究，而且这些国家的中央银行大都以货币供应量作为政策工具。Poole（1970）指出，使用利率作为政策工具和使用基础货币作为政策工具本质上相同。但如果当经济体面临货币需求方面的冲击时，中央银行使用利率工具能够更有效地降低经济波动；而当经济体面临产品需求方面的冲击时，基础货币将是中央银行最优的选择。

尽管如此，本章认为，在转型期国家使用泰勒规则仍不是最优的选择。因为转型期国家，通货膨胀波动程度很高，同时还存在较高的投资风险溢价，因而导致了这种经济环境下，实际利率和实际均衡利率很难测量。如果使用利率政策规则，实际均衡利率的不确定性将会引起政策误差。因此，转型期国家的政策制定者更多使用的是货币供应量。

泰勒规则原式中泰勒规则只对本国产出缺口和通货膨胀作出反应，所以其常被认为是封闭经济下的最优工具规则，开放经济体中最优泰勒型规则是要被修正的，而其中最具代表性的研究就是将汇率引入利率反应函数，Ball（1999）、Taylor（1999b）、Svensson（2000）等使用不同的理论模型将汇率引入泰勒反应式后发现，汇率的引入并不能提高泰勒规则在开放经济下的表现。泰勒认为，泰勒原式虽然不包含开放经济因素，但这并不意味着泰勒原式不适用在开放经济中。泰勒通过对大量文献的梳理后发现，开放经济下使用泰勒规则并不需要对泰勒原式进行修正。首先，在理性预期条件下，泰勒原式中利率作出的反应已经隐含了对汇率的反应；其次，发达国家中各国汇率波动更像资产价格而非商品价格，很多时候汇率的波动与经济基本面变化无关，如果利率直接对汇率变化作出反应，汇率的频繁波动将使利率的变化充满不确定性，不仅会造成经济波动幅度上升，还可能增加投机性攻击的可能性。

虽然大量研究表明，开放经济不会影响泰勒规则的使用。但以上开放经济分析假设包含资本完全流动、浮动汇率制、利率平价等，这些条件在研究发达开放经济体时不存在问题，但在我国这样的转型期国家，这些条件的适用性就需要商榷了。

此外，我国利率市场化程度尚不完善。1996 年 6 月 1 日，我国银行间同业拆借市场利率实现市场化。随后我国先后放开银行间市场国债和政策性金融债的发行利率、境内外币贷款和大额外币存款利率。2004 年 1 月 1 日，中国人民银行再次扩大金融机构贷款利率浮动区间。之后中国人民银行实行再贷款浮息制度，放开贷款利率上限，同时实行人民币存款利率下浮制度。2005 年 3

月16日，中国人民银行再次大幅度降低超额准备金存款利率，并完全放开金融机构同业存款利率。2007年1月4日，上海银行间同业拆借利率正式运行，逐步确立其在货币市场的基准利率地位。由此可见，我国目前已在利率市场化改革方面作出很大努力，但当前我国仍缺乏疏通货币市场、债券市场与信贷市场的利率传导渠道和完整的金融市场收益率曲线。泰勒规则实施所需的利率形成机制和传导机制还需时日。

从我国现实国情来看，流行于发达国家的泰勒规则可能暂时还无法在中国使用，原因主要包括利率和汇率市场化程度不高。此外，新兴市场国家及转型期国家的通货膨胀率的波动和较高的投资风险，使这些国家的实际利率和实际均衡利率的测量都存在很大问题，这些测量误差很可能影响到泰勒规则的实施效果。因此，尽管泰勒规则可能是市场化程度较高的国家的最优选择，但在当前情况下，我们还需一些辅助性的工具规则作为过渡，如基础货币规则、单一规则等。虽然这些辅助性的规则最终将成为历史，但其仍是当前实现平稳转型的必要条件。

7.3　转型期开放经济下中国的目标规则

本书第六章分析表明，转型期开放经济下中国实施通货膨胀目标规则要优于汇率目标制。通货膨胀目标制是一个包括操作工具、操作目标、信息变量和最终目标在内的有关货币政策制定和实施的系统。在这一系统中，如果我们将信息变量看做中介目标的话，就会觉得通货膨胀目标制与传统的货币政策操作框架并没有多大区别。但事实上，尽管通货膨胀目标制仍然需要利用操作目标变量和信息变量的指示作用，但是这里的信息变量却可以是由一组变量构成的变量集，而传统的货币政策目标却是单一的。另外，在通货膨胀目标制框架中，中央银行并不对操作目标和信息变量的具体情况负责，而是集中力量利用信息变量的反馈机制来实现以通货膨胀为首要目标的货币政策最终目标体系。

通货膨胀目标制的操作工具仍然是现代中央银行的三大法宝：公开市场操作、法定存款准备金、再贴现或再贷款。由于公开市场操作具有灵活性和微调性的特征，各国中央银行已经普遍将它作为货币政策操作的主要工具了。至于其他一些诸如信贷规模、利率管制等非市场性手段，由于实行通货膨胀目标制的国家大都是市场化国家，故均未操作过非市场性工具。

通货膨胀目标制的操作目标可以是基准利率，也可以是基础货币，但一般只能取其一而不能同时兼顾。这是因为，调整利率往往会导致货币供应量的大幅度波动，而调整货币供应量又会导致利率出现大幅度波动，因此试图同时操作两者是不可能的。在具体实践中，各国往往是根据本国货币政策传导机制的特点以及货币政策操作的历史经验，来决定适合本国的货币政策操作目标。

通货膨胀目标制的信息变量是这一制度框架中最具特色的构成要素，这一要素的存在使通货膨胀目标制拥有了"信息包容"的显著特征。一旦中央银行明确了通货膨胀目标，问题的关键就在于如何实现这一目标。把通货膨胀目标保持在理想范围内需要与预测通货膨胀相关的信息，这些信息即称为"信息变量"。例如，英国在1992年9月宣布实行通货膨胀目标制后，英格兰银行所监测的经济变量主要包括各种通货膨胀率、经济部门的定价行为、各层次货币供应量、从官方利率到市场利率的各种利率水平、英镑对主要货币的汇率、总供给和总需求以及劳动力市场状况等。欧洲中央银行推行所谓的"非正式的通货膨胀目标制"，它将所监测的指标分为"第一大支柱"和"第二大支柱"，"第一大支柱"包括货币和信贷的变化，其中M_3被要求保持必要的稳定性；"第二大支柱"主要是指非货币指标的相关信息，如工资、商业周期、汇率、资产价格和财政政策等。"信息包容"的优势在于中央银行可以全面评估宏观经济形势，而不必对单一指标波动或暂时的冲击作出"机械式反应"，以避免出现货币政策操作上的随机性，增强货币政策作用的效果。

我国当前处在转型期和开放进程中，这种双重背景使通货膨胀目标制暂不适合实施。首先，通货膨胀目标目前不是我国唯一重要的目标。在实践中要充分考虑目标变量在一国经济中的重要性，既要考虑到通货膨胀目标与其他对内平衡目标的关系，也要考虑它与对外平衡之间的关系。从一国的内部均衡目标来看，通货膨胀和经济增长之间存在着一种反向变动的关系，从而通货膨胀与失业率也存在着反向变动关系。从我国目前的状况来看，我们必须要考虑转型过程中的国有企业改制和农民工因素以及社会失业率问题。如果只将通货膨胀作为货币政策目标可能会以经济增长率的损失或失业率的上升为代价，一旦失业率上升到社会不能容忍的程度，政策就会干预经济解决政府认为最重要的问题，这样一来，中央银行向社会公众承诺的通货膨胀量化的目标也就不可能实现了。其次，通货膨胀目标制与我国当前有管理的浮动汇率制无法兼容。此外，我国社会主义市场经济体制尚不完善，政府的干预活动使市场主体行为存在一定程度的扭曲，公众不能产生合理预期，缺乏完善的市场金融体系等都不利于通货膨胀目标制在我国的实施。

7.4   转型期开放经济下我国货币政策规则框架的选择

　　鉴于中国目前的实际情况，我国中央银行应尽快明确宣布货币政策操作规范向规则型转型，以更好地稳定公众预期，努力让规则性货币政策成分在经济运行中发挥主导作用，在降低经济波动的同时，积极创造实行通货膨胀目标制的各方面条件。

　　从我国货币政策实践情况看，当前我国货币政策传导仍以信贷渠道为主，这意味着以利率为工具进行政策调节目前是不现实的。而作为货币政策中介目标的货币供应量与作为最终目标的通货膨胀之间的关系，已经变得很不稳定，货币供应量指标的可控性和可测性出现了较大问题（夏斌、廖强，2001）。从中国人民银行的资产负债表来看，产生这一问题的主要原因，一方面是用于外汇冲销的外汇占款和救助金融机构的再贷款大量挤占了中央银行的基础货币；另一方面，中央银行面临着因对货币系统注入流动性过多而诱发通货膨胀的风险，货币政策的可信度也因被动地承担最后贷款人的职能而受到削弱。在这种情况下，我国中央银行比以往更需要通过规则型的货币政策进行约束，以克服时间非一致性可能对经济运行造成的长期不良后果。

　　通货膨胀目标制所具有的优点不仅为思考和执行货币政策提供了一个有益的参考框架，也为克服我国货币政策操作过程中存在的中央银行独立性弱、货币政策目标多元化、利率市场化程度低等问题提供了一个备选的解决方案。而在实现通货膨胀目标制转型的过程中，我们还需要进一步改革人民币汇率制度和完善利率市场化程度。Debelle（1997）认为将通货膨胀目标与汇率目标放在一起是不现实的，因为这将导致中央银行无法向公众明确传达其稳定物价而非其他政策目标的意图，中央银行对外汇市场的频繁干预会向公众传递错误的信息，使公众误认为汇率目标优先于通货膨胀目标，削弱通货膨胀目标制度的实际效果。2005 年 7 月 21 日，中国人民银行宣布中国自当日开始实行以市场供求为基础、参考一篮子货币进行调节、有管理的浮动汇率制度，人民币汇率体制改革又迈出了重要一步。随着人民币汇率水平的灵活性增加，汇率作为货币政策名义锚的重要性已大为降低。如采用爬行区间作为向另一个名义锚过渡的中间制度，按爬行的中心平价水平对称设定人民币汇率浮动的区间，并针对资本流入造成的汇率升值压力逐步放宽爬行区间，为实行通货膨胀目标制打下基础。另一方面，我国利率市场化改革仍需完善，只有构建出完整的金融市场收益率曲线，形成合理的货币政策传导机制，才能增强政策目标的可信度。健康完善的利率体系和金融市场可以保证金融部门对中央银行的货币政策操作作出理性反应，有效提高货币政策的操作效率。同时，灵活的利率和汇率形成机制能够吸收消化掉一些短期的意外冲击，有利于中央银行集中力量保证通货膨胀目标的实现。

浮动汇率制、通货膨胀目标制和泰勒规则三位一体的货币政策框架是我国货币政策转型的方向。中国的货币政策首先要实现由当前的相机抉择型向规则型操作的转型，这样才能有效地减少中国经济在转型期和开放进程中的波动，促进转型期的中国经济沿着持续、健康、稳定的增长路径向前发展，提高全社会的福利水平。但通货膨胀目标制和泰勒规则目前暂时都不能很好地适应转型期中国的实际。尽管泰勒规则和通货膨胀目标制规则目前在中国的适用性不强，但随着中国利率市场化改革和汇率体制改革的继续深入，随着各层次经济主体预算约束的强化，随着中国中央银行货币政策可信度和透明度的进一步提高，货币政策转型的前提条件必然会实现。我国中央银行应积极创造实现货币政策转型的各种条件，最终实现向浮动汇率制、通货膨胀目标制和泰勒规则货币政策框架的转型。

无论是以转型还是开放的视角来看，中国当前的"相机抉择"型货币政策都已不能再维持下去，然而通货膨胀目标制、泰勒规则等较为成熟的政策操作方式还不适用于目前的中国。为了提高中国经济运行质量，我们还应该寻找一种过渡安排。这种过渡安排可以包括混合名义收入目标框架（卞志村，2006）、有管理的浮动汇率制度、基础货币规则等，作为向货币政策新框架转型的过渡期安排，既重视产出，也重视通货膨胀，同时兼顾汇率波动，促进我国经济的协调健康稳定发展。

中 文 文 献

［1］［美］卡尔·瓦什：《货币理论与政策》，北京：中国人民大学出版社，2003。

［2］曹华：《通货膨胀目标制研究》，北京：中国金融出版社，2006。

［3］沈坤荣、耿强、付文林：《宏观经济学教程》，南京：南京大学出版社，2008。

［4］邹至庄：《中国经济转型》，北京：中国人民大学出版社，2006。

［5］卞志村、管征：《最优货币政策规则的前瞻性视角分析》，载《金融研究》，2005（9）。

［6］卞志村：《中国货币政策操作规范的转型》，载《改革》，2005（11）。

［7］卞志村、毛泽盛：《货币政策规则理论的发展回顾》，载《世界经济》，2005（12）。

［8］卞志村：《泰勒规则的实证问题及在中国的检验》，载《金融研究》，2006（8）。

［9］卞志村：《转型期中国货币政策操作规范》，载《世界经济》，2007（6）。

［10］卞志村、毛泽盛：《开放经济下的中国货币政策操作规范研究》，载《金融研究》，2009（8）。

［11］陈人俊：《1993年上海同业拆借市场概述》，载《上海金融》，1994（5）。

［12］董艳玲：《泰勒规则中加入汇率因素的探讨及其在中国的应用》，载《经济学动态》，2007（10）。

［13］范从来、刘晓辉：《政策目标、目标冲突与人民币最优汇率制度弹性》，2007年中国经济学年会会议论文，2007。

［14］范从来、刘晓辉：《开放经济条件下货币政策分析框架的选择》，载《经济理论与经济管理》，2008（3）。

［15］顾铭德、汪其昌、王晟：《我国货币政策传导机制的变迁、效应及疏导建议》，载《财经研究》，2002（11）。

［16］蒋瑛琨、刘艳武、赵振全：《货币政策渠道与信贷渠道传导机制有效性的实证分析——兼论货币政策中介目标的选择》，载《金融研究》，2005（5）。

［17］李婧：《中国资本账户自由化与汇率制度选择》，北京：中国经济出版社，2006。

［18］李琼、王志伟：《泰勒规则与中国宏观经济波动——1994—2006年的实证检验》，载《经济科学》，2009（2）。

［19］刘剑、胡跃红：《股票市场发展与我国货币政策的有效传导》，载《中国软科学》，2004（11）。

［20］刘金全、云航：《规则性与相机选择性货币政策的作用机制分析》，载《中国管理科学》，2004（2）。

［21］陆军、钟丹：《泰勒规则在中国的协整检验》，载《经济研究》，2003（8）。

［22］卢庆杰：《中国货币政策传导机制分析》，载《复旦学报》，2003（1）。

［23］裴平、熊鹏：《我国货币政策传导过程中的"渗漏"效应》，载《经济研究》，2003（8）。

［24］秦宛顺：《资本流动、定价行为与汇率制度的福利分析》，载《金融研究》，2003（1）。

［25］孙立坚：《开放经济中的外部冲击效应和汇率安排》，上海：上海人民出版社，2005。

［26］王芳：《金融理论发展的新趋向》，载《世界经济》，2002（5）。

［27］王建国：《泰勒规则与我国货币政策反应函数的实证研究》，载《数量经济技术经济研究》，2006（1）。

［28］王胜、邹恒甫：《开放经济中的泰勒规则》，载《统计研究》，2006（3）。

［29］王晓天、张淑娟：《开放条件下货币政策目标规则的比较》，载《金融研究》，2007（4）。

［30］吴利学：《中国能源效率波动：理论解释、数值模拟及政策含义》，载《经济研究》，2009（5）。

［31］夏斌、廖强：《货币供应量已不宜作为当前我国货币政策的中介目标》，载《经济研究》，2001（8）。

［32］谢多：《中国货币市场发展的分析》，载《经济研究》，2001（9）。

［33］谢平、罗雄：《泰勒规则及其在中国货币政策中的检验》，载《经济研究》，2002（3）。

［34］袁鹰：《开放经济下我国货币政策规则的选择与运用》，载《金融研究》，2006（11）。

［35］张建君：《中国经济转型道路：过程及特征》，载《当代经济研究》，2008（5）。

［36］张屹山、张代强：《前瞻性货币政策反应函数在我国货币政策中的检验》，载《经济研究》，2007（3）。

英 文 文 献

［1］ Abeysinghe, T. and G. Rajaguru. Quarterly Real GDP Estimates for China and ASEAN4 with a Forecast Evaluation. *Journal of Forecasting*, 2004, 23: 431 - 447.

［2］ Adams R. M. and D. F. Amel. The Effects of the Local Banking Market Structure on the Bank Lending Channel of Monetary Policy. *The Federal Reserve Board, Finance an Economics Discussion Series*, 2005, No. 16.

［3］ Akerlof G. . The Market of "Lemons": Qualitative Uncertainty and the Market Mechanism. *Quarterly Journal of Economics*, 1970, 84 （3）: 488 - 500.

［4］ Aktas Z. , Kaya N. and U. Ozlale. The Price Puzzle in Emerging Markets: Evidence from the Turkish Ecomy Using Model Based Risk Premium Derived from Domestic Fundamentals. Central Bank of the Republic of Turkey, Working Paper, 2005, No. 2.

［5］ Alexandre F. . Monetary Policy, Investment and Non - Fundamental Shocks. Birkbeck College, 2002, mimeo.

［6］ Altunbas Y. , Fazylov O. and P. Molyneux. Evidence on the Bank Lending Channel in Europ. *Journal of Banking and Finance*, 2002, 26 （11）: 2093 - 2110.

［7］ Angeloni I. , Kashyap A. K. , Mojon B. and D. Terlizzese. The Output Composition Puzzle: A Difference in the Monetary Transmission Mechanism in the Euro Area and U. S. . *Journal of Money, Credit and Banking*, 2003, 35 （6）: 1256 - 1306.

［8］ Arnostova K. and J. Hurnik. The Monetary Transmission Mechanism in the Czech Republic: Evidence from the VAR Analysis. Paper presented at the 3rd Macroeconomic Policy Research Workshop, 2004, 29 - 30 October, National Bank of Hungary.

［9］ Arvai Zs. . The Interest Rate Transmission Mechanism between Market and Commercial Bank Rates. *National Bank of Hungary Working Paper*, 1998, No. 10.

［10］ Ashkraft A. B. . New Evidence on the Lending Channel. *Federal Reserve Bank of New York Staff Reports*, No. 136.

［11］ Azali M. and K. Matthews. Money - Income and Credit - Income and Credit - Income Relationships during the Pre and the Post - Liberalisation Periods: Evidence from Malaysia. *Applied Economics*, 1999, 31: 1161 - 1170.

［12］ Bailliu J. and E. Fujii. Exchange Rate Pass - Through and the Inflation Environment in Industrialized Countries: An Empirical Investigation. *Bank of Canada Working Paper*, 2004, No. 21.

［13］ Balázs Égert and Ronald MacDonald. Monetary Transmission Mechanism in Transition Economies: Surveying the Surveyable. *MNB Working Papers*, 2006/5, Magyar Nemzeti Bank (The Central Bank of Hungary).

[14] Ball, Laurence. Policy Rules for Open Economies. In Taylor, J. B. (Ed.), *Monetary Policy Rules*, 1999, University of Chicago Press: 127 – 144.

[15] Bank for International Settlements. Foreign Exchange Market Intervention in Emerging Markets: Motives, Techniques and Implication. *BIS Paper*, 2005, No. 24.

[16] Barth M. J. and V. A. Ramey. The Cost Channel of Monetary Policy. *NBER Working Paper*, 2000, No. 7665.

[17] Barro R. J. and D. B. Gordon. Rules, discretion, and reputation in a model of monetary policy. *Journal of Monetary Economics*, 1983, 12: 101 – 121.

[18] Batini, N. and Joseph Pearlman. Too Much Too Soon: Instability and Indeterminacy with Forward – Looking Rules. *Discussion Papers* 08, 2002, Monetary Policy Committee Unit, Bank of England.

[19] Batini, Nicoletta, Richard Harrison and Stephen P. Millard. Monetary Policy Rules for an Open Economy. *Journal of Economic Dynamics & Control* 2003, 27: 2059 – 2094.

[20] Batini N., Levine, P. and Pearlman, J.. Monetary Rules in Emerging Economies with Financial Market Imperfections. presented at the NBER Conference on the International Dimensions of Monetary Policy, 2007, forthcoming in conference volume.

[21] Baum C. F., Caglayan M. and N. Ozkan. Re – examining the Transmission of Monetary Policy: What More Do a Million Observations Have to Say. mimeo, 2004.

[22] Baxter M.. Real Exchange Rates and Real Interest Rate Differentials: Have we Missed the Business Cycle Relationship. *Journal of Monetary Economics*, 1994, 33: 5 – 37.

[23] Benhabib, J.. Stephanie Schmitt – Grohe and Martin Uribe. Monetary Policy and Multiple Equilibria. *American Economic Review*, 2001, 91: 167 – 186.

[24] Benigno, P. and Woodford, M.. Optimal Monetary and Fiscal Policy: A Linear Quadratic Approach. *NBER Working Papers* 9905, 2003, National Bureau of Economic Research.

[25] Bernanke, B.. Constrained Discretion and Monetary Policy. Speech before the Money Marketeers of New York University, New York, February, 2003.

[26] Bernanke, B and A. Blinder. Credit, Money and Aggregate Demand. *American Economic Review*, 1988, 78: 435 – 439.

[27] Bernanke, B., and M. Gertler (1989). Agency Costs, Net Worth, and Business Fluctuations. *American Economic Review* 79 (1): 14 – 31.

[28] Bernanke, B. S. and A. S. Blinder. The Federal – Funds Rate and the Channels of Monetary Transmission. *American Economic Review*, 1992, 82 (4): 901 – 902. English Article.

[29] Bernanke, B. S. and M. Gertler. Inside the Black – Box the Credit Channel of Monetary – Policy Transmission. *Journal of Economic Perspectives*, 1995, 9 (4): 27 – 48.

[30] Bernanke, B., M. Gertler and S. Gilchrist. The Financial Accelerator and the Flight Quality. *Review of Economics and Statistics*, 1996, 78 (1): 1 – 15.

[31] Bernake, B. S., Gertler, M. and M. Watson. Systematic Monetary Policy and the Effects of Oil Price Shocks. *C. V. Starr Center fur Applied Economics, New York University Working Paper*, 1997, No. 25.

[32] Bernanke, B., and Michael Woodford. Inflation Forecasts and Monetary Policy. *NBER Working Papers* 6157, 1997, National Bureau of Economic Research.

[33] Bernanke, B., and Mark Gertler. Monetary Policy and Asset Price Volatility. Federal Reserve Bank of Kansas City, 1999: 77 – 128.

[34] Bernanke, B. S. and M. Gertler. Monetary Policy and Asset Price Volatility. 2000, *NBER Working Paper*, No. 7559.

[35] Bernstein, S. and R. Fuentes. Is there Lending Rate Stickiness in the Chilean Banking Industry? *Central Bank of Chile Working Paper*, 2003, No. 218.

[36] Bernanke, B. S., Boivin, J. and P. Eliasz. Measuring the Effects of Monetary Policy: A Factor – Augmented Vector Autoregressive (FAVAR) Approach. *Quarterly Journal of Economics*, 2005, 120 (1): 387 – 422.

[37] Benhabib, J., Stephanie Schmitt – Grohe and Martin Uribe. Backward – looking Interest – rate Rules, Interest – rate Smoothing, and Macroeconomic Instability. *Working Papers*, 2003, 4, Federal Reserve Bank of Philadelphia.

[38] Benjamin M. Friedman & Kenneth N. Kuttner. Money, Income and Prices After the 1980s. *NBER Working Papers* 2852, 1992.

[39] Betts, C. and Devereux. M.. Exchange Rate Dynamics in A Model of Pricing – to – Market. *European Economic Review*, 1996, 140 (1): 1007 – 1021.

[40] Billmeier, A. and L. Bonato. Exchange Rate Pass – Through and Monetary Policy in Croatia. *IMF Working Paper*, 2002, No. 109.

[41] Bitans, M.. Pass – Through of Exchange Rates to Domestic Prices in East European Countries and the Role of Economic Environment. *Bank of Latvia Working Paper*, 2004, No. 4.

[42] Bitans, M., Stikuts, D. and I. Tillers. Transmission of Monetary Shocks in Latvia. *Bank of Latvia Working Paper*, 2003, No. 1.

[43] Blanchard Olivier and Charles Kahn. The Solution of Linear Difference Models under Rational Expectations. *Econometrica*, 1980, 48 (5): 1305 – 11.

[44] Blanchard, O.. Fiscal Dominance and Inflation Targeting: Lessons from Brazil. *NBER Working Paper*, 2004, No. 10389.

[45] Blanchard, O. J., Rhee, C. and L. Summers. The Stock Market, Profit and Investment. *Quarterly Journal of Economics*, 1993, 108: 115 – 136.

[46] Bruno Michael. High Inflation and the Nominal Anchors of an Open Economy. Princeton Uni-

versity, International Finance Section, Essays in *International Finance*, 1991, No. 183.

[47] Buch, C.. Money Demand in Hungary and Poland. *Applied Economics*, 2001, 33 (8): 989 -999.

[48] Budina, N. Maliszewski, W. , Demenil, G. and G. Turlea. Money, Inflation and Output in Romania, 1992 - 2000. *DELTA Working Paper*, 2002, No. 15.

[49] Bullard, J. , and Schaling, Eric. Monetary Policy, Determinancy, and Learnability in the Open Economy. *Discussion Paper* 116, 2005, Tilburg University, Center for Economic Research.

[50] Burstein, A. , Eichenbaum, M. and S. Rebelo. Why Are Rates of Inflation So Low After Large Devaluation? *NBER Working Paper*, 2002, No. 8748.

[51] Burstein, A. , Eichenbaum, M. and S. Rebelo. Large Devaluations and the Real Exchange Rate. *CEPR Discussion Paper*, 2004, No. 4810.

[52] Burstein, A. , Neves, J. C. and S. Rebelo. Investment Prices and Exchange Rates: Some Basic Facts. *NBER Working Paper*, 2004, No. 10328.

[53] Brischetto, A. and G. Voss. Structural Vector Autoregression Model of Monetary Policy in Australia. *Research Discussion Paper*, *Reserve Bank of Australia*, 1999, 11.

[54] Ca' Zorzi, M. , Hahn, E. and M. Sanchez. Exchange Rate Pass – Through in Emerging Markets. *ECB*, *mimeo*, 2005.

[55] Calvo, G.. Staggered Prices in a Utility Maximizing Framework. *Journal of Monetary Economics* 1983, 12: 983 -998.

[56] Campa, J. M. and L. S. Goldberg. Exchange Rate Pass – Through into Import Prices: A Macro or Mico Phenomenon? *NBER Working Paper*, 2002, No. 8934.

[57] Canales – Kriljenko, J. I.. Foreign Exchange Intervention in Developing and Transition Economies: Results of a Survey. *IMF Working Paper*, 2003, No. 95.

[58] Carranza, L. , Galdon – Sanchez, J. E. and J. Gomez – Biscarri. *Exchange Rate and Inflation Dynamics in Dollarized Economies*. University of Navarra, 2004, mimeo.

[59] Cecchetti, S. G. , Genberg, H. , Lipsky, J. and S. Waghwani. Asset Prices and Central Bank Policy. Geneva Reports on the World Economy, 2000, 2, International Centre for Monetary and Banking Studies and CEPR.

[60] Cenzoneri. M. B.. Monetary policy games and the role of private information. *American Eomomic Review* 1985, 75 (4): 1056 – 1070.

[61] Charles T. Carlstromand Timothy S. Fuerst. Optimal Monetary Policy in a Small, Open Economy: A General – Equilibrium Analysis. *Working Paper* 9911, 1999, Federal Reserve Bank of Cleveland.

[62] Charles T. Carlstromand Timothy S. Fuerst. Timing And Real Indeterminacy in Monetary Models. *Journal of Monetary Economics*, 2001, 47 (2): 285 – 298.

［63］Charles T. Carlstromand Timothy S. Fuerst. Imperfect Capital Markets and Nominal Wage Rigidities. *Working Paper* 0205, 2002, Federal Reserve Bank of Cleveland.

［64］Charles T. Carlstromand Timothy S. Fuerst. Money Growth Rules and Price Level Determinacy. *Review of Economic Dynamics*, 2003, 6 (2): 263 – 275.

［65］Chatelain, J. B. , Generale, A. , Hernando, I. , von Kalckreuth, U. and P. Vermeulen. Firm Investment and Monetary Transmission in the Euro Area. *ECB Working Paper*, 2001, No. 112.

［66］Chinn, M. D. and G. Meredith. Testing Uncovered Interest Parity at Short and Long Horizons During the Post – Bretton Woods Area. *NBER Working Paper*, 2005, No. 11077.

［67］Chmielewski, T. . *Interest Rate Pass – Through in the Polish Banking Sector and Bank – Specific Financial Disturbances*. Paper Presented at the ECB Workshop on Asset Price and Monetary Policy, 2003, 11 – 12 December.

［68］Choudhri, E. U. and D. S. Hakura. Exchange Rate Pass – Through to Domestic Prices: Does the Inflationary Environment Matter? *IMF Working Paper*, 2001, No. 194.

［69］Christinano, L. , M. Eichenbaum, and C. Evans. Monetary Policy Shocks: What We Have Learned and To What End? in J. Taylor and M. Woodford, eds. , Handbook of Macroeconomics Vol. I, USA: Elsevier Science, 1999.

［70］Clarida, R. and M. Gertler. How the Bundesbank conducts monetary policy, in: C. D. Romer and D. H. Romer (ed.), Reducing Inflation: Motivation and Strategy, 1997, University of Chicago: Chicago.

［71］Clarida R. , Jordi Gali and Mark Gertler. Monetary Policy Rules in Practice: Some International Evidence. European Economic Review, 1998, 42 (6): 1033 – 1068.

［72］Clarida, R. , Gali, J. and Gertler, M. . The Science of Monetary Policy: A New Keynesian Perspective. *Journal of Economic Literature*, 1999, 37 (4): 1661 – 1707.

［73］Clarida, R. , Gali, J. and Gertler, M. . Monetary Policy Rules and Macroeconomic Stability: Evidence and Some Theory. *Quarterly Journal of Economics*, 2000, 115 (1): 147 – 180.

［74］Clarida, R. , Gali, J. and Gertler, M. . Optimal Monetary Policy in Open Versus Closed Economies: An Integrated Approach. *American Economic Review Papers and Proceedings*, 2001, 91 (2): 248 – 252.

［75］Clarida, R. , Gali, J. and Gertler, M. . A Simple Framework for International Monetary Policy Analysis. *Journal of Monetary Economics*, 2002, 49: 879 – 904.

［76］Clark, Peter B. and Ronald MacDonald. Exchange Rates and Economic Fundamentals: A methodological Comparison of BEERs and FEERs. *IMF working paper*, 1998, wp/98/67.

［77］Coenen, G. , Lombardo, G. , Smets, F. , and Straub R. . International Transmission and Monetary Policy Cooperation. in J. Galí and M. Gertler (eds), *International Dimensions of Monetary Policy*, 2007, Cambridge, M. A. , forthcoming.

[78] Cole Harold L. and Maurice Obstfeld. Commodity Trade and International Risk Sharing: How Much Do Financial Markets Matter? *Journal of Monetary Economics*, 1991, 28 (1): 3 - 24.

[79] Coricelli, F., Jazbec, B. and I. Masten. Exchange Rate Pass - Through in Acceding Countries: The Role of Exchange Rate Regimes. *CEPR Discussion Paper*, 2003, No. 3894.

[80] Cushman, D. and T. Zha. Identifying Monetary Policy in A Small Open Economy under Flexible Exchange Rates. *Journal of Monetary Economics*, 1997, 39: 433 - 448.

[81] Darvas, Zs.. Exchange Rate Pass - Through and Real Exchange Rate in EU Candidate Countries. *Deutsche Bundesbank Discussion Paper*, 2001, No. 10.

[82] Debelle G.. Inflation Targeting in Practice. *IMF Working Papers 97/35*, 1997, International Monetary Fund.

[83] DeBondt, G.. Retail Bank Interest Rate Pass - Through: New Evidence at the Euro Area Level. *ECB Working Paper*, 2002, No. 136.

[84] De Fiore, F. and Z. Liu. Does Trade Openness Matter for Aggregate Instability? *Journal of Economic Dynamics and Control*, 2004, 29: 1165 - 1192.

[85] Dixit Avinash K., and Joseph E. Stiglitz. Monopolistic Competition and Optimum Product Diversity. *American Economic Review*, 1977, 67 (3): 297 - 308.

[86] Dungey, M. and A. Pagan. A Structural VAR Model of the Australian Economy. *The Economic Record*, 2000, 76 (235): 321 - 343.

[87] Ègert B. and Ronald MacDonald. Monetary Transmission Mechanism in Transition Economies: Surveying the Surveyable. *MNB Working Paper*, 2006/5.

[88] Ehrmann, M. and M. Fratzscher. Taking Stock: Monetary Policy Transmission t Equity Markets. *Journal of Money, Credit and Banking*, 2004, 36 (4): 719 - 737.

[89] Filardo, A.. Monetary Policy and Asset Price Bubbles: Calibrating the Monetary Policy Trade - off. *BIS Working Paper*, 2004, No. 155.

[90] Fischer Stanley. Monopolistic Competition and Optimum Product Diversity. *American Economic Review*, 1977, 67 (3): 297 - 308.

[91] Fischer, S.. Rules versus discretion in monetary policy. in: B. M. Friedman and F. H. Hahn (ed.), Handbook of Monetary Economics, North - Holland, Amsterdam, 1990, Chapter21: 1155 - 1184.

[92] Flood Robert. Capital Mobility and the Choice of Exchange Rate System. *International Economic Review*, 1979, 20 (2): 405 - 416.

[93] Frankel, J. A., Parsley, D. C. and S - J. Wei. Slow Pass - Through Around the World: A New Import for Developing Countries. *NBER Working Paper*, 2005, No. 11199.

[94] Friedman, M.. A Program for Monetary Stability, 1960, Fordham University Press: New York.

[95] Galí, J. and Monacelli, T.. Optimal Monetary and Fiscal Policy in a Currency Union. *Eco-*

nomics Working Papers 909, 2005, Department of Economics and Business.

[96] Gertler, M.. Financial Capacity and Output Fluctuations in an Economy with Multi – period Financial Arrangements. *Review of Economic Studies.* 1992.

[97] Gertler, M. and S. Gilchrist. The Role of Credit Market Imperfections in the Monetary Transmission Mechanism: Arguments and Evidence. *Scandinavian Journal of Economics*, 1993, 95 (1): 43 – 64.

[98] Gertler, M. and S. Gilchrist. Monetary – Policy, Business Cycles, and the Behavior of Small Manufacturing Firms. *Quarterly Journal of Economics*, 1994, 109 (2): 309 – 340.

[99] Goodhart, C.. Money Supply Control: Base or Interest Rates? in K. Hoover and S. Sheffrin, eds. , *Monetarism and the Methodology of Economics*, Edward Elgar, 1995.

[100] Grenville, S.. The Institutional Framework of Monetary Policy: The Instruments and Central Bank Operations. Reading Materials for the Course, Monetary Policy and the Central Banking in Asia – Pacific, Australian National University, 2005.

[101] GiannoniMarc P. and Michael Woodford. Optimal Interest – Rate Rules: I. General Theory. *NBER Working Papers* 9419, 2003, National Bureau of Economic Research, Inc.

[102] Grilli, V. and N. Roubini. Liquidity and Exchange Rates: Puzzling Evidence from the G – 7 Countries. *Stern School of Business*, *New York University*, *Working Paper*, 1995, EC – 95 – 17.

[103] Gueorguiev, N.. Exchange Rate Pass – Through in Romania. *IMF Working Paper*, 2003, No. 130.

[104] Hamalainen, Nell. A Survey of Taylor – Type Monetary Policy rules. *Working paper*, 2004, Department of Finance Ministere des Finances.

[105] Hannan, T. H. and A. N. Berger. Rigidity of Prices: Evidence from the Banking Industry. *American Economic Review*, 1991, 81 (4): 938 – 945.

[106] Hamilton, J.. *Time Series Analysis.* Princeton University Press, 1994.

[107] Helliwell, J. F. and C. I. Higgins. Macroeconomic Adjustment Processes. *European Economic Review*, 1976, 7: 221 – 238.

[108] James Peery Cover, C. James Hueng & Ruey Yau, 2002. Are Policy Rules Better Than the Discretionary System in Taiwan? *Contemporary Economic Policy*, Oxford University Press, 2002, 20 (1): 60 – 71.

[109] Johansen, S.. Likelihood – Based Inference in Cointegrated Vector Autoregressive Models. Oxford: Oxford University Press, 1995.

[110] Judd, John P. and Glenn D. Rudebusch. Taylor's Rule and the Fed: 1970—1997, *FRB-SR Economic Review*, 1998, 3, 3 – 16.

[111] Kashyap, A. K. , Stein, J. C. and D. W. Wilcox. Monetary Policy and Credit Conditions: Evidence from the Composition of External Finance. *American Economic Review*, 1993, 83

(1): 310 – 314.

[112] Kashyap, A. K. and J. C. Stein. What do a million observations on banks say about the transmission of monetary policy? *American Economic Review*, 2000, 90 (3): 407 – 428.

[113] Kerr, W. and King, R.. Limits on Interest Rate Rules in the IS Model. *Federal Reserve Bank of Richmond Economic Quarterly*, 1996, 82 (2): 47 – 75.

[114] Kierzenkowski, R.. The Multi – Regime Bank Lending Channel and the Effectiveness of the Polish Monetary Transmission During Transition. *Journal of Comparative Economics*, 2005a, 33 (1): 1 – 24.

[115] Kierzenkowski, R.. Another View of the Bank Lending Channel Theory: The Bernanke and Blinder (1988) Model Revisited. *Banque de France, mimeo*, 2005b.

[116] Kim, S. and N. Roubini. Exchange Rate Anomalies in the Industrial Countries: A Solution with a Structural VAR Approach. *Journal of Monetary Economics*, 2000, 45: 561　586.

[117] King, S.. Monetary Transmission – Through Bank Loans or Bank Liabilities? *Journal of Money, Credit and Banking*, 1986, 18 (3): 290 – 303.

[118] Kollmann, R.. Monetary Policy Rules in the Open Economy: Effects on Welfare and Business Cycles. *Journal of Monetary Economics*, 2002, 49 (5): 989 – 1015.

[119] Korhonen, I. and P. Wachtel. A Note on Exchange Rate Pass – Through in CIS Countries. *BOFIT Discussion Papers*, 2005, No. 2.

[120] Kozicki, Sharon, 1999. How Useful Are Taylor Rules for Monetary Policy? Federal Reserve Bank of Kansas City, *Economic Review*, 1999, 84 (2): 5 – 33.

[121] Kydland, F. E. and E. C. Prescott. Rules rather than discretion: the inconsistency of optimal plans. *Journal of Political Economy*, 1977, 85: 473 – 491.

[122] Lane, Philip R.. The New Open Economy Macroeconomics: A Survey. *Journal of International Economics*, 2001, 54 (2): 235 – 66.

[123] Laxton, Douglas & Pesenti, Paolo. Monetary Rules for Small, Open , Emerging Economies. *Journal of Monetary Economics*, 2003, 50: 1109 – 1146.

[124] Laurence Ball. Policy Rules for Open Economics. *in Monetary Policy rules*, NBER – Business Cycles Series , Volume 31 , by The University of Chicago Press , 1999: 57 – 127.

[125] Leith, C. , and S. Wren – Lewis. Taylor Rules in the Open Economy. Glasgow: University of Glasgow, 2002.

[126] Levy, J. and I. Halikias. Aspects of the Monetary Transmission Mechanism under Exchange Rate Targeting: The Case of France. *IMF Working Paper*, 1997, WP/97/44.

[127] Linnemann, L. and Schabert, A.. Productive Government Expenditure In Monetary Business Cycle Models. *Scottish Journal of Political Economy*, 2006, 53 (1): 28 – 46.

[128] Lohnann, S.. Optimal commitment in monetary Policy: Credibility versus flexibility. *American Economic Review*, 1992, 82 (1): 273 – 286.

[129] Lown, C. and D. Morgan. Credit Effects in the Monetary Transmission. *Federal Reserve Bank of New York Economic Policy Review*, 2002, May: 217 – 235.

[130] Ludvigson, S. , C. Steindel, and M. Lettau. Monetary Policy Transmission through the Consumption – Wealth Channel. *Federal Reserve Bank of New York Economic Policy Review*, 2002, May: 117 – 133.

[131] McCallum, Bennett T. Issues in the Design of Monetary Policy Rules. *NBER Working Papers* 6016, 1997.

[132] McCallum, Bennett T. and Edward Nelson. Performance of Operational Policy Rules in an Estimated Semiclassical Structural Model. *NBER Chapters*, *in*: *Monetary Policy Rules*, 1999: 15 – 56.

[133] MacDonald, Ronald and Nagayasu, Jun. The long – run Relationship Between Real Exchange Rates and Real Interest Rate Differentials: A Panel Study. *IMF Working Paper*, 1999, No. 37.

[134] McCarthy, J. . Pass – Through of Exchange Rates and Import Prices to Domestic Inflation in Some Industrialised Economies. *BIS Working Paper*, 1999, No. 79.

[135] McKibbin, W. and D. Vines. Modelling Reality: The Need for Both Inter – Temporal Optimisation and Stickiness in Models for Policy – Making. *Oxford Review of Economic Policy*, 2000, 16 (4): 106 – 137.

[136] Mihailov, A. . Exchange Rate Pass – Through on Prices in US, German and Japanese Macrodata. *University of Essex, mimeo*, 2005.

[137] Mills, T. C. . The Econometric Modelling of Financial Time Series, 1999, Cambridge: Cambridge University Press.

[138] Mints, L. W. Monetary Policy for a Competitive Society. 1950, New York: McGraw – Hill.

[139] Mishkin F. S. . The Rational Expectations Revolution: A Review Article of: Preston J. Miller, ed. : The Rational Expectations Revolution, Readings from the Front Line. *NBER Working Papers*, 1995, 5043.

[140] Mishkin, F. . The Channels of Monetary Policy Transmission: Lessons for Monetary Policy. *NBER Working Paper Series*, 1996: 54 – 64.

[141] Mishkin, F. S. . The Transmission Mechanism and the Role of Asset Prices in Monetary Policy. *NBER Working Paper*, 2001, No. 8617.

[142] Modigliani, Franco. , 1971. Monetary Policy and Consumption. *Consumer Spending and Monetary Policy*.

[143] Morgan, D. . The Credit Effects of Monetary Policy: Evidence Using Loan Commitments. *Journal of Money, Credit and Banking*, 1998, 30 (1): 102 – 118.

[144] Morsink, J. and T. Bayoumi. A Peek Inside the Black Box: The Monetary Transmission Mechanism in Japan. *IMF Staff Papers*, 2001, 48 (1): 22 – 57.

[145] Obstfeld M. and K. Rogoff. The Mirage of Fixed Exchange Rates. *Journal of Economic Perspectives*, 1995a, 9 (4): 73 – 96.

[146] Obstfeld M. and Rogoff K.. Exchange Rate Dynamics Redux. *Journal of Political Economy*, 1995b, 103 (3): 624 – 660.

[147] Obstfeld M. and Rogoff K.. New Directions for Stochastic Open Economy Models. *Journal of International Economics*, 2000, 50 (1): 117 – 153.

[148] Oliner, S. and G. Rudebusch. Is There a Bank Lending Channel for Monetary Policy? *Federal Reserve Bank of San Francisco Economic Review*, 1995, Spring, 3 – 20.

[149] Oliner, S. and G. Rudebusch. Is There a Broad Credit Channel for Monetary Policy? *Federal Reserve Bank of San Francisco Economic Review*, 1996, Winter, 3 – 13.

[150] Orphanides, A.. Monetary Policy Rules Based on Real – Time Data. Finance and Economics Discussion Series, 1997, Federal Reserve Board, 1998 – 03 (December), 38.

[151] Orphanides A.. Monetary Policy Rules, Macroeconomic Stability and Inflation: A View from the Trenches. *Finance and Economics Discussion Series* 2001, 62, Board of Governors of the Federal Reserve System.

[152] Orphanides, A.. Monetary Policy Rules Based on Real – time Data , *American Economic Review*, 2001, 91: 964 – 985.

[153] Poole. Optimal Choice of Monetary Policy Instruments in a Simple Stochastic Macro Model. *Quarterly Journal of Economics*. 1970, 84 (2): 197 – 216.

[154] Ramaswamy, R. and T Sloek. The Real Effects of Monetary Policy in the European Union: What Are the Differences? *IMF Working Paper*, 1997, WP/97/160.

[155] Ramey, V.. How Important is the Credit Channel in the Transmission of Monetary Policy? *Carnegie – Rochester Conference Series on Public Policy*, 1993, 39: 1 – 45.

[156] Rodzko, R.. Exchange Rate Pass – Through in the New EU Member States: Evidence from Micro Data. *Bank of Lithuania*, mimeo, 2004.

[157] Rogoff, K.. The optimal degree of commitment to an intermediate monetary target. *Quarterly Journal of Economics* 1985, 100: 1169 – 1190.

[158] Rogoff, K.. Impact of Globalization on Monetary Policy. the Federal Reserve Bank of Kansas City conference on "The New Economic Geography: Effects and Policy Implications," Jackson Hole, Wyoming: 2006.

[159] Rotemberg Julio J. and Woodford M.. An Optimization – Based Econometric Model for the Evaluation of Monetary Policy. *NBER Macroeconomics Annual*, 1997, 12: 297 – 346.

[160] Rudebusch, Glenn D.. Is the Fed too Timid? Monetary Policy in an Uncertain World . *Review of Economics and Statistics*, 2001, 83 (2): 203 – 217.

[161] Sander, H. and S. Kleimeier. Convergence in Euro – Zone Retail Banking? What Interest Rate Pass – Through Tells us about Monetary Policy Transmission. Competition and Integra-

tion. *Journal of International Money and Finance*, 2004a, 23 (3): 461 – 492.

[162] Sander, H. and S. Kleimeier. Interest Rate Pass – Through in an Enlarged Europe: The Role of Banking Market Structure for Monetary Policy Transmission in Transition Economies. *University of Maastricht, METEOR Research Memoranda*, 2004b, No. 045.

[163] Selden, R. T. . Stable Monetary Growth in: L. B. Yeager, ed. , *In Search of a Monetary Constitution. Cambridge*, 1962, Mass. : Harvard University Press.

[164] Svensson, L. E. O. . Open – Economy Inflation Targeting. *Journal of International Economics*, 2000, 50 (1): 155 – 183.

[165] Svensson, L. E. O. . The Inflation Forecast and the Loss Function, Central Banking. *Essays in Honour of Charles Goodhart*, 2003, 1: 135 – 152.

[166] Sims, C. . Macroeconomics and Reality. *Econometrics*, 1980, 48 (1): 1 – 48.

[167] Sims, C. . Interpreting the Macroeconomic Time Series Facts: The Effects of Monetary Policy. *European Economic Review*, 1992, 36: 975 – 1011.

[168] Sims. C. , J. Stockand M. Watson. Inference in Linear Time Series Models with Some Unit Roots. *Econometrics*, 1990, 58 (1): 113 – 144.

[169] Simons, H. C. . Economic policy for a free society. 1948, Chicago: University of Chicago Press.

[170] Spahn, Heinz – Peter. Exchange Rate Stabilization, Learning and the Taylor Principle. *Australian Economic Papers*, 2007, 46 (2): 136 – 151, 06.

[171] Suzuki, T. . Is the Lending Channel of Monetary Policy Dominant in Australia? *The Australian National University, Working Papers in Economics and Econometrics*, 2003, 430.

[172] Stiglitz, J. E. , and A. Weiss. 1981. Credit Rationing in Markets with Imperfect Information. *American Economic Review*, 71, No. 3 : 334 – 421.

[173] Tang, H. C. . Monetary Policy Transmission Mechanism in Malaysia: An Empirical and Methodological Exploration. *PhD dissertation, The Australian National University*, March 2006.

[174] Tang, H. C. . The Relative Importance of Monetary Policy Transmission Channels in Malaysia. *CAMA Working Paper* 23, 2006.

[175] Taylor, John B. . Discretion Versus Policy Rules in Practice. *Carnegie – Rochester Conference Series on Public Policy*, 1993, 39: 195 – 214.

[176] Taylor, John B. . A Core of Practical Macroeconomics. *American Economic Review*, 1997, 87 (2): 233 – 235.

[177] Taylor, John B. . Monetary Policy Rules. *Chicago: University of Chicago Press*, 1999a.

[178] Taylor, John B. . The robustness and efficiency of monetary policy rules as guidelines for interest rate setting by the European central bank. *Journal of Monetary Economics*, 1999b, 43 (3): 655 – 679.

[179] Taylor, John B.. Using Monetary Policy Rules in Emerging Market Economies. Forwarded in Stabilization and Monetary Policy—The International Experience. Papers presented at Banco de México's Anniversary Seminar, México City, November 14 – 15, 2000. Banco de Mexico, Mexico City.

[180] Taylor, John B.. The Role of Exchange Rates in Monetary Policy Rules. American Economic Review, *Papers and Proceedings*, 2001, 91 (2): 263 – 267.

[181] Taylor, John B.. The Impacts of Globalization on Monetary Policy. Presentation at the Banque de France Syposium on "Globalization, Inflation and Monetary Policy", 2008.

[182] Tobin, J.. A General Equilibrium Approach to Monetary Theory. *Journal of Money, Credit and Banking*, 1969, 1 (1): 15 – 29.

[183] Walsh C.. Monetary Theory and Policy (Second Edition). USA: The MIT Press, 2003.

[184] Warburton, C.. Depression, Inflation, and Monetary Policy. 1966, Baltimore: Johns Hopkins Press.

[185] Weth, M. A.. The Pass – Through from Market Interest Rates to Bank Lending Rates in Germany. *Deutsche Bundesbank Discussion Paper*, 2002, No. 11.

[186] Wróbel, E. and M. Pawlowska. Monetary Transmission in Poland: Some Evidence on Interest Rate and Credit Channels. *National Bank of Poland, Materialy i Studia*, 2002, No. 24.

[187] Wolfram, Berger. Monetary Policy Rules and the Exchange Rate. *Journal of Macroeconomics*. 2008, 30 (3): 1064 – 1084.

[188] Woodford, M.. Doing Without Money: Controlling Inflation in a Post – Monetary World. *Seminar Papers* 632, 1997, Stockholm University.

[189] Woodford, M.. Optimal Monetary Policy Inertia. *NBER Working Papers* 7261, 1999.

[190] Woodford, M.. *Interest and Prices*: Foundations of a theory of monetary policy. *Princeton University Press*, 2003, Princeton, New Jersey.

附录一

转型期中国货币政策操作规范[①]

货币政策的操作规范是指中央银行制定和实施货币政策时所遵循的行为准则或模式，它是决定一国货币政策有效性的重要因素之一。历史上有两种完全对立的货币政策操作规范，即"相机抉择"和"按规则行事"。一般来说，规则指的是央行在制定和实施货币政策之前，事先确定并据以操作政策工具的程度或原则；而相机抉择是指央行在操作政策工具过程中，不受任何固定程度或原则的束缚，依照经济运行态势进行"逆经济风向"调节，以实现货币政策目标。我国自1992年明确提出向社会主义市场经济体制转轨后，逐渐加大了货币政策在宏观调控中的作用力度。但究竟哪一种货币政策操作规范更加适合中国转型期的实际情况，这是值得认真研究的一个课题。

一、货币政策操作规范的规则与相机抉择之争

作为中央银行货币政策的两种操作规范，规则与相机抉择之争至今已持续了150多年（Fischer，1990）。最早可追溯到19世纪中叶的通货学派与银行学派的学术争论中，通货学派断言货币供给是引起经济波动的直接原因，认为"货币管理政策应该具有自己特定的原则……而不是为了应付金融恐慌……这种原则能够通过固定的规则而加以衡量或调节"（Loyd，1837）；但银行学派则持反对意见，认为与真实贸易需求有关的信用扩张是无害的，因此货币供给可以不受固定发行规则的约束。

20世纪初，相机抉择的货币政策运行相当成功，因此争论一度呈一边倒的态势。然而，随着时间的推移，相机抉择政策的局限性就逐渐暴露了出来。1948年，西蒙斯（Simons，1948）重启了规则与相机抉择之争，明茨（Mints，1950）、弗里德曼（Friedman，1960）、泽尔腾（Selden，1962）、沃伯顿（Warburton，1966）等经济学家作出了积极的响应。其中的代表性人物弗里德曼认为，积极的、相机抉择的反周期政策不仅不能起到稳定作用，甚至其本身就是

[①] 本文发表于《世界经济》2007年第6期，研究的是封闭经济下的货币政策操作规范问题，为了与开放经济下的货币政策操作规范（本书第三章）进行比较，特将此文作为附录收入本书。

导致经济不稳定的一个原因，其理由包括政策制定者面对的信息约束、政策操作中的不确定因素及时间滞后性、政策当局对政治压力和公众意见的屈从等，因此弗里德曼推崇稳定的货币增长率规则。但是，美国 70 年代的货币主义试验并未提供足够的证据以证明规则的政策比相机抉择的政策有更为系统的优势。

凯恩斯主义经济学家赞同政府的经济干预并支持相机抉择，他们认为，当未预料到的经济扰动出现时，货币当局仍固守规则是不明智的；而相机抉择的货币政策十分灵活，可在经济扰动出现时进行微调以增进社会福利，就此而言，相机抉择要优于规则。因为，如果某一项具体的规则可以使经济稳定下来，那么相机抉择的政策制定者也总能做到这一点，同时还保有在需要的时候改变规则的灵活性。这种争论格局一直持续到 70 年代后期（王芳，2002）。

基德兰德和普雷斯科特（Kydland & Prescott，1977）将"动态不一致性"（dynamically inconsistent）引入宏观经济学，从而引发了新一轮的规则与相机抉择之争。所谓的"动态不一致性"，是指政策当局在 t 时按最优化原则制定一项 $t+n$ 时执行的政策，但这项政策在 $t+n$ 时已非最优选择。巴罗和戈登（Barro & Gordon，1983）最早将这一概念引入货币政策的研究，他们认为，动态不一致性导致初始的政策承诺是不可信的，假定实行低通胀是一个最优选择，则当公众有较低的通货膨胀率预期时，中央银行就将面对某种现实的通胀激励——通过制造意外的高通胀率以获取产出的额外收益；但公众预期是理性的，他们确信政策制定者会屈从于这种激励，因此一开始就会有较高的通胀率预期。结果是货币当局的政策造成了高通货膨胀，却又得不到任何产出上的好处。而有相机抉择权力的中央银行更可能出现短视行为，也更容易导致政策的动态不一致性。因此，须使用规则的货币政策以保证调控效果。

但是，支持相机抉择的经济学家也指出，即便是规则的货币政策，在执行中也会因为违约成本的降低而导致动态不一致性；而且，规则的政策还面临一个由凯恩斯主义者提出的规范性问题，就是其不能顾及到未预期到的情况，例如 20 世纪 80 年代美国股市大崩溃造成的严重流动性危机，很难想象恪守规则的货币政策能预期到并从容应付。近期争论的形势正出现了某种变化，双方的观点具有了更多的包容性，使得货币政策操作按"规则与相机抉择"的区别实际上转变为"是否遵守政策承诺"的区别（McCallum，1997）。也就是说，影响货币政策效果的关键并非在于它的变或不变，而在于货币当局是否执行它所承诺的货币政策。

二、中国货币政策实践的简要回顾

改革开放后，与经济发展阶段相适应，我国货币政策的发展经历了四个阶段。第一阶段是 1979—1983 年。在这一时期，虽然金融领域进行了多项改革，但货币政策仍然是实行集中统一的计划管理体制。第二阶段是 1984—1991 年。这一时期的货币政策有了很大的发展，最突出的是从 1984 年起，中国人民银行集中履行中央银行职能，集中统一的计划管理体制逐步转变为以国家调控为主的宏观管理体制。间接的货币政策工具开始使用，但信贷现金计划管理仍是主要的调控手段。第三阶段是 1992—1998 年。党的十四大提出我国经济体制改革的目标是建立社会主义市场经济体制，明显加快了金融体制改革的步伐，并明确提出要建立适应社会主义市场经济体制的金融管理体制和运行机制，相应地，货币政策间接调控的范围也逐步得以扩大。第四阶段是 1998 年至今。中国人民银行自 1998 年 1 月起取消了信贷规模管理，货币政策的作用范围和影响力度得到空前提高。

从对 1979—1998 年 20 年货币政策实践的历史回顾可以看出，我国的货币政策操作基本上没有一个规则可循，操作的稳定性和连续性就更谈不上了，过度放松和过度收紧是常态，并经常陷入"一放就乱，一收就死"的怪圈，这是一种典型的"相机抉择"的操作规范。总的来说，当中央银行尽量运用经济杠杆间接调节经济运行时效果基本不理想，而当经济一失控，中央银行转而运用信贷规模控制方法（主要是行政命令），就往往变得很有效。这种现象说明我国中央银行在运用现代市场经济手段调节经济运行方面的能力是相当弱的。这个问题在 1998 年以来表现得更为明显。

1998 年，在我国出现通货紧缩的情况下，中国人民银行加大了对经济的支持力度。货币政策的提法经历了"稳健的"、"努力发挥作用"、"进一步发挥作用"等阶段，促进经济增长的政策意图相当明显。但是随着我国经济市场化水平的不断提高，以及直接调控向间接调控的转变，"相机抉择"的货币政策好像风光不再了。连续的降息和降低存款准备金率都未能起到应有的作用。中央银行面临着一种前所未有的尴尬局面，最终不得不通过积极的财政政策才使经济逐步走出低谷。而针对 2003 年上半年以来的局部经济过热、居民消费价格指数 CPI 不断攀升的情况，人民银行又采取了一系列的紧缩措施（如提高存款准备金率、提高再贴现率等），但结果却是贷款、投资规模节节走高，最后又不得不通过行政手段强化宏观调控，才初步达到了调控目标，2004 年和 2005 年的居民消费价格指数分别为 3.4% 和 1.8%。但这一轮宏观调控的最终效果如何，还有待继续观察。

通过对我国货币政策实践的回顾可以看出，我国中央银行的货币政策操作是一种典型的相机抉择操作。但中国人民银行 1995 年初宣布将货币供应量列为货币政策的控制目标之一，1996 年开始公布货币供应量的年度调控目标，这说明我国的货币政策也有一些规则性的成分。那么，转型期的中国究竟是相机抉择性货币政策还是规则性货币政策在发挥主要调控作用？我们需要进行实证判断。

三、中国货币政策规则性和相机抉择性的实证判断

（一）检验方法的说明

我们首先给出货币政策与工具变量之间的度量方程，从中可以得出货币政策的状态指标和货币政策冲击，并识别出其中的规则性（可预期）成分和相机抉择性（不可预期）成分。一般来说，货币政策状态可以表示为货币政策工具变量的线性函数（Walsh，1998）：

$$(MPI)_t = \lambda Z_{t-1} + \varepsilon_t, t = 1, \cdots, T \qquad (\text{附} 1.1)$$

其中，T 是表示数据时间长度的样本容量；$(MPI)_t$ 表示 t 时的货币政策状态指标，本文将分别选取"M_1 增长率"、"M_2 增长率"作为货币政策状态指标；Z_{t-1} 是利用截止到 $t-1$ 期的所有信息来预测 $(MPI)_t$ 的经济变量（向量形式）；λ 是边际系数向量（可能是弹性或半弹性系数）。假设随机残差 ε_t 序列不相关，且与解释向量 Z_{t-1} 相互独立。

一般情形下，向量 Z_{t-1} 的选取大多涉及货币政策的名义目标（利率或物价水平）、实际目标（实际收入或就业量）和政策目标（政策预算赤字融资等）。如果选择了较为合适的解释变量，那么货币政策状态指标当中可以由 λZ_{t-1} 说明的部分就是可预期的货币政策变化，也就是由规则性货币政策形成的变化；在货币政策状态指标中除去可预期的部分，即方程（1）中的残差序列 ε_t，便是由于相机抉择性货币政策行为造成的，也就是货币政策变化中不可预期的成分。

如果估计出规则性货币政策系数 λ，并且分离出方程（1）的随机残差 ε_t，就可以定义规则性货币政策成分 $(MPI)_t^e = \lambda Z_{t-1}$ 和相机抉择性货币政策成分 $(MPI)_t^u = \varepsilon_t$。在相机抉择性成分中，可以定义正向相机抉择冲击成分 $(MPI)_t^{u+} = \max(\varepsilon_t, 0)$ 和负向相机抉择冲击成分 $(MPI)_t^{u-} = \min(\varepsilon_t, 0)$。

为了分析货币政策的实际效用，必须建立货币政策成分与实际产出之间的关联方程。我们假定实际产出方程由下列线性形式给出：

$$Y_t = \alpha_0 + \sum_{i=1}^{m} \alpha_{1i} Y_{t-i} + \sum_{i=1}^{n} \beta_i^u (MPI)_{t-i}^u$$

$$+ \sum_{i=1}^{n} \beta_i^e (MPI)_{t-i}^e + v_t \qquad\qquad (附1.2)$$

$$Y_t = \alpha_0 + \sum_{i=1}^{m} \alpha_{1i} Y_{t-i} + \sum_{i=1}^{n} \beta_i^{u+} (MPI)_{t-i}^{u+} + \sum_{i=1}^{n} \beta_i^{u-} (MPI)_{t-i}^{u-}$$

$$+ \sum_{i=1}^{n} \beta_i^e (MPI)_{t-i}^e + v_t \qquad\qquad (附1.3)$$

方程（附1.2）未对货币政策的相机抉择成分进行分解，方程（附1.3）将相机抉择成分分解为正向冲击和负向冲击。其中，Y_t 是真实 GDP 的增长率，v_t 是随机误差项，系数序列 β_i^{u+}、β_i^{u-}、β_i^e 分别表示正向相机抉择冲击 $(MPI)_{t-i}^{u+}$、负向相机抉择冲击 $(MPI)_{t-i}^{u-}$ 和规则性成分 $(MPI)_{t-i}^e$ 对实际产出的边际影响。

为了分析货币政策的规则性成分和相机抉择性成分的名义影响，我们还可以建立货币政策成分与通货膨胀之间的关联方程：

$$\pi_t = \alpha_0 + \sum_{i=1}^{m} \alpha_{1i} \pi_{t-i} + \sum_{i=1}^{n} \beta_i^u (MPI)_{t-i}^u$$

$$+ \sum_{i=1}^{n} \beta_i^e (MPI)_{t-i}^e + w_t \qquad\qquad (附1.4)$$

$$\pi_t = \alpha_0 + \sum_{i=1}^{m} \alpha_{1i} \pi_{t-i} + \sum_{i=1}^{n} \beta_i^{u+} (MPI)_{t-i}^{u+}$$

$$+ \sum_{i=1}^{n} \beta_i^{u-} (MPI)_{t-i}^{u-} + \sum_{i=1}^{n} \beta_i^e (MPI)_{t-i}^e + w_t \qquad (附1.5)$$

我们分别用狭义货币 M_1 和广义货币 M_2 的同比增长率 $g\,(M_1)_t$ 和 $g\,(M_2)_t$ 作为货币政策的状态指标，选取的规则性货币政策的解释变量有：社会消费品零售额增长率 $g\,(SC)_t$，表示货币的交易媒介需求；名义 1 年期储蓄存款利率 R_t，表示货币持有的机会成本；中央银行对政府债权增长率 $g\,(G)_t$，表示货币的赤字融资需求①。模型中我们还引入 $g\,(M_2)_t$ 的自回归成分，以形成变量之间的动态影响。我们采用季度数据进行分析，样本范围为 1994 年第一季度至 2005 年第二季度，所有数据均来自各期《中国人民银行统计季报》。

用 $g\,(M_1)$ 作为货币政策状态指标估计出的货币政策状态模型为（括号

---

　　① 尽管 2003 年 12 月 27 日第十届全国人大常委会第六次会议审议通过的《中华人民共和国中国人民银行法（修正）》第二十九条明确规定"中国人民银行不得对政府财政透支，不得直接认购、包销国债和其他政府债券"，但历史上的财政透支仍然存在。另外，如果财政部的预算赤字增加，国债发行总额就会增加，由于我国商业银行持有的国债规模增长较快，中央银行与商业银行之间的交易行为（如公开市场操作）往往也会导致中央银行持有的国债总量增加。

中的数字为标准误）：

$$g(M_1) = 4.8484 + 0.7188g(M_1)(-1) - 0.0243g(SC)$$
$$(1.9856)\quad(0.1162)\qquad\qquad(0.0957)$$
$$- 0.0149g(G) + 0.0280R$$
$$(0.0210)\qquad(0.2123)\qquad\qquad\qquad（附1.6）$$

$R^2 = 0.5608$　修正的 $R^2 = 0.5134$　DW = 1.6422　F 值 = 11.8097

用 g（M_2）作为货币政策状态指标估计出的货币政策状态模型为（括号中的数字为标准误）：

$$g(M_2) = 1.8059 + 0.7954g(M_2)(-1) + 0.0729g(SC)$$
$$(1.2098)\quad(0.1059)\qquad\qquad(0.0613)$$
$$+ 0.0225g(G) + 0.1421R$$
$$(0.0118)\qquad(0.1839)\qquad\qquad\qquad（附1.7）$$

$R^2 = 0.9307$　修正的 $R^2 = 0.9232$　DW = 2.1806　F 值 = 124.1835

通过比较方程（附1.6）和方程（附1.7）的可决系数及 DW 值，可以看出方程（附1.7）的拟合效果明显优于方程（附1.6）。此外，方程（附1.6）还有比较严重的残差序列自相关现象，故我们只选用方程（附1.7）作为本文分析的货币政策状态模型。

根据方程（附1.7）表示的货币政策状态模型，我们可以得到货币政策的各种冲击成分 GM_2FIT（可预期的规则性成分（MPI）$_t^e$）、GM_2UNFIT（不可预期的相机抉择性成分（MPI）$_t^u$）、GM_2UNFIT_U（正向相机抉择冲击成分（MPI）$_t^{u+}$）、GM_2UNFIT_D（负向相机抉择冲击成分（MPI）$_t^{u-}$）（具体数据见附表）。

（二）货币政策的实际效果

接下来，我们直接建立并估计真实 GDP 增长率[①]（GRGDP）$_t$ 基于货币政策可预期（规则性）成分（MPI）$_t^e$ 和不可预期（相机抉择性）成分（MPI）$_t^{u+}$、（MPI）$_t^{u-}$ 的回归方程。根据 AIC 和 SC 等信息准则，选择的模型阶数为 $m = 1$，$n = 4$。我们采用普通最小二乘法（OLS）估计模型，显著性检验采取具有系数约束的 F - 统计量检验（Mills，1999），估计结果如下（上标 * 号表示至少在 10% 的水平上显著）：

$$GRGDP = -5.3503 + 0.7086^* GRGDP(-1)$$

---

① 这里的真实 GDP 是用名义 GDP 除以 CPI 得到的，真实 GDP 增长率是指季度累计增长率。

$$+ 1.4719GM_2FIT - 2.6864GM_2FIT(-1)$$

$$+ 3.1753^*GM_2FIT(-2) - 1.8121GM_2FIT(-3)$$

$$+ 0.3445GM_2FIT(-4) + 0.6815GM_2UNFIT$$

$$- 1.7118GM_2UNFIT(-1) + 1.1179GM_2UNFIT(-2)$$

$$- 1.6547^*GM_2UNFIT(-3) + 1.4795GM_2UNFIT(-4)$$

$R^2 = 0.9204$ 修正的 $R^2 = 0.8868$ DW $= 1.5723$ AIC $= 5.5567$ SC $= 6.0739$

F 值 $= 27.3444$ (附 1.8)

$$GRGDP = -11.4487 + 0.6621^*GRGDP(-1) + 1.5669GM_2FIT$$

$$- 2.3304GM_2FIT(-1) + 2.5319^*GM_2FIT(-2)$$

$$- 1.4743GM_2FIT(-3) + 0.3201GM_2FIT(-4)$$

$$+ 0.4166GM_2UNFIT\_U - 1.6485GM_2UNFIT\_U(-1)$$

$$+ 1.8710GM_2UNFIT\_U(-2)$$

$$- 0.8821GM_2UNFIT\_U(-3)$$

$$+ 2.3200GM_2UNFIT\_U(-4)$$

$$- 0.1471GM_2UNFIT\_D$$

$$- 2.2551^*GM_2UNFIT\_D(-1)$$

$$- 0.7652GM_2UNFIT\_D(-2)$$

$$- 1.9255GM_2UNFIT\_D(-3)$$

$$+ 0.1344GM_2UNFIT\_D(-4)$$ (附 1.9)

$R^2 = 0.9385$ 修正的 $R^2 = 0.8917$ DW $= 1.4562$ AIC $= 5.5567$ SC $= 6.0739$

F 值 $= 20.0311$

从估计结果（附 1.8）可以看出：第一，对于真实 GDP 增长率起决定作用的是其自回归成分，当期增长率中的 70% 左右的成分是由前期增长速度决定的，说明我国的经济增长有很强的增长惯性。第二，规则性货币政策将在滞后 2 个季度后产生最大影响，而且滞后影响具有较大弹性（弹性系数为 3.1753，并且系数显著）；相机抉择性货币政策在滞后 1 个季度后对产出产生最大影响，影响系数为 -1.7118。第三，规则性货币政策的整体影响（系数和）为 0.4932，具有实际扩张作用；而相机抉择性货币政策的整体影响为 -0.0876，对真实产出具有收缩作用。

在对相机抉择性货币政策成分进行分解后的估计结果（附 1.9）表明：第一，我国的经济增长有明显的增长惯性，当期增长中有 66% 左右的成分是由前期增长决定的。第二，规则性货币政策成分仍在滞后 2 个季度后产生最大影响，影响系数为 2.5319；正向相机抉择性货币政策成分的最大影响产生于滞后 4 个季度后，影响系数为 2.3200；负向相机抉择性货币政策成分在滞后 1 个季度后产生最大影响（影响的弹性系数为 -2.2551，且系数显著），这说明负向相机抉择冲击对经济的影响比较快。第三，规则性货币政策的整体影响为 0.6142，对真实产出具有扩张作用；正向相机抉择冲击成分的整体影响为 2.0770，对经济增长具有显著的扩张效应；而负向相机抉择冲击成分的整体影响高达 -4.9585，对经济增长具有较强的收缩效应。

（三）货币政策的名义效果

为了分析规则性货币政策和相机抉择性货币政策对通货膨胀的影响，我们也可以建立并估计通货膨胀率[①]（PAI），基于货币政策可预期（规则性）成分 $(MPI)_t^e$ 和不可预期（相机抉择性）成分 $(MPI)_t^{u+}$、$(MPI)_t^{u-}$ 的回归方程。根据 AIC 和 SC 等信息准则，选择的模型阶数仍为 $m=1$，$n=4$。采用普通最小二乘法（OLS）估计的模型如下（上标 * 号表示至少在 10% 的水平上显著）：

$$PAI = 2.0194 + 0.9833^* PAI(-1) - 0.2702 GM_2FIT$$
$$+ 0.9168 GM_2FIT(-1) - 1.5254^* GM_2FIT(-2)$$
$$+ 0.8713 GM_2FIT(-3) - 0.1176 GM_2FIT(-4)$$
$$- 0.0994 GM_2UNFIT + 0.3316 GM_2UNFIT(-1)$$
$$- 0.4104 GM_2UNFIT(-2) + 0.8403^* GM_2UNFIT(-3)$$
$$+ 0.0112 GM_2UNFIT(-4) \hspace{2cm} （附 1.10）$$

$R^2 = 0.9540$ 修正的 $R^2 = 0.9346$ DW = 2.0848   AIC = 2.5355   SC = 3.0527
F 值 = 49.0713

$$PAI = 1.8952 + 0.9346^* PAI(-1) - 0.1276 GM_2FIT$$
$$+ 0.6609 GM_2FIT(-1) - 1.4825^* GM_2FIT(-2)$$
$$+ 1.0126 GM_2FIT(-3) - 0.2076 GM_2FIT(-4)$$
$$+ 0.2362 GM_2UNFIT\_U - 0.1314 GM_2UNFIT\_U(-1)$$
$$- 0.1511 GM_2UNFIT\_U(-2)$$
$$+ 1.0493^* GM_2UNFIT\_U(-3)$$
$$- 0.0318 GM_2UNFIT\_U(-4)$$

---

① 这里的通货膨胀率是指用 CPI 衡量的通货膨胀率。

$$- 0.4517 \, ^* GM_2 UNFIT\_D$$
$$+ 0.4982 GM_2 UNFIT\_D(-1)$$
$$- 0.4261 GM_2 UNFIT\_D(-2)$$
$$+ 0.7436 \, ^* GM_2 UNFIT\_D(-3)$$
$$- 0.0431 GM_2 UNFIT\_D(-4) \qquad (\text{附} 1.11)$$

$R^2 = 0.9709$　修正的 $R^2 = 0.9488$　DW $= 1.7611$　AIC $= 2.3409$　SC $= 3.0735$

F 值 $= 43.8294$

根据估计结果（附1.10）和（附1.11）可以看出，不论对相机抉择性货币政策成分是否进行区分，我国的通货膨胀基本上是由其自回归部分解释的（分别为98.33%和93.46%）。在不对相机抉择性货币政策进行区别的情况下，规则性货币政策成分的整体影响为 -0.1251，说明规则性货币政策对通货膨胀具有微弱的抑制作用，这种反向抑制效果在滞后2个季度后最大（弹性系数为 -1.4825，且显著）；相机抉择性货币政策成分的整体影响为0.0112，说明相机抉择性货币政策对通货膨胀有轻微的刺激作用，这种影响在滞后3个季度时最大（影响系数为0.8403，且显著）。估计结果（附1.11）显示了将相机抉择性货币政策成分分解为正向冲击和负向冲击后的情况，此时规则性货币政策成分对通货膨胀的整体影响为 -0.1442，仍然是有微弱的抑制通胀作用，并在滞后2个季度后影响最大；正向相机抉择性货币政策冲击的整体影响为0.9712，在滞后3个季度后对通货膨胀的刺激效果最明显（弹性系数为1.0493，且显著）；负向相机抉择性货币政策冲击的整体影响为0.3209，也是在滞后3个季度后影响最大，但缺乏弹性（弹性系数为0.7436）。

（四）规则性和相机抉择性货币政策成分的动态影响

通过前文对我国货币政策实践的简单回顾，我们并不能对中国货币政策究竟是以规则为主还是以相机抉择为主作出明确的判断，而这种判断对于分析中国的货币政策操作规范转型问题却是至关重要的。为了明确得出中国的货币政策操作究竟以哪种货币政策成分为主的结论，我们可以通过建立分别包括产出因素（GRGDP）和通货膨胀（PAI）以及各种货币政策成分的 VAR 系统来对规则性货币政策和相机抉择性货币政策的作用进行动态分析。

假设两个 VAR 系统的内生变量分别为：

$$X(GDP)_t = ((GRGDP)_t, (MPI)_t^e, (MPI)_t^u)' \quad \text{或}$$
$$X(GDP)_t = ((GRGDP)_t, (MPI)_t^e, (MPI)_t^{u+}, (MPI)_t^{u-})' \quad (\text{附} 1.12)$$
$$X(PAI)_t = ((PAI)_t, (MPI)_t^e, (MPI)_t^u)' \quad \text{或}$$

$$X(PAI)_t = ((PAI)_t, (MPI)_t^e, (MPI)_t^{u+}, (MPI)_t^{u-})' \qquad (\text{附} 1.13)$$

上述 VAR 模型的简化式方程为:

$$X_t = A_0 + A_1 X_{t-1} + \cdots + A_p X_{t-p} + \varepsilon_t \qquad (\text{附} 1.14)$$

其中, $A_i(i = 0,1,\cdots,p)$ 是系数矩阵, ε_t 是简化式冲击向量, 表示作用在 X_t 各个分量上的复合冲击。给定上述变量顺序, 我们就可以利用 Cholesky 分解得到内生变量的脉冲反应函数 (刘金全等, 2004)。

根据 AIC 信息准则和 SC 信息准则, 我们选取自回归的阶数为 $p = 4$。

图 1 显示了真实 GDP 增长率分别对来自规则性货币政策成分和相机抉择性货币政策成分 1 单位标准差的冲击反应过程。在不区分正负向相机抉择冲击的情况下, 规则性货币政策成分对真实 GDP 有明显的正向影响, 这种影响在滞后 2 个季度后达到最大, 之后这种影响逐步减弱; 相机抉择性货币政策成分对真实 GDP 的影响在滞后 3 个季度内是负向的, 但在随后的 4 个季度中正向影响越来越明显, 在滞后 7 个季度时正向影响达到最大, 之后正向影响逐步减弱直至出现负向影响, 但在滞后 11 个季度后又产生正向影响。根据前文模型 (附 1.8) 的分析, 相机抉择性货币政策成分对真实 GDP 增长率的净影响是负向的, 这说明相机抉择性货币政策成分的存在明显加大了我国 GDP 增长率的不规则波动。

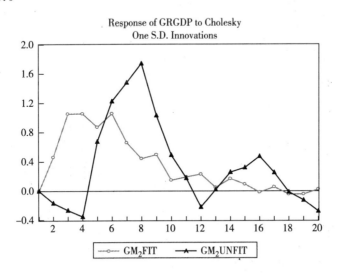

图 1　规则性和相机抉择性货币政策成分对 GRGDP 的冲击

表 1 给出了规则性货币政策成分和相机抉择性货币政策成分对真实 GDP 增长率影响的预测方差分解结果。53% 左右的真实 GDP 增长率波动是由其本

身的波动解释的；规则性货币政策成分在滞后 5 个季度时能解释最大为 24.48% 的 GDP 增长率的波动，随后规则性成分的影响有所减少，但在滞后 8 个季度后的解释程度基本稳定在 17.5% 左右；相机抉择性货币政策成分对真实 GDP 增长率的影响则是逐期增大的，在滞后 8 个季度后相机抉择性成分对 GDP 波动的解释程度就基本稳定在 29% 左右了。

表 1　　　　　**规则性和相机抉择性货币政策**
成分对 GRGDP 的预测方差分解

Period	S. E.	GRGDP	GM_2 FIT	GM_2 UNFIT
1	2.439405	100.0000	0.000000	0.000000
2	2.955168	97.24446	2.436266	0.319273
3	3.316944	87.07491	12.03145	0.893647
4	3.617511	79.64417	18.66136	1.694471
5	3.814033	73.33462	22.01742	4.647954
6	4.202560	63.18879	24.48010	12.33111
7	4.644894	57.71109	22.04719	20.24172
8	5.125008	52.96444	18.85294	28.18262
9	5.377171	52.73193	17.97654	29.29153
10	5.470785	53.46380	17.43857	29.09763
11	5.486607	53.50727	17.46095	29.03178
12	5.495855	53.32761	17.57726	29.09513

如果将相机抉择性货币政策成分细分为正向冲击成分和负向冲击成分，就可以进一步分析正向相机抉择冲击和负向相机抉择冲击对 GDP 增长率波动的影响，结果见图 2 和表 2。图 2 中显示的规则性货币政策成分的影响与图 1 中的结果一样，仍然是在滞后 2 个季度时对真实 GDP 增长率的影响达到最大，之后的影响逐渐减弱，整体上对真实 GDP 有扩张作用。正向相机抉择冲击成分在短期内对 GRGDP 有负向影响，但在 1 个季度后就会强劲地促进 GRGDP 增加，这种影响在滞后 7 个季度内持续存在。负向相机抉择冲击成分对 GRGDP 的影响却是不确定的，先是负向影响，然后是正向影响，在滞后 5 个季度达到最大正向影响后又会造成 GRGDP 的下降，在滞后 11 个季度后还会再次产生正向冲击，明显引起 GDP 增长率的不规则波动。

由表 2 的预测方差分解结果可以看出，造成 GRGDP 波动的 44% 的贡献来自于其自身的因素。规则性货币政策成分对 GRGDP 波动的贡献在滞后 6 个季度后就基本稳定在 23% 左右了；而正向相机抉择性冲击成分和负向相机抉择性冲击成分对真实 GDP 波动的贡献都是逐期增加的。正向相机抉择性冲击对 GRGDP 波动的贡献最终稳定在 24.5% 左右，而负向相机抉择性冲击对 GRGDP 波动的解释能力最终是 8.5% 左右，这样正负向相机抉择性货币政策冲击对真实 GDP 波动的总贡献度就是 33% 左右。

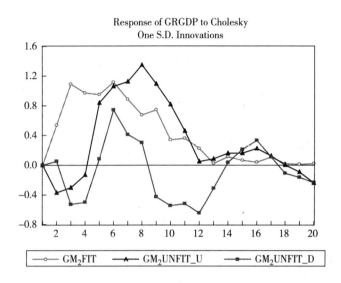

Response of GRGDP to Cholesky
One S.D. Innovations

—○— GM₂FIT　　—▲— GM₂UNFIT_U　　—■— GM₂UNFIT_D

图 2　规则性和正负向相机抉择性货币政策成分对 GRGDP 的冲击

表 2　　　规则性和正负向相机抉择性货币政策成分
对 GRGDP 的预测方差分解

Period	S. E.	GRGDP	GM₂ FIT	GM₂ UNFIT_ U	GM₂ UNFIT_ D
1	2. 443529	100. 0000	0. 000000	0. 000000	0. 000000
2	2. 982920	95. 15642	3. 268149	1. 546027	0. 029407
3	3. 375388	82. 55652	12. 95881	2. 006885	2. 477789
4	3. 675790	76. 34476	17. 90039	1. 819973	3. 934873
5	3. 925130	68. 78276	21. 55481	6. 166785	3. 495644
6	4. 360066	59. 32621	24. 00801	10. 91752	5. 748265
7	4. 691518	54. 78189	24. 31015	15. 17246	5. 735498
8	4. 983344	50. 37407	23. 39117	20. 78635	5. 448421
9	5. 208403	47. 45398	23. 45265	23. 44004	5. 653329
10	5. 326034	45. 93277	22. 83733	24. 77705	6. 452853
11	5. 383904	44. 97906	22. 79940	24. 98320	7. 238331
12	5. 439363	44. 51039	22. 50702	24. 48438	8. 498213

通过对我国 GRGDP 波动的分析可以得到结论：如果不区分正负向相机抉

择性冲击，规则性货币政策成分和相机抉择性货币政策成分对我国真实 GDP 增长率波动的贡献度分别为 17.5% 和 29%；如果将相机抉择性货币政策成分分解为正向相机抉择性冲击和负向相机抉择性冲击，规则性货币政策成分、正向相机抉择性货币政策冲击和负向相机抉择性货币政策冲击对我国真实 GDP 增长率波动的贡献度分别为 23%、24.5% 和 8.5%，正负向相机抉择性货币政策冲击的贡献度之和为 33%。因此，我国真实 GDP 增长率波动的主要原因是相机抉择性货币政策成分。故从真实 GDP 增长率波动的考察角度可以判断，我国转型期的货币政策主要是通过相机抉择性货币政策成分对 GDP 波动产生影响的。也就是说，转型期中国的货币政策操作是以相机抉择性货币政策操作为主的。

　　图 3 显示了我国的通货膨胀率分别对来自规则性货币政策成分和相机抉择性货币政策成分 1 单位标准差的冲击反应过程。在不区分正负向相机抉择冲击的情况下，规则性货币政策成分在短期内对通货膨胀率有轻微的刺激作用，但在滞后 1 个季度后开始对通货膨胀有明显的抑制作用，这种抑制作用在滞后 5 个季度后达到最大，之后这种影响逐步减弱，但根据前文模型（附 1.10）的分析，规则性货币政策成分总体上是有利于抑制通货膨胀的。相机抉择性货币政策成分对通货膨胀有明显的刺激作用，在滞后 4 个季度后这种作用达到最大，随后这种影响越来越小，但根据模型（附 1.10）的分析，相机抉择性货币政策成分对通货膨胀的整体影响是正向的，也就是说，相机抉择性货币政策成分的存在加大了我国的通货膨胀程度。

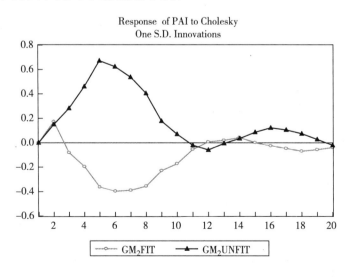

图3　规则性和相机抉择性货币政策成分对通货膨胀的冲击

表 3 给出了规则性货币政策成分和相机抉择性货币政策成分对通货膨胀的预测方差分解结果。57%左右的通货膨胀波动是由其本身的因素解释的；规则性货币政策成分对通货膨胀波动的解释程度是逐期增加的，在滞后 8 个季度后规则性货币政策成分对通货膨胀波动的贡献度基本稳定在 13%的水平；相机抉择性货币政策成分对通货膨胀波动的影响也是逐期增大的，在滞后 7 个季度后相机抉择性成分对通货膨胀波动的解释程度基本稳定在 29%左右的水平。

表 3　　　　　　　　　规则性和相机抉择性货币政策
成分对通货膨胀的预测方差分解

Period	S. E.	PAI	GM₂ FIT	GM₂ UNFIT
1	0.780987	100.0000	0.000000	0.000000
2	1.133219	95.93149	2.315132	1.753377
3	1.411910	93.05091	1.825106	5.123988
4	1.686687	86.35266	2.625766	11.02157
5	1.923496	73.73328	5.578219	20.68850
6	2.120676	66.24665	8.093052	25.66030
7	2.248479	61.25723	10.19395	28.54883
8	2.323665	58.35774	11.88049	29.76178
9	2.349443	57.74093	12.57347	29.68560
10	2.359976	57.49673	12.99391	29.50936
11	2.363725	57.57057	13.00642	29.42301
12	2.366863	57.61814	12.97284	29.40902

如果将相机抉择性货币政策成分细分为正向冲击成分和负向冲击成分，就可以进一步分析正向相机抉择冲击和负向相机抉择冲击对通货膨胀的影响，结果见图 4 和表 4。图 4 中显示的规则性货币政策成分的影响与图 3 中的结果一致，仍然是在滞后 1 个季度内对通货膨胀有轻微的正向影响，随后规则性货币政策成分就会抑制通货膨胀的生成，这种抑制作用在滞后 5 个季度时达到最大。负向相机抉择冲击成分对通货膨胀有显著的刺激作用，在滞后 4 个季度时这种作用达到最大，随后有所减弱，但这种影响在滞后 8 个季度内持续存在。正向相机抉择冲击成分对通货膨胀的影响在短期有轻微的抑制作用，随后会刺激通货膨胀的生成，在滞后 7 个季度时的影响达到最大，这和模型（附 1.11）的结论是一致的。

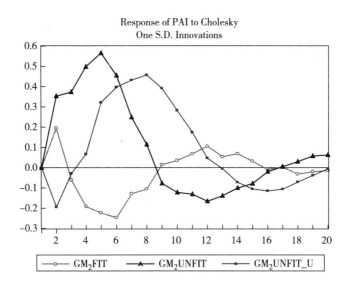

图4   规则性和正负向相机抉择性货币政策成分对通货膨胀的冲击

由表4的预测方差分解结果可以看出，造成通货膨胀水平波动的60%左右的贡献来自于其自身因素。规则性货币政策成分对通货膨胀波动的贡献在滞后5个季度时达到最大，解释程度为4.44%，之后就基本稳定在4%左右的水平上了；而正向相机抉择性冲击成分对通货膨胀波动的贡献是逐期增加的，在滞后10个季度后，正向相机抉择性冲击对通货膨胀波动的贡献最终稳定在16%左右；而负向相机抉择性冲击对通货膨胀波动的解释能力在滞后5个季度时达到24.4%的最大水平，随后有所降低，最终负向相机抉择性冲击成分对通货膨胀波动的贡献度稳定在19%左右。这样正负向相机抉择性货币政策冲击对通货膨胀波动的总贡献度就在35%左右。

表4   规则性和正负向相机抉择性货币

政策成分对通货膨胀的预测方差分解

Period	S. E.	PAI	GM$_2$FIT	GM$_2$UNFIT_ U	GM$_2$UNFIT_ D
1	0. 701303	100. 0000	0. 000000	0. 000000	0. 000000
2	1. 091656	83. 20830	3. 202372	3. 151115	10. 43821
3	1. 340899	80. 87242	2. 334620	2. 134921	14. 65804
4	1. 621277	75. 90331	2. 989750	1. 629010	19. 47793
5	1. 850851	67. 71124	3. 744419	4. 261209	24. 28313

Period	S. E.	PAI	GM$_2$ FIT	GM$_2$ UNFIT_ U	GM$_2$ UNFIT_ D
6	2. 063622	64. 03287	4. 439569	7. 126245	24. 40132
7	2. 225970	63. 74437	4. 148591	9. 889335	22. 21770
8	2. 330094	62. 60421	3. 992197	12. 88527	20. 51832
9	2. 402600	62. 06979	3. 758435	14. 76852	19. 40326
10	2. 429471	61. 28015	3. 696961	15. 79232	19. 23057
11	2. 440562	60. 75536	3. 741014	16. 16003	19. 34360
12	2. 449254	60. 35602	3. 900295	16. 08168	19. 66201

通过对我国通货膨胀波动的分析可以得到以下结论：如果不区分正负向相机抉择性冲击，规则性货币政策成分和相机抉择性货币政策成分对我国通货膨胀波动的贡献度分别为 13% 和 29%；如果将相机抉择性货币政策成分分解为正向相机抉择性冲击和负向相机抉择性冲击，规则性货币政策成分、正向相机抉择性货币政策冲击和负向相机抉择性货币政策冲击对我国通货膨胀波动的贡献度分别为 4%、16% 和 19%，正负向相机抉择性货币政策冲击的贡献度之和为 35%。因此，我国通货膨胀波动的主要原因也是相机抉择性货币政策成分。从通货膨胀波动的考察角度我们可以判断，我国转型期的货币政策主要是通过相机抉择性货币政策成分对通货膨胀产生影响的。

因此，不论是从产出的角度还是从通货膨胀的角度进行分析，我们都可以得到结论：转型期中国的货币政策操作主要是相机抉择型的。

四、规则型货币政策操作的动态模拟

既然我们通过实证分析得出中国转型期的货币政策是以相机抉择型操作为主的结论，那么，如果货币政策操作实现从相机抉择型向规则型的转型，我国的经济波动（本文用产出增长率和通货膨胀率衡量）是否会大大减小？我们可以通过对规则型货币政策操作的动态模拟对这一问题进行解答。如果结论是规则型货币政策操作可以减少我国经济的波动，即可以减少我国的经济福利损失（损失函数通常用产出方差和通胀方差的加权和表示），那么我国的货币政策操作由目前的相机抉择型向规则型转型就是可行的。

（一）模拟序列的生成

前文我们将 M$_2$ 的增长率作为描述货币政策状态的指标。根据规则成分和相机抉择成分的分离过程，将能够解释货币需求的可预期部分作为货币政策的规则成分（GM$_2$ FIT），将残差视为货币政策的相机抉择成分（GM$_2$ UNFIT）。

这个对货币政策成分的分离过程意味着货币政策的规则性成分和相机抉择性成分所包含的信息是互斥的，因此这两个时间序列 GM_2FIT 和 GM_2UNFIT 就应是正交的。我们将序列向量 GM_2FIT（42×1）和 GM_2UNFIT（42×1）的元素对应相乘之后可以得到一个序列向量 a（42×1），a 的所有元素之和为零，标准差为 33.26258。作为比较，我们可以用计算机生成一个标准差只有 0.01，均值为 0 的服从正态分布的随机序列向量 a'。用序列向量 a' 除以序列 GM_2FIT 得到一个新的序列 GM_2UNFIT_SM，我们可以用这个新的序列作为模拟的相机抉择成分，而且 GM_2UNFIT_SM 满足以下三个条件：（1）与货币政策的规则性成分 GM_2FIT 正交；（2）是一个服从正态分布的残差序列；（3）其标准差比 GM_2UNFIT 小很多。第三个条件意味着模拟生成的相机抉择成分的波动要比真实的相机抉择成分小很多。由于我们保持规则性货币政策成分不变，这样就可以使得规则成分的影响相对变大了。如果中国的货币政策操作规范实现了转型，即以规则性货币政策操作为主，那么规则性货币政策成分对产出和通货膨胀等宏观经济变量的影响就是主要的，而相机抉择性成分的影响就会相对小很多。

为了验证我们模拟的相机抉择性货币政策成分 GM_2UNFIT_SM 和原始的规则性成分 GM_2FIT 对产出和通货膨胀的作用是否发生了变化，我们可以用 $GRGDP - GM_2FIT - GM_2UNFIT\_SM$（产出增长—规则成分—模拟的相机抉择成分）以及 $PAI - GM_2FIT - GM_2UNFIT\_SM$（通货膨胀—规则成分—模拟的相机抉择成分）分别建立 VAR 系统，然后进行预测方差分解的分析（见表 5 和表 6），再将分析结果与前文用 $GRGDP - GM_2FIT - GM_2UNFIT$（产出增长—规则成分—相机抉择成分）和 $PAI - GM_2FIT - GM_2UNFIT$（通货膨胀—规则成分—相机抉择成分）建立的 VAR 系统进行比较。

表 5　　　　　模拟的规则型货币政策对 **GRGDP** 的预测方差分解

Period	S. E.	GRGDP	GM_2FIT	GM_2UNFIT_SM
1	2.418890	100.0000	0.000000	0.000000
2	2.967216	99.89219	0.061203	0.046608
3	3.322199	95.06974	0.520194	4.410070
4	3.867353	80.31874	16.08716	3.594098
5	4.275108	66.80699	29.99595	3.197067
6	4.553191	60.10120	37.05515	2.843651
7	4.784695	56.73867	40.39927	2.862059

Period	S. E.	GRGDP	GM₂FIT	GM₂UNFIT_ SM
8	4.887524	56.91222	39.33479	3.753000
9	5.024890	58.04919	37.26938	4.681423
10	5.151733	58.72491	35.88875	5.386343
11	5.215275	58.74652	35.52778	5.725695
12	5.223219	58.83418	35.42259	5.743229

由表 5 可以看出，模拟的相机抉择成分对产出增长波动的贡献度仅为 5.7% 左右，规则性货币政策成分的贡献度为 35.5% 左右；而表 1 反映的真实的相机抉择成分对我国产出增长波动的解释力高达 29% 左右，规则性成分的影响仅为 17.5%。模拟后的相机抉择性成分对产出的影响程度大大减小了，这说明我们模拟的相机抉择性成分对产出的影响符合货币政策操作规范转型后的情况。

表 6   模拟的规则型货币政策对通货膨胀的预测方差分解

Period	S. E.	PAI	GM₂FIT	GM₂UNFIT_ SM
1	0.904038	100.0000	0.000000	0.000000
2	1.351397	97.87703	2.077304	0.045670
3	1.702226	97.31580	2.582067	0.102137
4	1.979287	94.57169	5.342579	0.085731
5	2.140079	92.40970	7.454448	0.135853
6	2.265658	90.92843	8.920688	0.150886
7	2.335963	90.06533	9.690402	0.244271
8	2.373868	90.02711	9.644426	0.328468
9	2.399582	90.13981	9.478816	0.381376
10	2.416870	90.22467	9.366976	0.408350
11	2.434337	90.23567	9.354899	0.409432
12	2.448746	90.21250	9.382542	0.404962

由表 6 可以看出，模拟的相机抉择成分对通货膨胀波动的贡献度仅为 0.4% 左右，规则性货币政策成分的贡献度为 9.5% 左右；而表 3 反映的真实的相机抉择成分对我国通货膨胀波动的解释力高达 29% 左右，规则性成分的影响仅为 13%。模拟后的相机抉择性成分对通货膨胀的影响程度大大减小了，

这说明我们模拟的相机抉择性成分对通货膨胀的影响也符合货币政策操作规范转型后的情况。

（二）产出波动和通胀波动的模拟结果

由于模拟的序列不是真实的相机抉择成分，因此 VAR 系统的反应系数仍应采用由 GRGDP – GM$_2$FIT – GM$_2$UNFIT 和 PAI – GM$_2$FIT – GM$_2$UNFIT 建立的 VAR 估计出的结果。根据真实数据得到的 VAR 反应系数，我们可以递归得到产出增长的模拟值 GRGDP_ SM 以及通货膨胀的模拟值 PAI_ SM。由于 VAR 系统中的滞后阶数为 4，这样 GM$_2$FIT 和 GM$_2$UNFIT 等序列就是从 1995 年开始才有观测值，故 GRGDP_ SM 和 PAI_ SM 的值是从 1996 年开始的。模拟的结果见表 7。

表 7　　　　　　　　　　规则型货币政策操作的动态模拟效果

		标准差	方差	方差的减小程度
相机抉择成分 GM$_2$UNFIT （1995Q1—2005Q2）	原始值	1.5902		
	模拟值	0.0005		
真实产出增长率 GRGDP （1996Q1—2005Q2）	原始值	10.2020	104.0797	17.27%
	模拟值	9.2792	86.1031	
通货膨胀率 PAI （1996Q1—2005Q2）	原始值	2.9637	8.7834	15.87%
	模拟值	2.7184	7.3896	

可以看到，如果中国的货币政策操作规范实现了由目前的相机抉择型向规则型的转型，即让规则型货币政策成分对宏观经济变量发挥主要影响，弱化相机抉择性货币政策成分的作用，我国经济的波动将会明显下降，经济增长的持续性和稳定性得到明显增强（见图 5 和图 6）。具体来讲，产出增长的波动方差将由 104.0797 降低到 86.1031，改善程度为 17.27%；通货膨胀的波动方差将由 8.7834 降低到 7.3896，改善程度为 15.87%。

图 5 显示了真实产出增长率的实际值和模拟值的对比情况，模拟后的产出增长率波动的改善情况直观上还很难判断。但从图 6 显示的通货膨胀的实际值和模拟值来看，转型后的货币政策操作可以明显降低通货膨胀的波动程度，更为重要的是，根据我们模拟的结果，1997 年至 2002 年间的通货紧缩完全可以避免。

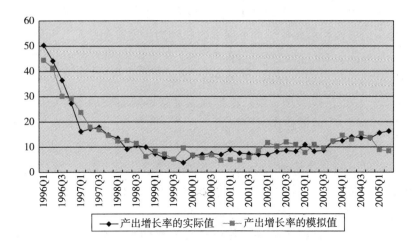

图5 产出增长率的实际值和模拟值对比

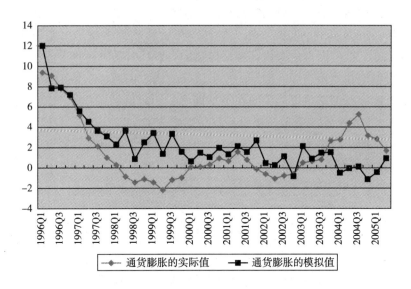

图6 通货膨胀的实际值和模拟值对比

五、由相机抉择向规则的转型：中国货币政策操作的现实选择

（一）中国已不适合采用"相机抉择"型货币政策

第一，我国的货币政策操作具有明显的"顺周期"特征，与"相机抉择"的本质不符。在西方发达国家，按"相机抉择"操作的货币政策具有明显的"逆经济风向调节"的"反周期"行为特征，这是由于西方货币当局一般被赋予了广泛的权力，具有高度的独立性，可以在对经济运行态势作出相应预测和判断的基础上，自主决定货币政策的调节方向和力度。而我国中央银行在实施

货币政策的过程中，在很大程度上只是政府的经济计划和行政指令的执行者。在这种情况下，货币政策实施的方向、时机和力度就难免受到各种外在压力和干扰。这样一来，在经济已经有过热倾向时，为了保证经济的持续快速增长，中央银行往往不能采用"反周期"的紧缩政策。

第二，"相机抉择"型货币政策是我国金融风险累积的重要原因。回顾我国 20 多年的货币政策调控实践可以看出，"一收就死，一放就乱"一直是我国货币政策调节的顽症。我国当前金融领域累积的各种风险之所以形成，与我国货币政策的一次次收放密切相关。当宏观经济过热时，虽然实行紧缩的货币政策可以给经济降温，但要付出相应的代价，如企业已经上马的大规模投资由于缺乏必要的后续资金注入而成为银行的呆账（江苏铁本事件就是典型例证）。当宏观经济偏冷时，扩张性货币政策又会使得企业由于融资成本过低，对前景盲目乐观，从而出现强烈的投资冲动，最终导致金融风险加大。

第三，我国的货币政策调节具有"一刀切"倾向，不能进行"微调"。在发达市场经济国家中，实施"相机抉择"型货币政策主要是用能动性名义国民收入波动来抵消因需求干扰等因素导致的自发性名义国民收入波动，旨在使经济运行稳定在货币当局所期望的水平区间之内。因此，"相机抉择"型货币政策规范能取得预期效果的关键在于掌握好货币政策的调控之"度"，要掌握好"度"，关键又在于货币政策本身能够进行"微调"。在我国货币政策的操作过程中，由于政策工具难以自由变动和灵活操作，金融市场发育不全，中央银行很难针对经济风向的变化进行"微调"，经常是"一步到位"，并且有"一刀切"的毛病。如此进行货币政策调节的结果必然会造成经济运行的大起大落。

（二）"规则"型货币政策是中国的必然选择

第一，"规则"型货币政策可以真正起到稳定经济运行的作用。由于我国目前主要是通过调节货币供应量来影响经济运行，故控制货币供应量增长率就成为当前我国货币政策操作的主要内容。如果我国中央银行按"规则"进行货币政策操作，就可以有效平滑经济增长速度，以实现稳定宏观经济运行的目标。当经济过热时，由于"规则"型货币政策操作规范的核心是按照正常的名义国民收入增长率来确定货币供给量的增长率，在货币增长率既定的条件下，超过名义国民收入增长率区间范围的总需求增长就会受到有效抑制，从而可以紧缩经济。反之，当经济运行趋冷时，按"规则"行事的货币政策会刺激投资需求和消费需求，从而可以实现经济的有效扩张。

第二，"规则"型货币政策更加适合我国转型期的国情。首先，由于"规则”型货币政策的决策程度较为简单，操作方式也相对固定，货币政策的实施难度有所下降，这样在我国中央银行现有调控能力条件下，就会有助于减少货币政策的盲目性。其次，按“规则”行事的货币政策受政府行政干预和其他部门影响的可能性相对较小，更加适合我国中央银行独立性不高的国情，在一定程度上有利于减少货币政策的依附性。最后，“规则”型货币政策操作规范并不是一味地追求纯粹“规则”，而是一个“相机抉择”成分不断减少、按“规则”行事的成分不断增加的动态过程。这样，就能在一定程度上避免由于政策急剧转向而带来的利益冲突，有利于提高货币政策的调控效果。

第三，“规则”型货币政策可以形成一个稳定的货币经济环境。随着我国向社会主义市场经济体制转型的逐步推进，市场经济的雏形已基本形成，各层次经济主体越来越需要一个稳定的宏观经济环境，当然也包括货币环境。只有在稳定的货币经济环境中，各经济主体才能形成稳定的预期，从而减少经济活动的盲目性，提高经济运行的效率。按“规则”型货币政策操作规范行事，正是适应了这种需要。由于货币政策操作“有章可循”，并且“规则”型货币政策有明显的透明度和可信度，非常有利于形成稳定市场预期，从而促进稳定货币经济环境的形成。

参考文献

［1］［美］卡尔·瓦什：《货币理论与政策》，北京：中国人民大学出版社，2003。

［2］卞志村：《中国货币政策操作规范的转型》，载《改革》，2005（11）。

［3］卞志村、毛泽盛：《货币政策规则理论的发展回顾》，载《世界经济》，2005（12）。

［4］刘金全、云航：《规则性与相机选择性货币政策的作用机制分析》，载《中国管理科学》，2004（2）。

［5］王芳：《金融理论发展的新趋向》，载《世界经济》，2002（5）。

［6］Barro, R. J. and D. B. Gordon. Rules, discretion, and reputation in a model of monetary policy, *Journal of Monetary Economics*, 1983, 12: 101 – 121.

［7］Fischer, S. Rules versus discretion in monetary policy, in: B. M. Friedman and F. H. Hahn (ed.), *Handbook of Monetary Economics*, North – Holland, Amsterdam, Chapter21, 1990. 1155 – 1184.

［8］Friedman, M.. A Program for Monetary Stability, Fordham University Press: New York. 1960.

［9］Kydland, F. E. and E. C. Prescott. Rules rather than discretion: the inconsistency of optimal plans, *Journal of Political Economy*, 1977, 85: 473 – 491.

[10] Mills, T. C.. The Econometric Modelling of Financial Time Series, Cambridge: Cambridge University Press. 1999.

[11] Mints, L. W.. Monetary Policy for a Competitive Society. New York: McGraw – Hill, 1950.

[12] Selden, R. T.. "Stable Monetary Growth", in: L. B. Yeager, ed. , *In Search of a Monetary Constitution. Cambridge*, Mass. : Harvard University Press. 1962.

[13] Simons, H. C.. Economic policy for a free society. Chicago: University of Chicago Press. 1948.

[14] Walsh, C. E.. Monetary Theory and Policy, CM: MIT Press. 1998.

[15] Warburton, C.. Depression, Inflation, and Monetary Policy. Baltimore: Johns Hopkins Press. 1966 .

附录二

开放经济下的最优货币政策、MCI 及在中国的检验[1]

自从基德兰德和普雷斯科特（Kydland & Prescott，1977）将时间非一致性问题引入宏观经济学领域，有关"规则"与"相机抉择"的争论开始发生了根本性的转变（McCallum，1999），越来越多的研究成果表明中央银行的货币政策规则可以有效改进货币政策的操作绩效。但由于按规则行事的预期成本可能会抵消其收益，直到 1983 年各国中央银行都未青睐于这种非积极的政策。巴罗和戈登（Barro & Gordon，1983）的论文将基德兰德和普雷斯科特 1977 年有关规则和相机抉择问题的开创性工作引入了一个令经济政策制定者深信不疑的框架，他们认为中央银行可以执行一种货币政策规则，只要规则是可信的、透明的且易于操作，中央银行拥有敏感的声誉，巴罗—戈登通胀偏差（inflation bias）就完全可以避免。

斯文森（Svensson，1999）将货币政策规则划分为工具规则和目标规则。工具规则将货币政策工具表示成先定的（predetermined）或前瞻性的（forward - looking）变量或两者兼而有之的先验方程。泰勒于 1993 年提出的泰勒规则是影响最大的工具规则（Taylor，1993），他认为中央银行应根据三个变量来调整实际利率：当期的产出缺口、当期通胀与目标水平的偏差和均衡实际利率。自从新西兰联邦储备银行（the Federal Reserve Bank of New Zealand）于 1990 年 11 月最早提出通货膨胀目标制以来，已有越来越多的工业化国家和中等收入国家开始采用这种新的货币政策框架，通胀目标制规则已成为当今世界最流行的目标规则。

但是，泰勒规则和通胀目标制规则都是封闭经济下的货币政策规则。在开放经济中，通胀目标制和泰勒规则往往都是次优的，除非对它们进行一些重要的修正。这是由于货币政策不仅通过利率渠道传导，而且会通过汇率渠道影响经济，经济的开放程度越大，货币政策的汇率传导机制的作用也就越大。故在

---

[1] 本文发表于《数量经济技术经济研究》2008 年第 4 期。本书没有对 MCI 进行专题研究，为了保持开放经济下货币政策规则研究的完整性，特将此文作为附录收入本书。

开放经济下，中央银行需要不同的货币政策规则。鲍尔（Ball，1999）对如何修正泰勒规则进行了研究，他建议用所谓的货币状况指数（monetary conditions index，MCI）代替利率指标。MCI 是利率和汇率的加权和，传统上 MCI 的权重是由两者对总需求影响的相对重要性决定的（Peetes，1999）。卜永祥、周晴（2004）则分别定义了实际 MCI 指数和名义 MCI 指数，实际 MCI 指数就是传统的 MCI，它的权重由利率和汇率对总需求（由 IS 曲线描述）的相对影响决定；而名义 MCI 指数中利率和汇率的权重则由它们对总供给（由菲利普斯曲线描述）的相对影响决定。

在实践上，20 世纪 80 年代末，加拿大中央银行首先提出了货币状况指数 MCI，将汇率因素纳入到货币政策操作目标中，引起了国际清算银行以及越来越多国家中央银行的密切关注，瑞典、芬兰、冰岛、挪威以及新西兰等国中央银行纷纷采用 MCI 操作货币政策①。随着我国经济开放程度的进一步提高，汇率作为货币政策决策的重要金融变量之一，其重要性也愈益明显。对 MCI 进行系统研究，并分析 MCI 在中国的作用具有重要的现实意义。

本文的结构安排如下：第一部分是引言；第二部分通过建立一个小国开放经济模型，分析开放经济下中央银行的最优货币政策以及货币状况指数 MCI 与货币政策的关系；第三部分我们分别构建了中国的实际货币状况指数和名义货币状况指数，考察了它们分别与经济增长率及通货膨胀率的关系；第四部分是全文的结论与政策建议。

一、开放经济下的最优货币政策及 MCI 的作用

（一）模型

这里我们给出小国开放经济的宏观经济模型，这一模型由三个方程组成。所有变量（除了名义利率）均用对数形式表示，所有参数均大于 0。

$$\pi_t = E_t\pi_{t+1} + \alpha y_t - \beta q_t + u_t \qquad (\text{附2.1})$$

$$y_t = E_t y_{t+1} - \alpha_1(i_t - E_t\pi_{t+1}) - \alpha_2 q_t + v_t \qquad (\text{附2.2})$$

$$i_t - E_t\pi_{t+1} = i_t^* - E_t\pi_{t+1}^* + E_t q_{t+1} - q_t + \varepsilon_t \qquad (\text{附2.3})$$

其中，y_t 是实际产出缺口，π_t 是国内通货膨胀率（$\pi_t = p_t - p_{t-1}$），i_t 是利率，实际汇率 q_t 由 $e_t + p_t^* - p_t$ 定义（e_t 是间接标价法下的名义汇率对数值），上标" * "表示相应的外国变量，u_t、v_t 和 ε_t 均为随机干扰项。

---

① 加拿大银行最先采用 MCI 衡量利率、汇率在经济活动中的综合效应，新西兰储备银行在 20 世纪 90 年代中期开始采用 MCI，这两家中央银行均将 MCI 作为货币政策的操作目标。而其他国家的中央银行仅将 MCI 作为政策指示器变量。

方程（附2.1）表示了开放经济的前瞻性菲利普斯曲线（描述了总供给）；方程（附2.2）表示开放经济的IS曲线（描述了总需求），反映对产出的需求取决于预期的实际利率和实际汇率；方程（附2.3）是未抵补的利率平价（uncovered interest rate parity，UIP），这一方程包含了资本充分流动的假设，反映了这一小国开放经济与世界经济的高度相关性。

（二）开放经济下的最优货币政策

我们假设货币政策当局（中央银行）的偏好就是要最小化损失函数，这一损失函数由实际产出缺口的方差和通胀率的方差组成（Ball，1999）：

$$L = Var(y_t) + \delta Var(\pi_t) \qquad (附2.4)$$

其中，δ 反映了中央银行对通货膨胀的相对重视程度，$\delta > 1$ 表示央行更注重通货膨胀，$\delta < 1$ 则表示央行更注重产出。

方程（附2.4）之所以未包括实际汇率的因素，是因为实际汇率的变化已经由产出缺口的变化所反映了。为了求解这一模型，我们可以假定货币当局在基于产出缺口 y_t 和通货膨胀率 π_t 制定政策时，努力实现：

$$\lambda y_t + \pi_t = 0 \qquad (附2.5)$$

其中，政策参数 λ 表示中央银行在操作货币政策时赋予产出因素的权重。

我们首先根据方程（附2.3）解出 q_t，然后将 q_t 代入方程（附2.1）和方程（附2.2），再将得到的结果代入方程（附2.5），最后可以得到货币当局的政策反应函数：

$$i_t = \Delta\{(\lambda + \alpha)(E_t y_{t+1} + v_t) + [(\lambda + \alpha)(\alpha_1 - \alpha_2)$$
$$- \beta + 1]E_t \pi_{t+1} - [(\lambda + \alpha)\alpha_2 + \beta]\Omega + u_t\} \qquad (附2.6)$$

其中，$\Delta = \dfrac{1}{(\lambda + \alpha)(\alpha_1 - \alpha_2) - \beta}$，$\Omega = (i_t^* - E_t \pi_{t+1}^* + E_t q_{t+1} + \varepsilon_t)$。

由式（附2.6）可知，要想成功地稳定经济，中央银行在调节利率工具时，必须使利率的上调幅度与通胀预期的上升幅度相适应，并且货币当局的政策参数 λ 在央行的政策调整过程中相当重要。

为了得到 y_t 的简化形式，我们可以先将由式（附2.3）得到的实际汇率 q_t 代入反应函数（附2.6），再将式（附2.6）代入IS曲线方程（附2.2），可以得到：

$$y_t = \Delta[-\beta(E_t y_{t+1} + v_t) - (\alpha_1 - \alpha_2)E_t \pi_{t+1}$$
$$+ \alpha_1 \beta(i_t^* - E_t \pi_{t+1}^* + E_t q_{t+1} + \varepsilon_t) - (\alpha_1 - \alpha_2)u_t] \qquad (附2.7)$$

其中，外国通胀预期 $E_t \pi_{t+1}^*$ 是整个模型的外生变量，另外三个内生变量预期 $E_t y_{t+1}$、$E_t \pi_{t+1}$ 和 $E_t q_{t+1}$ 将随着 $E_t \pi_{t+1}^*$ 的决定而决定。根据 McCallum（1983）

提出的 MSV 方法，我们假定三个内生变量的决定形式如下：

$$y_t = \alpha_{10}v_t + \alpha_{11}u_t + \alpha_{12}\varepsilon_t + \alpha_{13}i_t^* + \alpha_{14}\pi_t^*$$

$$\pi_t = \alpha_{20}v_t + \alpha_{21}u_t + \alpha_{22}\varepsilon_t + \alpha_{23}i_t^* + \alpha_{24}\pi_t^*$$

$$q_t = \alpha_{30}v_t + \alpha_{31}u_t + \alpha_{32}\varepsilon_t + \alpha_{33}i_t^* + \alpha_{34}\pi_t^* \qquad （附 2.8）$$

显而易见，所有内生变量均取决于随机干扰的行为。我们可以假定各种随机干扰是独立的白噪声过程（white noise process）。在白噪声干扰的假设条件下，我们可以直接得到内生变量的条件期望值分别为：$E_t y_{t+1} = 0$，$E_t \pi_{t+1} = 0$，$E_t q_{t+1} = 0$。同样，外国通胀的预期值 $E_t \pi_{t+1}^*$ 也等于 0。

将上述预期值代入方程（附 2.7）可以得到：

$$y_t = \frac{1}{(\alpha_1 - \alpha_2)(\lambda + \alpha) - \beta} [\alpha_1 \beta (i_t^* + \varepsilon_t) - \beta v_t - (\alpha_1 - \alpha_2) u_t]$$

$$（附 2.9）$$

$$\pi_t = \frac{\lambda}{(\alpha_1 - \alpha_2)(\lambda + \alpha) - \beta} [\beta v_t - \alpha_1 \beta (i_t^* + \varepsilon_t) + (\alpha_1 - \alpha_2) u_t]$$

$$（附 2.10）$$

将式（附 2.9）和式（附 2.10）代入方程（附 2.4），我们可以得到政策当局的目标为：

$$\min_\lambda \left[\frac{1}{(\alpha_1 - \alpha_2)(\lambda + \alpha) - \beta} \right]^2$$

$$\left\{ \begin{array}{l} [\beta^2 \sigma_v^2 + (\alpha_1 \beta)^2 (\sigma_{i*}^2 + \sigma_\varepsilon^2) + (\alpha_1 - \alpha_2)^2 \sigma_u^2] + \\ \delta\lambda^2 [\beta^2 \sigma_v^2 + (\alpha_1 \beta)^2 (\sigma_{i*}^2 + \sigma_\varepsilon^2) + (\alpha_1 - \alpha_2)^2 \sigma_u^2] \end{array} \right\} \qquad （附 2.11）$$

在相机抉择的情形下，货币当局每期都要进行政策参数 λ 的优化选择，以最小化产出缺口和通胀率的波动：

$$\lambda^* = \frac{1}{\delta \left[\alpha - \dfrac{\beta}{\alpha_1 - \alpha_2} \right]} \qquad （附 2.12）$$

如果在封闭经济中，由于 $\alpha_2 = \beta = 0$，式（附 2.12）中的政策参数 $\lambda^* = 1/\delta\alpha$。

通过对开放经济下最优货币政策组成的研究，我们发现，最优政策规则赋予产出缺口的权重 λ 是政策制定者偏好 δ 与模型的所有参数（α、β、α_1 和 α_2）的函数，并不仅仅是出现在菲利普斯曲线中的参数 α 和 β 或仅仅是出现在 IS 曲线中的参数 α_1 和 α_2。

（三）货币状况指数与货币政策

我们知道，传统货币状况指数是建立在一个过度简化的货币政策传导过程的基础之上的，这一传导过程忽略了通货膨胀的直接汇率效应，这一直接渠道是对实际汇率的变动通过产出缺口变化影响通货膨胀率的间接效应的补充。运用前文给出的模型，我们可以对传统的货币状况指数进行修正，修正后的货币状况指数与传统的 MCI 有着明显的差异。我们的分析表明，除了需求参数外，菲利普斯曲线中的参数也是决定 MCI 中实际汇率权重的重要因素。

与简单货币政策传导过程相一致的传统货币状况指数可以由式（附2.13）定义：

$$MCI_t = (r_t - r_0) + \frac{\alpha_2}{\alpha_1}(q_t - q_0) \qquad （附2.13）$$

其中，r_0 和 q_0 分别为实际利率和实际汇率的基值。实际汇率的权重等于实际产出需求的实际汇率弹性（α_2）与实际产出需求的实际利率弹性（α_1）的比值。MCI 变大反映货币政策趋紧，变小则表示货币政策趋松。

我们将方程（附2.1）和方程（附2.2）代入政策规则方程（方程（附2.5））；然后，由 UIP 条件（方程（附2.3））解出 $E_t\pi_{t+1}$；最后，将这一表达式代入政策规则再加和减 i_t。结果如下：

$$(i_t - E_t\pi_{t+1}) + \left[\frac{(\lambda + \alpha)\alpha_2 + \beta + 1}{(\lambda + \alpha)\alpha_1 + 1}\right]q_t$$

$$= \frac{\lambda + \alpha}{(\lambda + \alpha)\alpha_1 + 1}(E_t y_{t+1} + v_t) + \frac{E_t\pi_{t+1} + \Omega + u_t}{(\lambda + \alpha)\alpha_1 + 1}$$

（附2.14）

其中，$\Omega = (i_t^* - E_t\pi_{t+1}^* + E_t q_{t+1} + \varepsilon_t)$。

方程（附2.14）的左边由实际利率的预期和实际汇率的加权组合构成[①]，这就是我们修正的 MCI。最明显的不同是方程左边实际汇率 q_t 的权重不再是 IS 曲线中弹性的一个简单比率，而是取决于 α、β、α_1 和 α_2 以及最优政策参数 λ。

至于方程（附2.14）的右边 MCI 所反映的变量，由于模型的前瞻性特征，MCI 对产出缺口的预期、通货膨胀、实际汇率、外国实际利率以及经济的冲击等因素作出反应。MCI 的操作途径与货币政策参数 λ 的大小有关。这里考虑货币政策的两种极端情形。如果政策制定者追求严格的通胀目标，即有 $\lambda = 0$，方程（附2.14）变成：

---

① 该模型中没有常数项，故实际利率和实际汇率的基值必须调整为0。

$$(i_t - E_t \pi_{t+1}) + \left(\frac{\alpha\alpha_2 + \beta + 1}{\alpha\alpha_1 + 1} \right) q_t$$

$$= \frac{\alpha}{\alpha\alpha_1 + 1} (E_t y_{t+1} + v_t) + \frac{E_t \pi_{t+1} + \Omega + u_t}{\alpha\alpha_1 + 1} \quad （附 2.15）$$

MCI 反映了实际的产出缺口预期、国内通胀预期、国外经济情况、IS 曲线干扰和成本推进的干扰等因素的变化。

如果政策制定者追求严格的产出目标（即 $\lambda = \infty$），方程（附 2.14）变为：

$$(i_t - E_t \pi_{t+1}) + \frac{\alpha_2}{\alpha_1} q_t = \frac{1}{\alpha_1} (E_t y_{t+1} + v_t) \quad （附 2.16）$$

这里我们看到，在政策制定者盯住实际产出缺口的特殊情形下，MCI 中实际汇率的权重就只取决于两个需求弹性的比率，这时的 MCI 中实际汇率的权重就等于了传统 MCI 中实际汇率的权重，但仅限于货币政策只关注唯一的产出缺口这种不大可能出现的情形。

更加合乎常理的中间情形是政策制定者既关注产出缺口的波动，也关注通货膨胀的波动，即有 $0 < \delta < \infty$，这样由方程（附 2.12）决定的政策参数 λ 是有限的[①]。将由方程（附 2.12）得到的 λ 代入方程（附 2.14），可以得到基本模型的 MCI 中实际汇率的权重为：

$$\frac{(\alpha_2 - \alpha_1)\alpha_2 + \delta[(\alpha_1 - \alpha_2)\alpha - \beta][\alpha\alpha_2 - \beta - 1]}{(\alpha_1 - \alpha_2)\alpha_1 + \delta[(\alpha_1 - \alpha_2)\alpha - \beta][\alpha\alpha_1 + 1]} \quad （附 2.17）$$

这一权重的大小明显取决于模型中的所有参数以及政策制定者的偏好参数。因此，基于传统 MCI 的货币政策操作在开放经济下可能并不是最优的。

二、中国货币状况指数的构建与分析

为了分析利率和汇率对开放经济下货币政策目标的共同作用，越来越多的中央银行开始计算本国的货币状况指数 MCI，以此测量本国货币政策的松紧程度（卜永祥等，2004）。货币状况指数一般是指在选定一个基期后，利率和汇率相对于基期水平变化的加权平均数。货币状况指数可以根据名义利率和名义汇率计算，也可以根据实际利率和实际汇率计算。

货币状况指数通常可以定义为：

$$MCI_t = w_r (r_t - r_0) + w_q (q_t - q_0) \quad （附 2.18）$$

其中，r_t 是实际利率，q_t 是实际汇率指数的自然对数值（由间接标价法汇率计算得到，增加表示本币升值）；r_0 和 q_0 是选定基期的实际利率以及实际汇率指

---

① 这里我们假设作用于经济的各种干扰均为白噪声过程。

数的自然对数值；w_r 和 w_q 分别是实际利率和实际汇率的权重。相对于基期来说，实际利率越高，实际汇率指数越高，货币越升值，则货币状况指数越大，货币政策越紧；反之，则货币政策越松。

货币状况指数中的权重比率 w_r/w_q（以下简称货币状况比率）反映了实际利率和实际汇率的变动对货币政策目标（经济增长率或通货膨胀率）的相对影响程度，表示实际利率水平上升 $w_q\%$ 与本币实际升值 $w_r\%$ 对货币政策目标的影响程度是相同的。

接下来我们将分别构建中国的实际 MCI 和名义 MCI，并分析它们分别与经济增长率和通货膨胀的关系，以找出 MCI 在中国的意义。

（一）中国实际货币状况指数及其与经济增长率的关系

1. 模型

根据（附 2.18）式对货币状况指数的定义，我们参考 Dennis（1997）和香港金融管理局（2000）的做法，用单一方程的方法来估计总需求（IS）曲线，以得到的（附 2.18）式中利率和汇率的权重。中国的 IS 曲线可以设定为：

$$Y_t = w_0 + \sum_{j=1}^{k} w_j Y_{t-j} + w_r r_t + w_q q_t + v_t \qquad (\text{附} 2.19)$$

其中，Y_t 表示真实国内生产总值；r_t 表示实际利率；q_t 表示实际汇率；v_t 为随机扰动项；Y_{t-j} 为滞后 j 期的真实 GDP，j 从 1 取到 k，滞后期的选取采用从一般到个别的方法（general – to – specific approach），首先包含滞后 4 个季度的真实 GDP，然后逐一剔除掉统计上不显著的滞后变量；w_0 为常数项；w_j、w_r、w_q 均为待定系数，分别满足 $w_j > 0$，$w_r < 0$，$w_q < 0$。

在经济达到均衡状态时，真实国内生产总值 Y_t 将等于潜在国内生产总值 Y_t^e，实际利率将等于均衡的实际利率 r_t^e，实际汇率将等于均衡实际汇率 q_t^e。因此，方程（附 2.19）可以改为：

$$Y_t - Y_t^e = \sum_{j=1}^{k} w_j \left(Y_{t-j} - Y_{t-j}^e \right) + w_r (r_t - r_t^e) + w_q (q_t - q_t^e) + v_t$$

$$(\text{附} 2.20)$$

或者表述为回归模型：

$$(gdpgap)_t = w_0 + \sum_{j=1}^{k} w_j (gdpgap)_{t-j} + w_r (rgap)_t$$
$$+ w_q (qgap)_t + v_t \qquad (\text{附} 2.21)$$

其中，$(gdpgap)_t$ 为 t 期真实国内生产总值与潜在产出之间的缺口；w_0 为常数项，w_j、w_r 和 w_q 均为待定系数，分别满足 $w_j > 0$、$w_r < 0$ 和 $w_q < 0$；$(rgap)_t$ 为 t

期实际利率与均衡实际利率之间的缺口；$(qgap)_t$ 为 t 期实际汇率与均衡实际汇率之间的缺口；v_t 为随机扰动项，即需求冲击。

2. 数据的选取和处理

本文数据均来源于各期《中国人民银行统计季报》，样本期为 1994 年第一季度到 2005 年第二季度，共 46 个样本。

（1）人民币实际汇率指数及其缺口

《中国人民银行统计季报》只提供人民币名义汇率 e（直接标价法）的数据，人民币实际汇率 q（间接标价法）根据下述公式计算：

$$q = p/ep^*　　　　　　　　　　（附 2.22）$$

其中，p^* 为外国物价指数，由于我们采用人民币对美元的汇率作为名义汇率 e，故外国物价指数采用美国物价指数 CPI[①] 代替。我们以 2000 年第二季度为基期[②]（2000Q2 = 100），可以算出人民币实际汇率指数。

我们对人民币实际汇率指数进行 HP 滤波，用得到的 HP 滤波值作为人民币实际汇率指数的均衡水平，可以算出人民币实际汇率指数的缺口值。计算人民币实际汇率指数缺口的公式如下：

$$实际汇率指数缺口 = \frac{实际汇率 - 均衡实际汇率}{均衡实际汇率} \times 100\%　（附 2.23）$$

（2）人民币实际利率及其缺口

我们将人民币实际利率定义为事后实现的真正意义的利率水平，用 1 年期居民储蓄存款利率减去当期的通货膨胀率（用 CPI 的同比增长率表示）得到。

我们对人民币实际利率进行 HP 滤波，用得到的 HP 滤波值作为人民币实际利率的均衡水平，可以算出人民币实际利率的缺口值。计算人民币实际利率缺口的公式如下：

$$实际利率缺口 = \frac{实际利率 - 均衡实际利率}{均衡实际利率} \times 100\%　　（附 2.24）$$

（3）产出缺口

回归模型（附 2.21）的估计首先需要计算中国经济的产出缺口，我们先

---

① 美国物价指数 CPI 数据来源于美国劳工统计局网站（www. bls. gov），原始数据以 1982 - 84 = 100。由于本文使用的中国 CPI 数据是以 1993 年 1 月为基期，故对美国的 CPI 以 1993 年 1 月为基期进行了重新调整。

② 之所以选择 2000 年第二季度为基期，是因为当期的真实 GDP 缺口在整个样本期是最小的，仅为 0.21%。

用 CPI 得到每个季度的真实 GDP，然后用 HP 滤波方法得到中国季度真实 GDP 的长期趋势值，再引入三个季节虚拟变量，用真实 GDP 的对数值与常数项、HP 滤波值以及季节虚拟变量作回归，最后根据回归方程得到潜在 GDP 的季度估计值，就可以计算出中国的产出缺口。

3. 估计结果

产出缺口的回归结果见表 1。在回归过程中，我们设了虚拟变量 dummy1，1998 年和 1999 年的各季度取 1，其余样本取 0，以期用 dummy1 来解释亚洲金融危机对中国经济的影响，但回归结果并不显著，故将虚拟变量 dummy1 剔除。由于滞后 1 期的 $(gdpgap)_{t-1}$ 系数不显著，也予剔除。实际利率缺口和实际汇率缺口都是滞后 3 个季度时系数显著。

开放经济下 IS 曲线（总需求曲线）的回归结果表明，中国的实际货币状况比率，即实际利率系数:实际汇率系数 = 11.08:1，说明要保持真实产出水平不变，中央银行可以选择的政策有：①如果实际利率水平上升 1%，应该使人民币实际汇率贬值 11.08%；②如果实际汇率升值 1%，则应使人民币实际利率水平下降 1/11.08%。

实证结果表明，目前尽管中国经济的开放度越来越高，但与利率传导机制相比，货币政策的汇率传导机制并不是影响中国产出水平的主要渠道。因此，中国人民银行在实施金融宏观调控的过程中，仍然应该主要运用利率工具进行调节。

表 1　　　　　　　　中国开放经济下 IS 曲线的回归结果

$$(gdpgap)_t = w_0 + \sum_{j=1}^{k} w_j (gdpgap)_{t-j} + w_r (rgap)_t + w_q (qgap)_t + v_t$$

解释变量	系数值	标准误	t 统计量	p 值
$(gdpgap)_{t-2}$	0.485724	0.113588	4.276177	0.000128
$(gdpgap)_{t-3}$	0.247251	0.119646	2.066529	0.045831
$(gdpgap)_{t-4}$	0.569653	0.110877	5.137711	9.21E-06
$(rgap)_{t-3}$	-1.30655	0.336224	-3.88593	0.000407
$(qgap)_{t-03}$	-0.11791	0.065312	-1.80542	0.079152
$R^2 = 0.5930$　调整的 $R^2 = 0.5490$　$AIC = 5.6215$				
$SC = 5.8284$　DW 值 = 1.9089　F 值 = 223.4562				

4. 中国的实际货币状况指数

本文根据式（附 2.25）计算中国的实际货币状况指数：

$$中国实际货币状况指数\ MCI\_gdp = 100 \times \frac{1}{11.08+1} \ln$$

$$\left(\frac{t\,\text{期实际汇率指数}}{\text{基期实际汇率指数}}\right) + \frac{11.08}{11.08 + 1}$$

$$(t\,\text{期实际利率} - \text{基期实际利率}) + 100 \qquad (\text{附}\,2.25)$$

我们选择的基期是 2000 年第二季度。中国实际货币状况指数与真实 GDP 累计同比增长率的走势如图 1 所示。

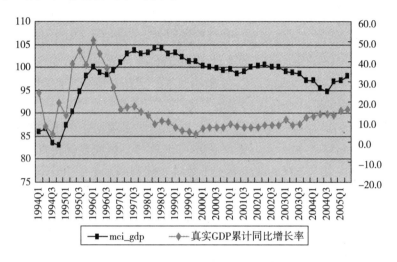

图 1　中国的实际货币状况指数与真实产出增长率

从图 1 可以看出，中国的实际货币状况指数与产出增长率（％）走势并不太吻合①。1994 年第一季度到 1996 年第三季度期间，实际 MCI 与产出增长率是基本一致的，实际 MCI 先是从 1994 年第一季度的 85.97 下降到 1994 年第四季度的 82.99，然后从 1995 年第一季度 87.3 上升到 1996 年第一季度的 100.1，再下降到 1996 年第三季度的 98.4；同一时期的产出增长率则先从 1994 年第一季度的 24.6 下降到 1994 年第三季度的 3.9，然后逐步上升到 1996 年第一季度的 50.3，再下降到 1996 年第三季度的 36.5。1996 年第四季度到 1998 年第二季度期间两者的走势基本是吻合的：实际 MCI 是从 1996 年第四季度的 99.2 持续上升到 1998 年第二季度的 104.2，真实产出增长率则从 27.3 一直下降到 9.1。1998 年第三季度到 1994 年第四季度，实际 MCI 与产出增长率又出现了背离：实际 MCI 从 1998 年第三季度的 104.1 下降到 1999 年第四季度的 101.2，产出增长率则从 10.7 下降到 3.7。2000 年第一季度到 2002 年第四

---

① 实际货币状况指数与产出增长率的走势吻合是指实际货币状况指数增大时，产出增长率减小。这是因为货币状况指数增大反映货币状况紧缩，产出增长率应该下降。

季度长达三年期间的走势更加复杂：实际 MCI 先是延续前期的下降趋势，从 2000 年第一季度的 100.2 下降到 2001 年第二季度的 98.5，然后上升到 2002 年第二季度的 100.5，之后又开始了下降走势，到 2002 年第四季度为 100；而产出增长率在此期间却基本保持稳定，大致在 8% 左右轻微波动。实际 MCI 的此轮下降一直持续到 2004 年第三季度，从 2003 年第一季度的 99.0 下降到 2004 年第三季度 94.7；这一轮的货币状况宽松导致了 2003 年下半年开始的经济过热，产出增长率从 2003 年第二季度的 8.3 增加到 2004 年第三季度的 13.7。新一轮的宏观调控使得实际 MCI 从 2004 年第三季度的 94.7 持续上升到 2005 年第二季度的 98.1；但产出增长率却没有配合下降，而是继续从 2004 年第三季度的 13.7 攀升到 2005 年第二季度的 16.3。可以看出，中国的实际 MCI 与产出增长率的关系非常复杂，两者之间的相关系数只有 −0.1638。如果按照实际 MCI 进行货币政策操作，在大多数时候会错误地加大经济的波动。

所以，从真实经济增长的角度来说，开放经济下基于 MCI 的货币政策操作方式不适合中国。

（二）中国名义货币状况指数及其与通货膨胀的关系

1. 模型

我们可以通过估计中国开放经济下的菲利普斯曲线来计算中国的名义货币状况指数，以分析中国名义 MCI 与通货膨胀之间的关系。开放经济下的菲利普斯曲线可以设为：

$$(paigap)_t = z_0 + \sum_{j=1}^{k} z_j (paigap)_{t-j} + z_r (rgap)_t + z_q (qgap)_t + u_t$$

（附 2.26）

其中，$(paigap)_t$ 表示 t 期的通货膨胀缺口，定义为当期的通货膨胀率（以 CPI 衡量）减目标通货膨胀率[①]；z_0 为常数项，z_j、z_r、z_q 为待定系数，分别满足 $z_j > 0$、$z_r < 0$ 和 $z_q < 0$；$(rgap)_t$ 为 t 期实际利率与均衡实际利率之间的缺口；$(qgap)_t$ 为 t 期实际汇率与均衡实际汇率之间的缺口；u_t 为随机扰动项，即供给冲击。

2. 估计结果

在回归方程中，我们加入了虚拟变量 dummy2，1994 年和 1995 年的各季度取 1，其余样本期取 0。引入 dummy2 的目的在于试图解释在样本区间内的 1994 年和 1995 年因经济过热而产生的高通货膨胀率。中国菲利普斯曲线的具

---

① 用"潜在物价指数法"计算得到，具体方法可参见陆军、钟丹（2003）。

体估计结果见表 2。

开放经济下菲利普斯曲线（总供给曲线）的回归结果表明，中国的名义货币状况比率即实际利率系数：实际汇率系数 = 7.65:1，说明要保持通货膨胀水平不变，中央银行可以选择的政策有：①如果实际利率水平上升 1%，应该使人民币实际汇率贬值 7.65%；②如果实际汇率升值 1%，则应使人民币实际利率水平下降 1/7.65%。

实证结果表明，当前尽管中国经济的开放度越来越高，但对于通货膨胀的影响来讲，货币政策的利率传导机制仍然是主要的，汇率对通货膨胀的影响远没有利率变动的影响大。

表 2　　　　　　　中国开放经济下菲利普斯曲线的回归结果

$$(paigap)_t = z_0 + \sum_{j=1}^{k} z_j (paigap)_{t-j} + z_r (rgap)_t + z_q (qgap)_t + u_t$$

解释变量	系数值	标准误	t 统计量	p 值
常数项	-0.52587	0.136485	-3.85293	0.000477
$(paigap)_{t-1}$	0.24321	0.094694	2.568372	0.014643
$(paigap)_{t-2}$	0.20084	0.098195	2.045311	0.048399
$(paigap)_{t-4}$	0.278936	0.062823	4.440036	$8.59E-05$
$(rgap)_t$	-0.68587	0.110645	-6.19888	$4.23E-07$
$(qgap)_{t-4}$	-0.08965	0.035499	-2.52535	0.016241
Dummy2	-1.7283	0.844438	-2.04669	0.048256
$R^2 = 0.9830$　　调整的 $R^2 = 0.9801$　　$AIC = 2.4221$				
$SC = 2.7117$　　DW 值 $=1.9408$　　F 值 $= 337.0472$				

3. 中国的名义货币状况指数

本文按式（附 2.27）计算中国的名义货币状况指数：

$$中国名义货币状况指数\ MCI\_pai = 100 \times \frac{1}{7.65+1}$$

$$\ln\left(\frac{t\ 期实际汇率指数}{基期实际汇率指数}\right) + \frac{7.65}{7.65+1}$$

$$(t\ 期实际利率 - 基期实际利率) + 100 \qquad （附 2.27）$$

这里的基期仍然是 2000 年第二季度。中国的名义货币状况指数与用 CPI 衡量的通货膨胀率的走势如图 2 所示。

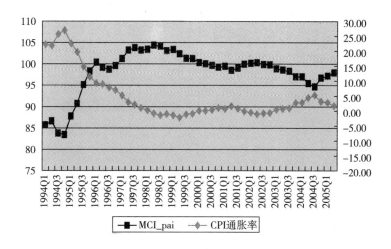

图2　中国的名义货币状况指数与通货膨胀率

从图2可以看出，我国名义货币状况指数的走势与通货膨胀率的走势基本是吻合的①。1994年第一季度到第四季度，名义MCI从85.7下降到83.4，同期的通货膨胀率（％）相应从22.2上升到26.9。之后名义MCI从1995年第一季度的87.8一直上升到1998年第二季度的104.3（1996年第一季度到第三季度有例外的轻微下降），相应地，通胀率则从22.6持续下降到－0.87，这一阶段的中国货币状况收紧是形成通货紧缩的重要原因。为了治理通货紧缩，中央银行积极调整货币政策，名义MCI从1998年第三季度的104.2一直下降到2001年第三季度的99.0；连续三年的货币状况放松有效治理了通货紧缩，通货膨胀率从1998年第三季度的－1.43上升到0.80。但2001年的第四季度，名义MCI衡量的货币状况再次收紧，虽然只经历了三个季度，即从2001年第四季度的99.95增加到2002年第二季度的100.3，但通货膨胀率立即跌到2002年第二季度的－1.07。针对这种情况，名义MCI再次从2002年第三季度的99.9一直下降到2004年第三季度的94.7；通货膨胀率相应从－0.77攀升到5.27，反映了持续两年的货币状况宽松带来了经济过热。新一轮宏观调控使名义MCI从2004年第四季度的96.8开始上升，至2005年第二季度达到97.98；通货膨胀率随之下降到2005年第二季度的1.7。总之，中国的名义货币状况指数与通货膨胀率走势是高度吻合的（只有1996年第一季度到第三季度有短暂例外），它们之间的相关系数高达－0.8971。

———————

①　名义货币状况指数与通货膨胀率的走势吻合是指名义货币状况指数增大时，通货膨胀率减小。这是因为货币状况指数增大反映货币状况紧缩，通货膨胀率应该下降。

所以，从对通货膨胀进行监测的角度来讲，名义 MCI 可以提供较准确的信息，有利于中央银行对通货膨胀进行适时调节。

三、结论与建议

本文首先通过一个小国开放经济模型讨论了两个重要问题：一是关于开放经济中的最优货币政策行为。本文认为开放经济中的最优货币政策需要同时考虑 IS 曲线和菲利普斯曲线中的结构参数。第二个问题是政策制定过程中货币状况指数（MCI）的使用问题。本文认为，将实际汇率权重取决于需求弹性之比的传统 MCI 是错误的——除了完全关注产出稳定的极端情形——传统 MCI 并不是货币状况的可靠指示器。其实，基于本文模型推导出的修正的 MCI 有着不同的特性，即实际汇率的权重取决于所有的模型参数以及政策制定者的偏好。

在此基础上，本文构建了中国的实际货币状况指数和名义货币状况指数，并分别分析了实际 MCI 与产出增长率的关系以及名义 MCI 与通货膨胀率的关系。结果表明：第一，尽管中国经济的开放度越来越高，但与利率传导机制相比，货币政策的汇率传导机制并不是影响中国产出水平和通货膨胀率的主要渠道。因此，中国人民银行在实施金融宏观调控的过程中，仍然应该主要运用利率工具进行调节。第二，中国的实际 MCI 与产出增长率的关系非常复杂，两者之间的相关系数只有 -0.1638。如果按照实际 MCI 进行货币政策操作，在大多数时候会错误地加大经济的波动。所以，从真实经济增长的角度来说，开放经济下基于 MCI 的货币政策操作方式不适合中国。第三，中国的名义 MCI 与通货膨胀率走势是高度吻合的，它们之间的相关系数高达 -0.8971。故从对通货膨胀进行监测的角度来讲，名义 MCI 可以提供较准确的信息，有利于中央银行对通货膨胀进行适时调节。也就是说，基于传统 MCI 的货币政策操作在中国虽然行不通，但可用名义 MCI 来监测通货膨胀率的变动情况。

我国人民币汇率的市场化改革方向是确定的，将来的汇率变动一定会更加富有弹性。因此，将 MCI 作为我国货币政策操作的参考指标将是必要的选择。从更为长远的角度看，随着我国资本账户开放的稳步推进，在货币政策操作过程中应该更多地考虑汇率因素，充分借鉴 MCI 的实践经验，适时将这一指标纳入我国货币政策操作的目标框架。由于名义 MCI 能对我国的通货膨胀走势提供准确的信息反馈，将 MCI 作为我国货币政策操作的一个参考指标，会有利于我们控制通货膨胀水平，并最终提高货币政策的操作效率。

参考文献

［1］卜永祥、周晴:《中国货币状况指数及其在货币政策操作中的运用》，载《金融研究》，2004（1）。

［2］陆军、钟丹:《泰勒规则在中国的协整检验》，载《经济研究》，2003（8）。

［3］Ball, Laurence. Efficient Rules for Monetary Policy. *NBER Working Paper*, 1997. No. 5952（March）.

［4］Ball, Laurence. Policy Rules for Open Economies. In Taylor, J. B. （Ed.）, Monetary Policy Rules. University of Chicago Press: Chicago. 1999.

［5］Barro, R. J. and D. B. Gordon. Rules, discretion, and reputation in a model of monetary policy. *Journal of Monetary Economics*, 12: 101 – 121.

［6］Hong Kong Monetary Authority. A Monetary Conditions Index for Hong Kong. *Quarterly Bulletin*, 2000, 11.

［7］Kydland, F. E. and E. C. Prescott. Rules rather than discretion: the inconsistency of optimal plans. *Journal of Political Economy*, 1977, 85: 473 – 491.

［8］McCallum, Bennett T.. On Non – uniqueness in Rational Expectations Models: An Attempt at Perspective. *Journal of Monetary Economics*, 1983, 11: 139 – 168.

［9］McCallum, B. T.. Issues in the design of monetary policy, in: J. B. Taylor and M. Woodford （eds.）, *Handbook of Macroeconomics*. North – Holland, Amsterdam. 1999.

［10］Peeters, H. M. M.. Measuring monetary conditions in Europe, use and limitations of the MCI. *De Economist*, 1999, 147: 183 – 203.

［11］Svensson, L. E. O.. Inflation Targeting as a Monetary Policy Rule. *Journal of Monetary Economics*, 1999, 43: 607 – 654.

［12］Taylor, John B.. Discretion Versus Policy rules in Practice. *Carnegie – Rochester Conference Series on Public Policy*, 1993, 39: 195 – 214.

后　记

　　注意到"货币政策规则"这一选题是在 2003 年读完卡尔·瓦什的《货币理论与政策》之时，当时我正在南京大学经济学院攻读理论经济学博士学位。我的博士导师范从来教授建议我在中国经济转型的背景下开展对货币政策规则的研究。正当我全身心阅读有关货币政策规则的外国文献之时，传来了在这一领域作出重要理论贡献的 Kydland 和 Prescott 荣获 2004 年度诺贝尔经济学奖的消息，令我深感这一选题的意义和挑战。经过三年多的潜心研究，2006 年 5 月 27 日，我的博士学位论文《转型期货币政策规则研究》以全优的成绩顺利通过了南京大学的论文答辩，同年 6 月获得经济学博士学位。2006 年 12 月，我的博士论文同名专著在人民出版社出版。

　　值得庆幸的是，2007 年 9 月 10 日，我在南京大学的博士学位论文《转型期货币政策规则研究》荣获第三届"黄达—蒙代尔经济学奖"（当年全国共有 6 人获奖）。评奖委员会的颁奖词如下：卞志村博士获得本届"黄达—蒙代尔经济学奖"在于他的论文《转型期货币政策规则研究》所作出的学术贡献，即"基于新凯恩斯理论视角，对中国货币政策的'规则与相机抉择'问题进行了系统深入的研究，运用货币政策状态模型，揭示了不同货币政策操作的效果，深化了人们对不同类型货币政策效果的认识"。黄达教授是我国金融学科的卓越奠基人，罗伯特·A. 蒙代尔教授（Robert A. Mundell）是"欧元之父"、1999 年诺贝尔经济学奖得主，能够获得由两位教授共同冠名的这一重要奖项是我毕生的荣誉和前进的动力。

　　在南京大学博士毕业后，范从来教授鼓励我继续在货币政策规则领域进行系统研究。为了方便与北京学者的交流，并进一步提高研究能力和水平，我于 2007 年 7 月考入中国社会科学院金融研究所从事博士后研究，合作导师为我国著名经济学家、中国社会科学院副院长李扬教授。

　　本书就是在我的博士后出站报告基础上修改而成的。我的博士后出站报告《转型期开放经济下货币政策规则研究》能够如期完成，首先要感谢我的导师李扬教授。从报告的选题、写作大纲的确定、实证研究的方法到出站报告初稿的修改，李老师都倾注了大量心血。在中国社科院金融研究所工作的三年时间